U0570029

高等院校品牌管理系列

品牌公共关系与法律实务

Brand Public Relations and Law Practice

（第二版）

杨世伟◎主编

经济管理出版社
ECONOMY & MANAGEMENT PUBLISHING HOUSE

图书在版编目（CIP）数据

品牌公共关系与法律实务/杨世伟主编. —2 版. —北京：经济管理出版社，2017.1
ISBN 978-7-5096-4885-8

Ⅰ. ①品…　Ⅱ. ①杨…　Ⅲ. ①公共关系学—应用—品牌—企业管理—高等教育—自学考试—教材②商标法—中国—高等教育—自学考试—教材　Ⅳ. ①F273.2　②D923.43

中国版本图书馆 CIP 数据核字（2017）第 006913 号

组稿编辑：勇　生
责任编辑：勇　生　璐　栖
责任印制：黄章平
责任校对：陈　颖

出版发行：经济管理出版社
　　　　　（北京市海淀区北蜂窝 8 号中雅大厦 A 座 11 层　100038）
网　　址：www. E-mp. com. cn
电　　话：(010) 51915602
印　　刷：玉田县昊达印刷有限公司
经　　销：新华书店
开　　本：720mm×1000mm/16
印　　张：22.5
字　　数：404 千字
版　　次：2017 年 4 月第 2 版　2017 年 4 月第 1 次印刷
书　　号：ISBN 978-7-5096-4885-8
定　　价：42.00 元

编 委 会

主　任：张世贤

副主任：杨世伟　赵宏大　勇　生

编委会委员（按姓氏笔画排序）：

丁俊杰　丁桂兰　卫军英　王淑翠　刘光明　孙文清

张世贤　张树庭　李易洲　李桂华　杨世伟　沈志渔

勇　生　赵宏大　徐莉莉　郭海涛　高　闯　焦树民

魏中龙

专家指导委员会

主　任：金　碚　郭冬乐

副主任：杨世伟　赵宏大

委　员（按姓氏笔画排序）：

丁俊杰　中国传媒大学学术委员会副主任、国家广告研究院院长、教授、博士生导师

丁桂兰　中南财经政法大学工商管理学院教授

万后芬　中南财经政法大学工商管理学院教授

卫军英　浙江理工大学文化传播学院教授

王方华　上海交通大学安泰管理学院院长、教授、博士生导师

王永贵　对外经济贸易大学国际商学院院长、教授、博士生导师

王淑翠　杭州师范大学副教授

王稼琼　对外经济贸易大学校长、教授、博士生导师

甘碧群　武汉大学商学院教授

白长虹　南开大学国际商学院教授

乔　均　南京财经大学营销与物流管理学院院长、教授

任兴洲　国务院发展研究中心市场经济研究所原所长、研究员

刘光明　中国社会科学院研究生院教授

吕　巍　上海交通大学教授、博士生导师

孙文清　浙江农林大学人文学院教授

庄　耀　广东物资集团公司董事长、党委书记

许敬文　香港中文大学工商管理学院教授

吴波成　浙江中国小商品城集团股份有限公司总裁

宋　华　中国人民大学商学院副院长、教授、博士生导师

宋乃娴　中房集团城市房地产投资有限公司董事长

张士传　中国国际企业合作公司副总经理

张云起　中央财经大学商学院教授

张世贤　中国社会科学院研究生院教授、博士生导师
张永平　中国铁通集团有限公司总经理
张昭珩　威海蓝星玻璃股份有限公司董事长
张树庭　中国传媒大学 MBA 学院院长，BBI 商务品牌战略研究所所长、教授
张梦霞　对外经济贸易大学国际经济贸易学院教授、博士生导师
李　飞　清华大学中国零售研究中心副主任、教授
李　蔚　四川大学工商管理学院教授
李天飞　云南红塔集团常务副总裁
李先国　中国人民大学商学院教授、管理学博士
李易洲　南京大学 MBA 导师，中国品牌营销学会副会长
李桂华　南开大学商学院教授
杨世伟　中国社会科学院工业经济研究所编审、经济学博士
杨学成　北京邮电大学经济管理学院副院长、教授
汪　涛　武汉大学经济与管理学院教授、博士生导师
沈志渔　中国社会科学院研究生院教授、博士生导师
周　赤　上海航空股份有限公司董事长、党委书记
周　南　香港城市大学商学院教授
周勇江　中国第一汽车集团公司副总工程师

2

周济谱　北京城乡建设集团有限责任公司董事长
周小虎　南京理工大学创业教育学院副院长、教授、博士生导师
周　云　北京农学院副教授、经济学博士
洪　涛　北京工商大学经济学院贸易系主任、教授、经济学博士
荆林波　中国社会科学院财经战略研究院副院长、研究员、博士生导师
赵顺龙　南京工业大学经济与管理学院院长、教授、博士生导师
赵　晶　中国人民大学商学院副教授、管理学博士后
徐　源　江苏小天鹅集团有限公司原副总经理
徐二明　国务院学位委员会工商管理学科评议组成员，中国人民大学研究生院
　　　　副院长、教授、博士生导师
徐从才　南京财经大学校长、教授、博士生导师
徐莉莉　中国计量学院人文社会科学学院副教授
晁钢令　上海财经大学现代市场营销研究中心教授
涂　平　北京大学光华管理学院教授
贾宝军　武汉钢铁（集团）公司总经理助理
郭国庆　中国人民大学商学院教授、博士生导师

前　言

　　随着经济增速的逐步下滑，中国经济进入了新常态！结构调整和产业升级成为供给侧结构性改革的主要方向。从宏观层面看，产业升级需要品牌战略的引领；从微观层面看，自主品牌成为企业获得市场竞争优势的必然选择。面对日益激烈的国内外市场竞争格局，中国企业是否拥有自主品牌已经关系到企业的生存和可持续发展。品牌越来越成为企业竞争力的集中表现。但是，目前的中国企业，绝大多数面临着有产品（服务）、没品牌，有品牌、没品牌战略，有品牌战略、没品牌管理的尴尬局面。其根源在于专业人才的匮乏！中国企业普遍存在品牌管理专业人员的巨大需求和人才匮乏的突出矛盾。从供给侧结构性改革的现实需求出发，我国急需培育出大批既懂得品牌内涵，又擅长品牌管理的专业人才，才能满足企业品牌管理和市场竞争的高端需求。

　　为解决这一现实中的突出矛盾，多层次、多渠道、全方位加快培养复合型品牌管理人才，促进企业健康可持续发展，中国企业管理研究会品牌专业委员会专门组织国内一流品牌专家和学者编写了这一套既符合国际品牌管理通则，又有国内特殊案例特征的大型系列教材。

　　本套教材不仅涵盖了品牌管理所需要的全部系统知识和理论基础，也包括了品牌管理的实际操作技能训练。其中，《品牌管理学》属于基础性通识教材；《品牌质量管理》、《品牌营销管理》、《品牌服务管理》、《品牌传播管理》属于专业性基础教材；《品牌形象与设计》、《品牌价值管理》、《品牌公共关系与法律实务》属于中高级管理人员必读教材；《品牌战略管理》、《品牌国际化管理》、《品牌危机管理》属于高级管理人员必修教材；《品牌案例实务》属于辅助教材。真正有志于品牌管理的各类人员，都应该全面学习、深入理解这些系统教材所包含的知识、理论，并掌握品牌发展的内在规律，运用相关知识和理论在实际的管理实践中不断提升自己的专业技能，使自己成为企业不可替代的品牌专家和高级管理人才。

　　本套教材的编写者虽然大都是在高校从事品牌教学与研究的学者，或是有着丰富实战经验的企业品牌管理与咨询专家，但是由于时间仓促，难免会有诸多不妥之处，敬请读者批评指正！

杨世伟

中国企业管理研究会品牌专业委员会主任

目 录

目录

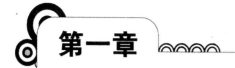

第一章

品牌公共关系概述

学习目标

★★★★

知识要求 通过本章的学习，掌握：

● 什么是品牌公共关系，它有何特点
● 公共关系如何积极促进品牌建设
● 公共关系在品牌形象塑造中的作用
● 品牌公共关系的构成要素有哪些
● 品牌公共关系的主体、客体有何特点

1

技能要求 通过本章的学习，能够：

● 对品牌公共关系进行初步了解
● 熟悉利用公共关系进行品牌建设
● 根据品牌企业的需要策划公益活动，提高企业形象
● 根据公共品牌公共关系客体的特点，对客体进行良好分类

学习指导

★★★★

1. 本章内容包括：品牌公共关系的含义与特征；品牌公共关系的构成要素。
2. 学习方法：学习与思考并重，理论与实践相结合。
3. 建议学时：5 学时。

第一节 品牌公共关系的含义与特征

 引导案例

精明王石的危机公关

看企业就像在看一个人，如果仅仅通过看财务报表，很像是在看一张照片；如果在现实生活中去感受一个企业，就像是在看雕塑，形象丰满了，有了凹凸起伏。比如万科，关注万科的综合表现会得到一个全面而立体的形象。特别是2008年5·12地震中对公共关系危机的处理，显示出企业老到的一面。

由于博客上一篇文章引起轩然大波，王石在众口一词的公众舆论中显得很被动。但事后想来，万科很成功地处理了这次突如其来的公共关系危机，甚至把坏事变成了好事。

王石面对公众舆论的责难，只是说一些"万科的房子没有倒"、"我们请清华的专家看过了"、"把房子盖好就是万科对社会最大的责任"、"我们在灾区救灾"的话，显得很苍白。

但时过境迁，尘埃落定之后，我们发现谁是赢家呢？当然是公众。王石道歉了，万科追加捐赠了。但王石输了吗？也没有。因为王石反复解释的"万科房子没有倒，我请清华专家看过了"之类的话，已经深入人心。说句玩笑话，几乎相当于"收礼只收脑白金"了！事后，即使是骂王石的人，买房子还是会买万科的，因为地震中"万科房子没有倒"！

对投资者来说，王石是股东利益的看门人，他做的事情符合《公司法》和上市公司章程，按程序办事没有错；对大众来说，骂了王石，却不能说王石是坏蛋，因为他一直在地震前线忙活着呢；对消费者来说，"万科房子没有倒，我请清华专家看过了"，虽然一言不慎引起轩然大波，却能因势利导，不花钱作了大广告，堪称非常成功的公共关系案例，几乎可以写进MBA教材了。

试想，电视上的广告还可以用遥控器避开，但万科的广告，人人抻长了脖子去看，看完之后还要跟帖、争论、传播。哪种广告有这样的力度，能够吸引这么多的眼球，能够如此有力地冲击人们的心灵，能够长久地留在人们的记忆里？

话说回来，笔者相信，这绝对不是万科玩儿的噱头，因为这种东西一旦策

划，就假了，就掺水了，这种险谁也不敢玩儿。王石肯定没有想到一篇博客文章引起这么大的风波。但面对公关危机的处理，万科是老到的，把危机变成了机遇，把"万科房子没有倒"植根于人们的脑海里。

即使说到王石，他也没有什么损失，因为我们看到了一个真实的王石，一个俗人，算不上高尚，但具备世俗化的正直、规矩与诚实，不是神，却是个精明的商人。

资料来源：张晓晖：《经典的公共关系案例》，《产权导刊》，2009 年第 1 期。

➡ **思考题：**

1. 面对公众责难，王石是怎样处理公共关系的？

2. 为什么说王石并不是输家？

一、品牌的概念

问题 1：什么是品牌？

通常，品牌只是一个名称或是一个符号，或者是它们的组合。品牌的作用是使自己的产品与竞争对手的产品区别开来，使消费者对自己的产品有一定的认知和了解。从广义上讲，品牌包括品牌本身（其可见的名称或者符号）、品牌持有者和消费者三项要素。品牌由品牌持有者和消费者共同拥有，它有两个属性，品牌的名称或者符号能够直接作用于消费者的感观，因此是有形的；而品牌的价值是无形的，它是消费者通过使用产品后的一种事后评价，其具体感受存在于消费者心目中。

在市场经济条件下，经济全球化的蔓延以及品牌时代的到来，人们更多谈到的是品牌战略，指的是通过品牌的开发在市场中对品牌的形象形成一种认知、感觉，从而提高客户的忠诚度，因此品牌就演变为一种无形资产。同时，品牌作为一个中性的词汇，既是正面的，也是负面的。因此，市场经济中就存在着品牌的竞争，期望塑造高质量、高信誉的品牌占有市场并逐步扩大市场占有率，而低质量、低信誉的品牌在优胜劣汰的市场中就只有在夹缝中生存或者被淘汰。

中国加入世界贸易组织后，越来越多的企业制定了争创名牌的计划，面对越来越多的国外品牌的竞争及其带来的企业生存环境的日趋严峻，它们意识到企业要想生存和发展，就必须进行品牌战略。通过品牌战略的实施，带来企业技术的提高，生产线的优化，产品质量的提高，管理的科学化和全球性的眼光，最终才能在没有硝烟的商业战场上取得最后的胜利。

二、品牌的特征和作用

问题 2：品牌的特征和作用是什么？

（一）品牌的特征

1.品牌的无形价值

品牌的价值主要表现在：品牌拥有者可以凭借品牌的优势不断获取利益，同时可以利用品牌的市场开拓、形象扩张、资本内蓄不断发展。这种价值尽管并不能像物质资产那样用实物的形式表述，但它能使企业的无形资产迅速增加，并且可以作为商品在市场上进行交易。

2.品牌的专有性

品牌是用来识别生产者或销售者的产品或服务的。品牌拥有者经过法律程序的认定，享有品牌的专有权，其他企业或个人不能仿冒、伪造，这也是指品牌的排他性。

3.品牌的扩张性

品牌具有识别功能，代表一种产品、一个企业，企业可以利用这一优点展示品牌对市场的开拓能力，还可以帮助企业利用品牌资本进行扩张。

4.品牌的风险性

品牌创立后，由于市场的不断变化、需求的不断提高，企业的品牌资本可能壮大，也可能缩小，甚至在竞争中退出市场。品牌的成长由此存在一定风险。品牌风险的产生，原因是多方面的，有时由于企业的产品质量出现问题，有时由于服务不过关，有时由于品牌资本盲目扩张、运作不佳。这些都给企业品牌的维护带来难度，而风险的产生也对企业品牌效益的评估带来了不确定性。

5.品牌的表象性

品牌是企业的无形资产，没有独立的实体，不占任何空间。但由于它最原始的目的就是让人们通过一个比较容易记忆的形式来记住某一产品或企业，所以品牌必须有物质载体，需要通过一系列的物质载体来表现自己，使品牌有形式化。品牌的直接载体主要是文字、图案和符号，间接载体主要有产品的质量、产品服务、知名度、美誉度、市场占有率等。没有物质载体，品牌就无法表现出来，更不可能达到品牌的整体传播效果。

（二）品牌的作用

对于企业经营者、市场消费者以及同类产品的竞争者来说，品牌都起着至关重要的作用。

首先，品牌能够帮助企业建立目标消费者的忠诚度。企业创立了自身的品牌，消费者则可以通过品牌来识别商品，购买商品，甚至培养起品牌固定的消费群体。

其次，品牌能够帮助企业提高产品质量。企业的品牌包含很多的内在要素，其中质量是最重要的一个环节。想要维持企业的品牌形象，必然要求企业严把质量关。

最后，品牌在市场上被消费者接受后，该企业的后续产品进入市场时便可以相对迅速地被消费者接纳认可，可以节约新产品进入市场的费用。

当然建设品牌的作用还远远不止这些，虽然我们没有一一列举，但我们也已经可以看得出品牌建设的重要性和利益性。

三、公共关系与品牌建设

公共关系的对象是一个社会组织的各类公众组成的各种社会关系。组织的社会公众是指与组织发生联系，并产生相互作用的其他组织或群体。公共关系处理的是组织的各种社会关系，它追求的是组织与社会公众的共同利益。在市场经济条件下，企业之间的竞争已经不仅是商品质量、技术、价格之间的竞争，而且扩展到了企业声誉和形象的竞争。企业能否生存和发展，不仅取决于企业的产品是否适应市场需求，而且取决于能否得到社会公众的理解和支持。企业的声誉和形象是企业的无形财富，是企业竞争的重要手段。公共关系帮助企业建立并维护与社会公众之间的交流、理解与合作。

在资本主义国家，几乎所有大型企业或公司都设有专门的公共关系部门，其职能已不再仅仅是推销企业的产品，而是贯穿于各行各业所有工作的整个过程中，收集信息、参与决策、协调沟通、咨询建议、建立信誉等。随着我国社会主义市场经济体系的建立和完善，树立良好的企业形象，建立良好的企业声誉，运用公共关系理论为企业经营管理服务，将会收到越来越大的经济效益和社会效益。

问题 3：公共关系如何积极促进品牌建设？

作为品牌创建、发展、维护的重要手段，公共关系不仅承担着传统的"宣传"工作任务，而且还要为品牌确定更广泛的背景联系，引导普通公众或者目标消费者形成自己的观点或作出购买决策。通过资源整合、传媒公关、公益赞助、事件链接等有效方式，公共关系不仅能为企业反馈信息以预测公众舆论，同时还能影响和引导舆论。

（一）整合各种社会资源

通过整合关注度高的社会资源，如文化、运动和音乐具有普遍吸引力的资源，品牌就能得以接触不断壮大的受众，从而不断扩大品牌的影响力。

（二）制造正面新闻效应

在商业杂志或网站上，编辑与记者们往往举足轻重。名人并非消费推荐的唯一通路，直接从媒体的评论版面得到曝光机会也是其中一种方式。报纸上的一篇正面报道也是背书的一种形式，而且是对品牌极有利的介绍。

（三）制造具有吸引力的话题

制造话题，吸引公众与媒体参与讨论，这是传播品牌及与消费者建立情感联系的便利途径。

（四）赞助有价值的公益活动

在当今世界，赞助公益活动已经成为十分有效的公关手段之一，很多消费者声称：哪个品牌支持了他们所关心的公益事业，他们就购买哪个品牌的产品。更多的企业选定有价值的公益事业，借助独具匠心的策略谋划，将社会上的非营利性慈善机构与商业结合到一起，这有利于将利己主义色彩浓厚的纯商业行为逐步转变为文明的慈善之举。

（五）利用较有影响力的公众事件

嫁接公众事件是一个公关技巧，如果运用得当，一个简单的突发事件就能成功地吸引大量公众的目光。实践表明，和一个现成的事件联系起来，比为推销产品的目的而专门人为制造一个事件要好得多。

（六）利用竞争对手的公关危机出击

大部分品牌总是在有新闻的时候宣传，他们要炫耀新的特色，或是要促销延伸产品。竞争对手在公关上总会出现纰漏，此时企业应该在品牌营销方面主动出击。

关键术语：公共关系

公共关系一般是指社会组织或企业与公众之间，为取得一定程度的相互理解和支持而发生的各种信息交流，以树立组织的信誉，塑造组织的形象。其目的是为了改善组织的经营和管理，树立企业形象，赢得社会公众的信任与支持。

四、公共关系在品牌形象塑造中的作用

问题 4： 公共关系在品牌形象塑造中的作用有哪些？

（一）公共关系有利于提升品牌的知名度

普通品牌要想成为"知名品牌"不是一件容易的事情，它需要公共关系的融入来推介品牌形象，传播品牌价值，使之能家喻户晓，尽人皆知。如可口可乐在刚进入中国市场时，在既无地域优势也无文化优势的情况下，能融入中国，就因为它采用了公共关系中的文化公关、公益公关和本土公关等。一个企业在一开始打造品牌时同样要充分应用公共的传播渠道，建立有利的舆论导向，构建顺畅良好的政府关系通道，协调好各个利益集团的关系。

（二）公共关系有利于增强品牌的公信力

广告的过分炒作已使其失去了信誉度，而公关则本着"诚信为本"的信条，增强品牌的公信力，创造顾客对品牌的忠诚追逐。公关能控制社会舆论朝着有利于品牌信誉度的方向制造宣传效应。公关是品牌战略的营销，关系是公共纽带建立的体现。公共关系的综合解释是社会组织为了生存发展及品牌的定格，通过传播沟通和各种有组织的行为活动，达到形象定格的销售效果，平衡利益，协调关系，优化社会心理环境，促进品牌理念，是广告的效果无法比拟的。

（三）公共关系有利于化解贸易争端，促进贸易公平竞争

公共关系不仅能对塑造品牌起到桥梁作用和推介作用，也能对在市场贸易过程中引发的争端起到化解作用和促进贸易公平的作用。自从中国加入世界贸易组织以来，国内产品的出口大幅增加，国外产品的进口也在大幅增加。市场上各国企业带着各自的产品品牌、带着各自的文化、带着各自的价值观参与市场竞争，在竞争中难免会出现摩擦。如果我们的品牌在进入国际市场的同时，或者在此之前就将中国的文化、品牌的价值和内涵带至西方，让西方人了解中国的品牌和文化，了解中国制造的品牌形象和价值。这种先公关后进入的营销模式，也许会使西方人消除对"中国制造"的恐惧，达到化解摩擦、减少国际贸易争端的目的，从而实现品牌的有效经济效益。

活动 1： 多人一组，策划一场赞助公益活动，有效树立和宣传自己小组的品牌形象，组内合作，组外竞争，最后由老师点评。

考试链接

1. 公共关系的概念理解。

2. 品牌质量管理的构成要素。

3. 品牌质量管理的基本职能。

 **阅读材料**

中石油成功打造形象

2004 年, 被许多媒体称为中国的润滑油元年。此前的润滑油市场长期为壳牌、美孚、BP 等国际知名品牌占据, 而 2004 年昆仑、长城、统一三大民族品牌异军突起, 一举抢下半壁江山。其中隶属于中石油公司的昆仑更是以势如破竹之势赢得了大块市场份额。昆仑润滑油的成功, 很大程度上依赖于其领导层大刀阔斧的品牌战略改革, 而其引人注目的广告传播策略, 亦引起了各大媒体和公众消费者的关注。不到一年的时间, 昆仑润滑油的品牌传播战略便收获了累累硕果, 2006 年 1~5 月, 销售实现了 300% 的奇迹般增长。

作为举足轻重的国有大型企业, 中石油打造品牌时"重团结"、"重内在文化"以及"重宣传"的指导思想无疑为其他国有大型企业迅速走向市场、打造民族强势品牌起到了指引作用。如何塑造自身的品牌形象, 提升企业的公众认知度和认可度, 是摆在所有企业面前不可忽视的关键问题。

资料来源: 张云飞:《昆仑润滑油: 成就国有品牌战略典范》, 中文科技期刊数据库, 2004 年 8 月。

第二节　品牌公共关系的构成要素

 **引导案例**

借公共关系, 全聚德推广品牌

由中国烹饪协会主办、中国北京全聚德集团有限责任公司承办的"第三届六朝古都饮食文化研讨暨技术交流活动"于 2004 年 9 月 10 日至 12 日在北京全聚德集团举行。这是全聚德集团借用活动再次提升品牌形象和推动产品销售的又一次公关推广案例。

来自杭州楼外楼、西安饭庄、开封第一楼、洛阳真不同饭店、南京金都集团的领导及北京东来顺、聚德华天控股公司、仿膳饭庄、丰泽园饭庄、鸿宾楼等北京著名老字号企业的领导、20余家新闻单位的记者、全聚德集团公司直属企业经理等120余人出席了开幕式。

对全聚德来说，"六朝古都活动"掀起了继"天下第一楼"热播、全聚德建店140周年店庆后的新一轮宣传高潮。《北京晚报》、《新京报》、《经济日报》、千龙网、新浪网、搜狐等多家报纸、网站对活动予以报道；中央电视台《生活养生》、《为您服务》栏目在11日、12日到全聚德直营企业对活动进行了全程跟踪采访。"六朝古都活动"使全聚德9月上旬出镜率极高。

本次活动除了在品牌上对全聚德进行了更大规模的宣传外，在活动的市场化运作和利用活动促进产品销售方面也积累了经验。

在市场化运作方面通过与供应商的洽谈，向他们讲明本次活动对厂商可能带来的收益后，引起了厂商的极大兴趣。他们以多种形式赞助本次活动，从而保证了活动的顺利进行。在活动中各直营企业也得到了实实在在的收获，不仅交流了技艺，而且密切了和兄弟企业的联系，提高了企业的经济效益，并实现了经济效益与社会效益的双丰收。9月11日至12日，5家外地老字号企业与全聚德5家直营企业结成技术交流的"对子"，面向京城百姓进行特色菜品展卖活动。通过媒体得知这一消息的消费者纷纷上门或打电话提前预订，和平门店在展卖活动正式开始前，主要展卖菜品已预订一空。9月11日中午，前门店开业后仅半小时展卖菜品便销售告罄。亚运村店一中午卖出了100多屉共600多个灌汤小笼包，但仍然供不应求。据统计，9月11日、12日午餐时段，全聚德5家直营企业的展卖菜品共销售1147份（包含面点）销售收入37023元。11日、12日两天，全聚德直营企业的正餐营业收入266.75万元，比2003年同期增长60%，正餐接待人次16437人，同比增长70%。

此次活动也让北京食客们一饱口福。他们表示，既能吃烤鸭又能品尝到地道的风味特色确实难得，值得一来。有几个杭州人在北京待了十几年，听说和平门店展卖家乡菜，喜出望外，当天上午不到10点就守候在店门口，一口气点了"西湖醋鱼"、"龙井虾仁"、"叫化鸡"、"东坡焖肉"、"干炸响铃"全部楼外楼菜品，痛痛快快地吃了回家乡宴；有4位到北京旅游的甘肃客人在前门店看到西安饭庄菜品，非常高兴地说："我们在自己家乡都没有吃到过这些美味。这回来北京真是一举两得。"有一位70多岁的老人看到广告，专程从南苑打车到王府井店，把4个展卖菜全点了一遍，吃得非常满意。

资料来源：全聚德集团公关部：《全聚德企业品牌推广方案》，《国际公关》，2005年第5期。

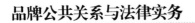

思考题：

1. 结合案例，思考品牌公共关系的构成要素有哪些。
2. 思考品牌应如何把握传播原理提高传播效果。

一、品牌公共关系的构成要素

问题 5： 品牌公共关系的构成要素有哪些？

所谓品牌公共关系是指品牌企业运用各种传播手段来发展和维持与社会公众之间良好关系的沟通和互动过程。品牌公共关系的基本范畴由品牌企业、公众、媒介三个要素构成，其中公共关系的主体要素是品牌企业，客体要素是社会公众，联结主体与客体之间的媒介是信息传播。公共关系的研究、操作和运行都围绕着三者的关系展开。

关键术语： 品牌公共关系的主体

品牌公共关系的主体是指各类品牌企业或社会组织，他们以法人的面目出现。品牌公共关系主体是公共关系活动的策划者和实施者，在公共关系活动中处于主导地位。

二、品牌公共关系的不同主体在开展公共关系工作时的不同

问题 6： 品牌公共关系的不同主体在开展公共关系工作时有哪些不同？

在公共关系中，品牌企业对公关活动起到决策、发动、组织、实施、控制、管理等决定性作用。具体地说，品牌公共关系的主体有三个层次：品牌企业、公共关系机构和公共关系人员。

品牌企业就是指有影响力、信誉高的企业。品牌企业是品牌公共关系的第一要素，在公共关系中占主导地位，它决定了公共关系的状态、活动、发展方向。品牌企业是总体的控制者和组织者，在改善公众环境、协调公众关系中，在树立品牌形象、提高社会信誉中，在内外沟通联络、谋求合作发展中，都处于主导地位。

公共关系机构是品牌企业内部从事公关工作的部门和社会上提供公关服务和代理的组织的总称。总体看来，公共关系机构主要分三类：一是品牌企业内部设立的公共关系部；二是社会上成立的公共关系公司；三是公共关系界成立的公共关系协会。

公共关系人员指专门从事品牌企业公众信息传播、关系协调与形象管理事

务的调查、咨询、策划和实施的人员。从狭义上讲是指以公关为职业的专职人员，包括企业内公关职能部门工作人员和社会上公关公司专业人员；从广义上讲是指从事与公关相关工作的专、兼职人员。从事公关工作的人员应该具备强烈的公关意识、良好的心理素质、全面的知识能力等基本素质，遵守公关职业道德准则。

三、品牌公共关系客体的特点

问题 7：品牌公共关系的客体有何特点？

品牌公共关系的工作对象是社会公众。公众是指与特定的品牌公共关系主体发生相互联系和相互影响的群体、组织和个人，是公共关系工作对象的总称。公众的基本特征如下：

（一）相关性

个人或群体和组织能够成为某一品牌的公众，是因为他们与该品牌存在着一定的关系。品牌的行动和政策对公众会产生影响，同时公众的言行和态度对品牌的存在与发展也会产生影响。相关公众是具有某种内在共同性的群体，例如职务、年龄、工作、性别不同的消费者，由于购买了某一品牌的产品，就成为该企业的公众，形成了利益共同体，他们的态度、行为就能对该企业产生影响。公关工作首先就是要寻找自己的目标，才能有针对性地开展工作。

（二）层次性

品牌所面临的公众环境是由若干社会团体、群体、个人和组合而成的，具有多层次的主体结构。品牌的公众从外到内都是复杂的、多元的。因此，要用全面、系统的观点来分析自己面临的公众。不同的群体和不同的层次形成不同的公众。有紧密程度比较高的社会组合，有比较松散的群体组合，还有更松散的初级群体，他们可以属于三个层次：内部公众、外部有组织的公众和外部无组织的公众。

（三）多变性

公众与品牌企业之间的联系及相互作用总是处在不断变化和发展过程中。首先，表现为公众性质的多变性，如相关公众变成无关群体，潜在公众变成行动公众，次要公众变成主要公众等；其次，公众数量也是随时变化的，如用户增多或减少等；最后，内部员工也经常处于变化之中，如员工的吸纳与解雇等。根据公众的多变性，公关工作要随时调整自己的方针政策。

（四）互动性

互动性是指某些公众的意见、观点和行为同品牌企业相关且相互作用。公众对组织的目标和发展具有实际或潜在的影响力、制约力，甚至可以决定品牌的成败。同样，品牌的决策和行为对它的公众也具有实际或潜在的影响，制约着公众所面临问题的解决及需求的满足。

四、公共的分类

问题 8：如何对品牌公共关系的客体——公众进行分类？

在品牌公共关系工作中，我们不但要了解公众的特点，而且要对公众进行详细的分类，以明确公共关系的具体对象。常见的分类法有以下几种：

1. 根据公众与品牌企业的隶属关系，可分为外部公众和内部公众

外部公众是指品牌企业外围的公众，他们不从属于企业，如消费者、原料供应商、政府以及上级主管部门、竞争对手、新闻媒介、社会名流、社区居民，等等；内部公众是指品牌企业内部的各类成员和与品牌企业有较多共同利益的公众，如企业的管理、技术、生产、销售等人员和股东。

2. 根据公众对品牌企业的重要性程度，可分为首要公众、次要公众和边缘公众

首要公众是指对企业的生存和发展起着决定性作用的公众；次要公众指对企业有一定的影响，但没有决定性作用的公众；边缘公众指与企业有关系，但对企业的生存和发展影响有限的公众。企业的公共关系工作，要保证能有效地影响首要公众，兼顾次要公众，关注边缘公众。

3. 根据公众与企业关系的稳定程度，可分为稳定公众、周期公众和临时公众

稳定公众是指具有稳定结构，与企业保持较为稳定关系的公众，如组织的员工、老顾客、社区公众等；周期公众是指那些遵循一定规律和周期出现的公众，如旅游旺季出现的众多旅游者、春节前后许多地方出现的民工潮等；临时公众是指那些因临时因素和突发事件而出现的公众，如地震、洪水等自然灾害造成的受灾民众、某一特大事故引起的受害者及其家属等。区分稳定、周期、临时三类公众有助于组织根据这些公众的特点和情况，有针对性地分别制定公共关系的长期性策略、周期性策略和处理突发事件的应急策略。

4. 根据公众对企业的不同态度，可分为顺意公众、逆意公众和独立公众

顺意公众是指对企业的政策和行为持肯定态度的那部分公众；反之，对企业缺乏好感、持否定态度的公众就是逆意公众；独立公众对企业的政策与行为持暧昧态度，既不明确赞同，也不反对。面对不同态度的公众，企业的公共关系工作就是要尽量稳定、维系顺意公众；努力使独立公众向顺意公众转化；对逆意公众也不要采取听之任之态度，应该首先弄清楚他们对企业产生敌意的原

因，针对原因采取对策，诚恳地向他们做出解释，与他们进行沟通，使他们逐步向独立公众，甚至向顺意公众转化。

5. 根据公众的一般发展过程，可分为非公众、潜在公众、知晓公众和行动公众

非公众是公共关系学中特有的一个概念，是指与企业不发生关系，不受企业行为影响，也不对企业产生任何影响的社会群体或者个人；潜在公众是指那些企业的行为和目标有可能影响到的公众，其本身也没有意识到；知晓公众是指那些已经了解了组织的有关信息，并意识到自己的权益与企业已经发生了某种联系的公众；行动公众是指那些已经采取行动，对企业产生实际影响的公众。

对公众进行分类是为了更好地开展公共关系工作，更好地服务于组织的发展。以上的分类虽然标准不同，但是他们之间是有交叉和融合的。因此在具体的公共关系工作当中，应该因时而异，遵循突出重点、强调应急、避免扩散的动态选择原则，对公众进行合理的分类，这样公共关系工作才会卓有成效。

五、品牌公共关系的媒介

问题9：品牌公共关系的媒介是信息，信息传播的要素和媒介是什么？

信息传播是指个体间、群体间或群体与个体之间传递、交换新闻、事实、意见、感情的信息交流过程。信息传播沟通是连接品牌企业公共关系主体和客体的纽带，它既是公共关系的基本手段，也是公共关系的工作过程。信息传播的质量决定着公共关系工作的效果。

（一）信息传播沟通的要素

1. 基本要素

传播沟通的基本要素包括信源、信宿、信息、媒介、信道、反馈六个要素。

2. 隐含要素

信息传播沟通的隐含要素是指时空环境、心理因素、文化背景、信誉意识等要素。信息传播沟通的效果除了受到基本要素的影响外，还受到以上隐含要素的影响。

（二）信息传播沟通的媒介

1. 大众传媒

大众传媒主要包括广播、电视、互联网、电影、报纸、杂志、书籍等，它具有传播速度快、传播范围广、传播内容重要等特点，能够传播信息、引导舆论、传递企业文化、宣传企业形象。

2. 人际传媒

人际传媒可分为语言媒介（演讲、访谈、讨论、会议、报告等）和非语言媒介（书信、图画、体态语言等）。语言媒介简便、快捷、易懂、生动、易控，能使人产生亲切感和友好感，但缺点是出口即逝，传播范围有限。有时非语言传播比语言传播更为确切，如皱眉头表示不满，挥舞拳头表示愤怒，这比语言表达的意见还要生动清楚。

3. 其他媒介

除上述媒介之外，还有一些其他媒介如实物媒介、人体媒介等，这些媒介较为常见、可以灵活使用。实物媒介指的是充当信息的载体的实物，如产品、公关礼品、象征物等。其特点是直观明确、可信度高、视觉和感觉效果好，容易引起公众的反应。人体媒介是把人的行为、服饰、素质和社会影响作为传递信息的载体，它包括企业成员、社会名流、新闻人物以及能够影响社会舆论的公众等的形象。人体媒介容易建立传播双方感情的沟通渠道，在公共关系传播中有其独特的形象影响力。

活动 2：根据自己的身份、经历，列出你曾经是哪些企业、哪几种类别的公众。

考试链接

1. 区分不同主体在开展公关工作时的不同。
2. 对品牌公共关系的客体——公众进行分类。
3. 根据主客体的实际情况选择传播媒介，提高传播效果。

案例分析

上海锦江饭店公关部的基本职责

上海锦江饭店是一家闻名遐迩的高级宾馆，也是我国较早设置公关部的企业之一。随着锦江饭店业务经营范围的不断扩大，该饭店公关部的从业人员在认真总结实践经验的基础上发现，对外宣传、接受及处理顾客投诉尽管是很重要的工作，然而这些工作仍是一种防守型的公关活动，已经不适应饭店飞速发展的需要了。为了改变这种状况，变消极为积极，变防守为进攻，他们通过大量的调查研究，制定了全方位公关活动的方针，更加明确了饭店公关部在饭店整个经营活动中所担负的基本职责：

（1）代表饭店接受顾客的投诉，建立饭店与顾客间的相互了解、相互信任及相互支持的关系，树立"锦江属于公众"这一良好的企业形象。

（2）加强信息传播工作，主动收集顾客的各种意见和反映，及时地向管理部门通报各种信息，协助管理部门制定经营决策，监督饭店的各个业务部门的工作情况，督促他们不断提高管理水平与服务质量。

（3）不断地向顾客传播锦江饭店"服务至上"的经营理念，组织开展有特色的服务项目和活动，如积极联络社会各界公众，主动承办形形色色的以宣传锦江饭店的形象与信誉为宗旨的酒会、招待会、新闻发布会、学术研讨会及其他以密切饭店与公众情感联系为目的的各种联谊活动，如向来沪的外商和旅游者主动介绍中国的优秀文化艺术等。

（4）为外国客人提供良好的商业洽谈环境。锦江饭店公关部根据现代企业公关活动的一般要求，结合自己行业的具体特点，制定出锦江饭店公关活动的三项基本内容，完整、准确地反映出了锦江饭店经营活动的主要目标及处理同各界公众关系的基本原则与方法。这种结合企业自身特点来规定公关活动的内容的做法，是企业成功地开展公关活动的前提。

资料来源：熊超群：《公关策划实务》，广东经济出版社，2003年。

➡ **问题讨论：**

1. 上海锦江饭店的公关部门是如何确定自己的职责的？

2. 公关部职责的转变对塑造上海锦江饭店的形象起到了怎样的作用？

本章小结

1. 品牌公共关系含义与特征

（1）公共关系提升品牌的知名度。

（2）公共关系增强品牌的公信力。

（3）公共关系促进贸易公平竞争。

2. 品牌公共关系的构成要素

（1）品牌企业。

（2）公众。

（3）媒介。

3. 品牌公共关系的客体特点

（1）相关性。

（2）层次性。

（3）多变性。

（4）互动性。

4. 品牌公共关系的客体类别

（1）外部公众和内部公众。

（2）首要公众、次要公众和边缘公众。

（3）稳定公众、周期公众和临时公众。

（4）顺意公众、逆意公众和独立公众。

（5）非公众、潜在公众、知晓公众和行动公众。

深入学习与考试预备知识

公共关系内在的六大特征

公共关系是生产力发展到一定阶段与社会组织分化的产物，在品牌公共关系中可以理解为企业或组织与社会公众之间，通过一定的信息交流，达成塑造企业文化形象，提升企业正面知名度的行为。通过对公共关系出现的原因、作用方式与目的的分析，可以看出公共关系存在以下几点内在特征：

1. 多面性

多面性是指公共关系建立不是个人、社会组织或团体的单方行为，而是多者之间的相互影响和相互作用，而现阶段的研究方向主要集中于公共关系中主体一方对于客体一方的影响。

2. 互利性

互利性的含义是，在公共关系行为过程中，身为主体的企业和身为客体的消费公众均是以自身的利益作为行为的出发点。个人、社会组织和团体通过沟通交流、合作等方式，达成双方利益的平衡，获得双赢。

3. 程度化

公共关系是一个发展变化的过程，主体与客体之间在情感、利益等方面随着信息交流的慢慢发展，会出现"疏松、普通、至交、亲密"等关联程度。而这种关联程度的发展很大程度上取决于信息交流的成效及双方利益的一致性。

4. 目的性

建立公共关系的前提是主体与客体之间存在某种利益联结，其根本上是一种价值取向的反映。在双方利益关系明确的前提下，公共关系才能有效地发展，沟通、交流时双方才能采取更加适当的方式。

5. 时代性

公共关系自身需要不断地随着社会的发展水平作出调整。对于不同时期不同的生产力发展水平和社会经济现状，不同的人文需求，公共关系都应作出相符合的理论性调整，以更好地指导公共关系实践的开展。

6. 连贯性

公共关系的建立和发展并不是阶段性的任务，而是一项长期、系统、繁琐的工程。这就要求开展公共关系行为的主体方深入地做好调研，周密地进行策划，有效地选择与客体进行信息沟通的方式，各方面协调发展，取得最好的效果。

知识扩展

如何迅速搞好企业与顾客的关系

顾客就是消费者，是企业物质产品、精神产品及劳务的购买者和使用者。消费者的消费能力和偏好，以及对待企业和产品的态度，很大程度上决定着企业的"生死存亡"。可以毫不夸张地说，消费者主宰着每一个企业的命运。

那么，企业如何和顾客搞好关系呢？

1. 了解顾客的心理和需求

企业要想和顾客建立良好的关系，首先要了解他们的心理和需求，然后投其所好。谁能把握住顾客的心理和需求，谁就能在市场竞争中占据主动地位，取得竞争的最后胜利。

2. 向顾客提供优质产品

向顾客提供优质产品，是企业和顾客搞好关系的关键。企业生产的产品要能够让顾客放心购买，大胆使用。企业只有始终不渝地执行对消费者的质量保证，才能受到用户欢迎，赢得用户信赖。

3. 向顾客提供完善的服务

向顾客提供完善的服务，是同顾客建立良好关系的必不可少的重要环节。

4. 尊重顾客权利，保护顾客利益

"顾客就是上帝"。顾客有知晓、选择、购买产品；提意见、建议、投诉、要求赔偿的权利。企业要尊重顾客的这些权利。

5. 妥善处理与顾客的纠纷

顾客自身利益受到损害，或者情绪不佳，或者故意挑衅时，会和企业发生纠纷。当纠纷发生时，无论普通员工还是领导，或者是公关人员，都应本着"顾客永远是对的"的原则处理纠纷，这是妥善处理纠纷的一把金钥匙。

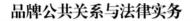

答案

第一节：

（1）在面对公众舆论指责的时候，王石明确了自身的出发点，以万科集团利益为落脚点，以诚信为基础，转移主要矛盾，将舆论引向有利于企业形象的房屋高质量方面，同时亲身活跃于灾区，提高自身的正面公众形象，借舆论大范围关注的机会，树立企业形象，提升了企业产品的信誉度。

（2）虽然这场舆论风波以王石道歉，万科集团追加捐赠收场，但我们应该看到在这次事件中，万科集团成功地将自身房屋的高质量留在了多数公众的心中，确立了较高的品牌形象，提升了公众的信赖程度，对实现企业的长远利益起到了有益的影响。

第二节：

（1）品牌公共关系包含品牌企业、公众、媒介三个基本要素，其中公共关系的主体要素是品牌企业，客体要素是社会公众，而信息传播则是联结主体与客体之间的媒介，公共关系的研究操作和运行都围绕着这三个基本要素展开。

（2）信息传播是处理公共关系的最重要的媒介，有效地利用传播原理才能达到处理公共关系的最佳效果。这就要求公共关系处理人员针对自身需求，选取大众传媒、人际传媒、实物媒介、人体媒介等媒介中适合自身的方式，尽量做到直观明确、可信度高、视觉和感觉效果好，尽可能引起公众的正面反应。

案例分析：

（1）锦江饭店的公关部门首先明确了自身的定位，确认了部门职能，才能更好地发挥部门效用。公关部门是联系顾客与饭店自身的桥梁，其接受顾客的投诉并向顾客宣传饭店服务至上的理论，体现出了饭店与公众之间的互动；加强对饭店自身各部门的监督，有助于提升饭店综合实力；结合自身特点为外商提供良好的商业洽谈环境，抓住了市场机遇，为饭店带来了良好收益。

（2）锦江饭店的公关部门职能的明确，首先有利于饭店自身综合实力的提高，在市场竞争中有更坚实的资本；其次有助于把握顾客的心理，以便及时了解市场动向，相对应进行工作策略调整；加强公共关系工作，也为饭店树立了良好的社会形象，有助于赢得更多的潜在顾客。

第二章

品牌公共关系的发展

学习目标

知识要求 通过本章的学习，掌握：

● 什么是品牌公共关系
● 品牌公共关系的基本原则是什么
● 公共关系塑造品牌的基本原则

技能要求 通过本章的学习，能够：

● 熟悉有关品牌公共关系的基础性知识
● 熟练运用品牌公关的基本原理

学习指导

1. 本章内容包括：品牌公共关系的含义；品牌公共关系的基本原则；公共关系塑造品牌的基本原则等。

2. 学习方法：本章注重理论学习，加强对品牌公共关系的了解和认知。

3. 建议学时：2 课时。

第一节　品牌公共关系的产生与发展

引导案例

李宁品牌形象的树立

在中国体育用品市场，"李宁"无疑是为人熟知的品牌。如今，它已经成为体育用品市场的一匹黑马，与耐克、阿迪达斯等众多国际知名品牌争夺市场。16年前李宁带着100多枚金牌和"体操王子"的桂冠宣布退役，怀揣着"让每个中国运动员穿上本国品牌运动服登上领奖台"的崇高理想在广东三水创办了李宁体育用品公司，开始打造中国人自己的体育品牌——"李宁"品牌。

在创立初期，困难重重。李宁凭借着对中国体育产业的极大热情和先进的企业管理方法，使李宁品牌在5年后迅速成为中国第一的体育品牌，市场占有率连续7年居中国体育用品市场第一位。1993~1996年，李宁公司每年销售收入增长幅度都在100%以上。1996年达到了巅峰，实现了历史的最高销售收入6.7亿元。无疑，在初期的发展道路上，"李宁"塑造了非常成功的品牌形象。

细说起来，"李宁"快速成长的因素有三个：

第一，创始人"体育英雄李宁"的个人影响力。李宁本人作为李宁公司的创始人，他的名字就是"李宁"的最大品牌资产，也是消费者对李宁品牌认同的一个基础。在当时的条件下，李宁个人影响力对品牌的起步和传播起到了决定性的作用。"李宁"这两个字所包含的内涵，一个在于李宁个人具备的理想、能力和品质等成功因素所带来的李宁公司成功的内因，另一个是李宁所代表的时代特征即李宁公司的市场支持外因。作为民族体育英雄，李宁独具匠心地把自己的产品定位在体育服装产业当中，并通过赞助亚运会等方式把这种定位传播出去，使喜爱和崇拜李宁的消费者们将李宁品牌产品与民族荣誉感、英雄主义和亲和力联系在一起，很快接受了李宁品牌。

第二，顺应市场的产品定位。从整体上来说，李宁品牌产品定位是比较适合中国消费者的。李宁品牌能够取得今天这样的成绩，也说明了中国的消费者接受它、喜欢它。20世纪90年代初期，中国体育产业虽然极具发展潜力，但产品供给并不充分，Nike、Adidas这样的国际知名运动品牌还没有进入中国市场，存在许多市场空当。中国消费者对体育产品的需求刚刚被唤起，但对体育

和休闲服装的需求其实还是合一的。李宁公司就选择和定位在这个市场并且将产品定位为"带运动感觉的休闲产品"，但并没有真正做专项体育产品。这种定位使得李宁品牌产品赢得许多消费者的认可。

　　第三，体育赞助的市场推广手段。李宁公司自成立以来，始终与体育紧密相连，先后赞助1990年以来历届奥运会、亚运会的中国体育代表团和体操、乒乓球、跳水等金牌代表队。截至2001年底，累计赞助额达1亿元。自从1992年起，李宁公司开始赞助中国奥运代表团，成为第一个赞助中国奥运代表团的本土体育品牌。2000年第27届悉尼奥运会上，中国代表团共获得28枚金牌，其中有16枚出自李宁公司赞助的国家队。在悉尼奥运会上，李宁公司为中国代表团特别设计制作的"龙服"和"蝶鞋"被各国记者评为"最佳领奖装备"，并被国人誉为中国国家队在该届奥运会上获得的"第29枚金牌"。2004年8月，李宁公司第四次赞助中国奥运代表团参加在雅典举行的第28届悉尼奥运会，"锦绣中华"领奖服和"极光"领奖鞋在奥运会的领奖台上，将中国悠久的历史文化与雅典特有的人文底蕴交相辉映，完美融合，得到现场媒体和观众的一致好评，从而大大提升了"李宁"品牌的国际认知度及产品专业化，为李宁公司下一步发展打下了基础。体育赞助不仅扩大了李宁品牌的知名度，塑造了积极、健康、具有民族荣誉感的品牌形象，而且在消费者心中树立了李宁品牌是一个专业体育品牌的概念。

　　资料来源：张亮：《李宁品牌的战略突围》，《中国市场》，2006年第15期。

思考题：

　　1. 李宁品牌形象得以树立的原因是什么？

　　2. 公共关系对李宁品牌的成功起了怎样的作用？

一、品牌的产生

　　问题1：品牌是如何产生的？

　　几个世纪以前，品牌就已经开始出现，它的出现标志着商品交换理念的成熟。可以说，品牌的出现和发展是一种社会经济现象，是商品经济发展到一定阶段的产物。

　　品牌发展大致经历了四个时期：

　　1. 原始期

　　在活字印刷术发明之前，品牌是在一种原始的、自发的状态下发展的。此时，人们在商业活动中开始不自觉地运用品牌的观念。经济的繁荣和商业活动的增多，使得人们开始以口耳相传的方式传播品牌。

2. 萌芽期

直到工业革命，品牌缓慢发展，处于萌芽阶段。那时主要是重视产品或生产者的标记，所以又称为标记期。例如，在美国，企业家们（即大农场主）在牲口的臀部烙上该公司的标志，用这样一个不易抹去的标记来表明他对牲口这一资产的所有权。自此，品牌具有了与别人的商品相区分的功能。

3. 成长期

工业革命之后，西方国家经济发展迅速，产品增加，竞争加剧，品牌发展进入了成长期或称商标期。这一时期品牌发展的最大特点就是企业普遍重视商标注册。工业革命后，机器大工业代替了手工生产，制造业更为发达，为了加强对品牌的保护，商标制度应运而生，现代意义上的品牌便是此后产生的。

19世纪初，世界上最早的有关商标的法律条文在法国出现。随后，英国、美国、德国、日本也相继颁布了各自的商标法。商标制度风行全世界，品牌得到了法律的认可和保障。

4. 成熟期

20世纪前后，品牌作为重要竞争手段的作用开始凸显出来。第二次世界大战之后，科学技术飞速发展，高科技广泛应用于生产，企业集团走向成熟，消费需求日新月异，企业竞争空前激烈，从而迎来了所谓的"品牌经济"时代，品牌发展进入了成熟期或称品牌期。

二、品牌的发展

问题2：品牌是如何发展的？

综观品牌的发展史，可以分为四个阶段，即品牌的标志化阶段、品牌的商标化阶段、品牌的名牌化阶段和品牌的商品化阶段。

（一）品牌的标志化阶段

在品牌的发展阶段中，首先是品牌的标志化。从形式看品牌，品牌是一种标记。古时候，人们就在自己拥有的牲畜身上烙上独特的印记，以便区别与他人的牲畜。品牌一词的英文"Brand"就是打上印记之意，以表明产品或服务的产地、制造者。这种标记保证产品是由同一个供应者提供的具有相同质量和特性的产品，并在商品出售后，可以使买者辨明产品的制造者，方便修理和调换。这种标志化的品牌对其他产品制造者也具有一定的约束力，一定程度上起到了防止自己的产品被他人假冒的作用。

（二）品牌的商标化阶段

品牌商标化的意义在于品牌的法律化，商品和服务的品牌可以受到法律的保护。许多西方国家根据商品经济的发展、市场竞争的激烈,纷纷颁布了商标法和相关的品牌保护法规,使得品牌通过商标这样一个概念在法学上有了明确的定义。品牌的商标化在法学意义上表明,品牌经过注册以后,品牌的拥有者和品牌特许方获得了可保护的财产,也可以防止他人的冲击、假冒和伤害。

(三) 品牌的名牌化阶段

名牌是众多品牌中脱颖而出的优秀的品牌。名牌化的品牌商品是高质量产品和高质量服务的象征,它们以其卓越超群的性能和令人满意的服务来占领市场,它们是征服用户的优质商品。名牌从市场表现来看,它标志着企业的劳动受到社会的高度认可,反映了消费心理偏好的趋向和文化品位,是社会物质和精神价值的统一体,是现代社会消费观念和文化价值取向的最大特征。

(四) 品牌的商品化阶段

当全世界开始密切关注知识产权和品牌输出时,品牌的标志意义、品牌的商标属性和名牌化已经无法完整诠释品牌的真实含义,可以说品牌的性质已发生了突变,它已具备了一般商品的价值和交换的功能,品牌的商品属性显现了出来。品牌就是商品,品牌具有了商品的一般属性和功能,品牌发展进入了品牌商品化的时代。拥有品牌的企业更加注重提升品牌的内涵,更加注重增加品牌本身的无形资产价值。

活动 1: 选择某一品牌,根据其所处的发展阶段,提出开展公共关系活动的建议。

23

考试链接

1. 品牌的产生。
2. 品牌的发展。

第二节 品牌公共关系的基本原则

引导案例

只需改变一点点

一位叫卢旭东的河南小伙子在北京三里屯菜市场卖菜。尽管他每月靠勤劳苦做，也能挣1000多元，但干了5年，却只能养家糊口，他做梦都想能早点富起来。

一天，卢旭东卖菜时，忽然发现一位金发碧眼的老外在他的菜摊前认真地挑选一些看上去"精致小巧"的菜品，他很奇怪：中国人都喜欢挑选大个头的菜品，而老外为什么却偏偏挑选小的呢？

后来，一些老外来买他的菜，也是要个头小的。卢旭东多了个心眼儿，他特地请了个大学生老乡，用英语跟老外聊了起来。原来，这是因为东西方审美情趣差异以及饮食观念不同所致，老外认为小巧的菜品不仅漂亮，而且营养价值高。

了解到这个"秘密"后，卢旭东后来每次进菜时，就有意挑选同行们不喜欢进的小巧菜品。由于他的菜品紧紧抓住了外国客人的喜好，加上三里屯老外很多，他的生意很快就红火起来。尝到甜头的卢旭东为了牢牢抓住商机，来到蔬菜批发市场，与一些供货商悄悄签订合同：凡是小菜品都归他所有。就这样，他在菜市场里做起了"垄断"生意。

他的菜品"特色"慢慢地在老外中有了一定的名气。为了迎合老外的需求，他特地在市场里租了一个店面，为店子取了个洋名字"Lu's Shop"（前一个单词是他名字——卢旭东姓氏的谐音，后一个单词是商店的意思）。

随着名气的增大，考虑到老外遍布北京市区，卢旭东认为有老外的地方就应该有"Lu's Shop"，想到就做，他前后在北京市区开了11家连锁店。为了保证最优质的货源，他还在京郊的大兴区买了一块地，建立了自己的蔬菜基地。

如今，全北京的老外几乎都知道北京有个"Lu's Shop"。不仅老外青睐它，京城的海归以及白领也以逛"Lu's Shop"为时尚。在3年时间里，卢旭东不仅购置了3辆高级轿车，在朝阳管庄住宅区有一套价值70万元的住宅，而且还在小汤山购了一套价值百万元的洋房别墅。

卢旭东在北京卖了5年菜，结果只能养家糊口，艰难度日，可他只是对"进什么样的菜"做了一点点改变，没想到却使他的命运来了个180度的大转弯。"有时候，成功真的只需要改变一点点！"卢旭东说。

资料来源：宁海燕：《只需改变一点点》，《人事天地》，2007年第4期。

▶ 思考题：

1. 为什么卢旭东的命运能够发生如此大的变化？
2. 品牌公共关系应该追求什么样的基本原则？

一、品牌公共关系的基本原则

 问题3：品牌公共关系的基本原则是什么？

1. 客观公正原则

社会组织、品牌企业的公共关系工作，要在客观事实的基础上，公正、全面地传播信息，反映情况。具体来说，就是要尊重事实，是好说好，是坏说坏；有一说一，不掩饰，不夸大，也不缩小；在调查研究的基础上，客观地反映现实，不以主观想象代替客观事实；对事实采取公众可接受的立场，不袒护、不推诿。

2. 互利共赢原则

互利共赢原则是指社会组织、品牌企业与公众平等相处，共同发展，利益兼顾。公共关系是为品牌企业的目标和任务服务的，但这种服务要以一定的道德责任为前提，以利他的方式"利己"，既要对企业负责，又要对公众负责。只有"利他"才能"利己"。公共关系强调主体与客体的互利互惠，要求尊重双方的共同利益和各自的独立利益，信守组织与公众平等互利、共同发展的坚定信念。

3. 对话沟通原则

对话沟通原则是指一个企业在开展公共关系活动时，企业与公众互相传播、接受、反馈对方的信息，如对话、讨论等，从而使企业与公众互相影响，互相启发，最后达到相互信任。企业与公众之间建立良好的公共关系过程，其实质是企业与公众之间相互适应的过程，亦即信息传播和信息反馈的过程。对话沟通的原则，不仅立足于信息的相互交流，更注重情感的相互沟通。

4. 承担责任原则

承担责任原则是指从社会全局的角度，审视公共关系工作，评价其经济效益，明确自身的责任和义务，符合公众的长远利益和根本利益。一个企业要保证自己的长远利益，求得自己的稳定发展，就必须取得社会公众和其他社会组织的支持与合作，而想要取得公众的支持，就必须对公众负责，顾及社会整体利益。

5. 全员参与原则

全员参与原则是指企业的公共关系工作，不仅要依靠公关专门机构和专职公关人员的努力，还有赖于企业各部门的密切配合和全体员工的共同关心与参与。这就要求企业的全体成员都要树立公关意识，共同关注并参与公共关系工作。因为建立、维护和发展企业的良好公共关系状态，不是哪一个具体个人的事或单一部门能够完成的工作，必须全员参与。因此，组织的每位成员都必须注意自己的形象，从而维护组织形象。

6. 长期持久原则

品牌公共关系工作是一项长期的、持久的任务，任何企业的良好形象的形成都是建立在长期努力的基础上。成功的企业在开展公共关系活动时，总是着眼于未来，以长远的目光来确定目标，制定战略和政策。随着社会经济、文化的发展，公众的价值观和需求也必然会发生相应的变化，对企业形象的评价标准也会不断变化，期望值也会越来越高。企业也必须不断地改造和更新自身的形象。

二、公共关系塑造品牌的基本原则

问题 4：公共关系塑造品牌的基本原则是什么？

公共关系是一种宣传的手段，它以较低的成本通过公关活动引起新闻媒体和公众的关注，达到较大的推广效果。它在为品牌塑造良好的外界形象的同时，还通过各种活动与社会公众沟通情感，希望获得公众心理上的认可，消除心理隔阂，增加重复购买率。

在采用公共关系塑造品牌的实际操作过程当中，应当主要遵循以下四个基本原则：

1. 锦上添花的原则

借势一些重要节日、庆典、科技进步、历史突破等具有里程碑意义的事件，开展一系列锦上添花式的公关活动，从而能够使人们高涨的情绪得以释放，并将人们对事件的正面情感巧妙移植到对品牌的认识上来。

2. 同舟共济的原则

同舟共济的原则主要针对一些自然灾害、战争、疫病等灾难性事件。俗话说"患难显真情"，企业的社会责任感，尤其容易在与公众患难与共的义举当中体现出来，这样的义举，会极大限度地提升组织品牌的渗透力与和谐度。

3. 开诚布公的原则

开诚布公的原则主要针对企业的一些失策行为所导致的危机事件。人非圣贤，孰能无过？作为一个由各个分支构成的企业而言，错误难以避免，重要的是，当危机发生时，应该采取怎样的态度、行为正确应对。危机公关一贯倡导开诚布公，尊重公众的知情权，透明地将错误的因由展示给公众，坦诚地接受公众的批评指责，务实地采取行动极力补救，而不是一味地推诿与隐瞒。

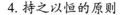

4.持之以恒的原则

前三条原则是针对特殊情境下的事件所采取的公共关系方针，但毕竟这样的事件数量较少，加之各个企业的公关意识逐渐增强，都会竞相利用这种时机，从而容易导致公关难度的加大和效果的减弱。因此，还要注重常态事件下的公共关系活动，如关注社会公益事业、提供良好的售后服务、建立网络社区，开展网络公关、定期的便民社区服务等，通过细水长流的点滴服务，持之以恒，用时间来巩固品牌在公众心目当中的良好形象。

活动2：大家分组分别选择一个传统节日，围绕节日庆典，为自己心目中的品牌做公共活动策划，比一比哪个小组做得好。

考试链接

1.公共关系处理的基本原则。

2.利用公共关系处理原则分析解决实际问题。

阅读材料

公共关系之投诉巧处理

专卖店被顾客投诉时如何处理，不但影响着专卖店的商品销售业绩，而且还会损害专卖店长期的市场形象。在被顾客投诉时能否采取正确的公共关系措施，很大程度上影响了专卖店今后的发展。

王先生在管理建材专卖店时接到一个投诉电话，指责所购商品过期，要求双倍赔偿。该顾客还表示如不予受理，会将此事曝光媒体。王先生经过核实，发现该顾客在此事上有着不可推卸的责任，并非专卖店有意销售过期产品，如何处理这个问题变成了一个难题。

王先生决定使用公关的手段，让自己处于主动地位。他向顾客担保，会予以赔偿，请求几天向上级申请的时间。其后以公司的口吻撰写了一份文件，指责该专卖店管理失职，造成不良影响，要求向总部缴纳三万元罚款，然后进行传真。三天后王先生将传真文件出示给顾客，真诚的道歉并予以赔偿，同时恰当地表现出管理不当对总部缴纳大额罚款的懊悔。顾客有感于公司的严格管理与真诚态度，撰写了一份文章发表在媒体上，为公司博得了广泛的好评。

资料来源：黄继毅：《专卖店形象管理之"巧妙处理顾客投诉"》，中国管理传播网，2008年3月。

案例分析

里根总统的公关术

企业是以传播为媒介的，一个人如果要在社会公众中树立起自己的良好形象和美好声誉，都离不开各种传播手段而达到沟通的目的。

有人说，美国前总统里根在政治生活中的成功，很大一部分得益于他的明星生涯，娴熟的公关技巧使他经常以潇洒自如、谈笑风生、幽默风趣的风度出现在美国公众面前。然而，这些出色的表演并非完全出自他个人的创造。在他身边，有一个公关团队，为他"编剧"、为他"导演"、为他"设计"每一身服装，甚至动作和表情。甚至在他来华访问之前，为了在中国公众面前树立一个"平民总统"的形象，他的公关团队还专门为他策划了一次特别的公关活动。

事情是这样的：来华之前，公关人员根据里根的授意，给他找了一个中国"平民"留学生。她是一位上海姑娘，从复旦大学毕业后去美国攻读硕士学位，其父是一位商店营业员，其母则是一家工厂的临时工，所以，从家庭和个人出身来看，可谓是真正的"平民"了。里根在白宫亲自会见了这位留学生，亲切地跟她聊了不少家常，并告诉她自己即将访华，到时会去复旦大学演讲，最后问她："你有什么口信要我带去吗？"这个留学生沉思片刻，然后说："请您代我向谢希德校长问个好吧。"

当里根总统到了复旦大学时，他在谢希德校长的陪同下步入小礼堂。面对一百多位师生代表，里根在开始正式演讲之前，说道："来华之前，我碰到一位你们复旦大学在美的留学生，她要我代她向谢希德校长问声好。"随即，他转向谢校长："现在，这个口信带到了，请您打个电话告诉那位女同学，她的电话号码是……"。

这个开场白，立刻博得了全场热烈的掌声。这是多么出色的表演！一位美国总统，竟如此认真负责地替一位极其普通的中国学生万里迢迢地带口信问候她的校长，居然还记住了她在美国宿舍的电话号码。

你看一看，这就是公关！如此精心设计的公关活动，如此缜密的细节安排，自自然然地就树立起一个一诺千金的"平民总统"形象。由此可见，早就洞悉了社交公关奥秘的成功人士，是非常善于利用公关手段来达到自己的目标的，这也许就是他们成功的奥妙吧！

资料来源：钱星博：《里根总统的公关术》，《公关世界》，2004年第10期。

问题讨论：

1. 里根是如何运用公共关系塑造自身形象的？

2. 里根总统的公关行动带给我们什么启示？

本章小结

★★★★

1. 品牌公共关系产生的过程
（1）原始期。
（2）萌芽期。
（3）成长期。
（4）成熟期。
2. 品牌的发展史
（1）品牌的标志化阶段。
（2）品牌的商标化阶段。
（3）品牌的名牌化阶段。
（4）品牌的商品化阶段。
3. 品牌公共关系的基本原则
（1）客观公正原则。
（2）互利共赢原则。
（3）对话沟通原则。
（4）承担责任原则。
（5）全员参与原则。
（6）长期持久原则。
4. 公共关系塑造品牌的基本原则
（1）锦上添花的原则。
（2）同舟共济的原则。
（3）开诚布公的原则。
（4）持之以恒的原则。

深入学习与考试预备知识

★★★★

公关塑造品牌的基本原则

1. 关联性
关联性是塑造品牌形象行为中最重要的一环。公关的目的是在品牌和活动之间创造联系，如果品牌在公关活动中的出现被放在次要地位，企业的钱就白花了，而且还会对企业在公众心目中的形象产生消极影响。

企业应力求使公关活动和品牌形象联系得更加紧密。对品牌而言，公关载体的选择可以为该品牌创造强大、独特的关联。举例来说，菲利普·莫里斯公司的"万宝路"品牌一直都积极赞助各项国际体育活动，包括汽车赛、摩托车赛、滑雪、赛马以及自行车赛等，因为这些挑战性强的运动最能体现"男人"的魄力，与"万宝路"品牌的牛仔形象、男子汉的形象有内在的一致性。

2. 适时而动

品牌公关尤其是消费产品的公关行为，时机的把握非常重要。例如玉米罐头品牌"绿巨人"，抓住了学校暑假，亲子相处时间较多的时机，推出了亲子互动玉米大餐的活动，邀请童星及其母亲共同下厨，更将玉米加入冷饮等材料中，配合炎炎夏日，举办"清凉玉米周"活动，吸引了广大消费者的注意，得到了好评，实为适时公关行为，赢得美誉的典范。

3. 注重和谐，制衡发展

社会不同群体，不同的消费者类型有着不同的需要，所以不是每一种做法都符合不同族群的需求。由此公关行为应根据不同的消费对象、不同的时间，切换多样化的新闻角度，让品牌可以作持续的营销运作。在公关活动中，不应表现出过于明显的商业目的，而是采取真诚的态度，协调好企业品牌形象在活动中的参与方式，不要因为矫揉造作而使品牌形象的塑造遭到不应有的挫伤，甚至成为媒体攻击的目标。

知识扩展 ★★★★

品牌国际化公关策略

1. 渗透式品牌公关策略

这种公关模式，必须借助品牌强大的经济实力已经形成的文化优势，对境外公司的当地员工进行逐步的文化渗透，使当地员工逐渐适应这种公关模式，并逐渐地成为该文化的执行者和维护者。当然，这需要品牌背后的文化有足够强大的世界影响力。

2. 品牌人格的国际心理认同策略

品牌事实上是人的延伸，成功的品牌往往具有个性化人格形象。品牌人格的国际心理认同策略正是抓住了这一点，国际化品牌的成功事实上是全球消费者对品牌体现出的品质及人格形象的心理认同。

3. 占领式品牌公关策略

直接将总公司的公关行为模式完整地注入国外的分公司，对国外分公司的公关行为模式进行占领。

4. 本土化品牌公关策略

本土化品牌公关，在品牌公关国际化中占有重要角色。公司的公关人员、公关合作伙伴的本土化，是实现本土化品牌公关的关键。本土公关人员熟悉当地的风俗习惯、市场动态，以及当地相关法规，容易同当地的消费者沟通，这些都有助于品牌在当地拓展市场。

5. 创新式品牌公关策略

创新式品牌公关，是一种高级形式的公关，是公关的一个高级阶段。这是因为，它将总公司文化与国外分公司文化有机地整合在一起，从而在母公司和当地文化基础之上构建一种新的公关模式，对于品牌公关国际化来说，这是最理想的公关模式。

答案

第一节：

（1）李宁公司品牌形象的确立有以下三点原因：首先是李宁个人形象的影响。企业创立初始，李宁作为民族体育英雄所具有的坚韧、百折不挠、积极向上的内涵为企业品牌形象带来了正面的影响，将品牌与民众心中的民族自豪感紧密相连，提升了品牌好感度。其次是准确的市场定位。李宁公司把握住了当时市场上对于休闲类体育产品的需求与供应的不足，为自己的商品找准了客源。最后是成功的品牌形象宣传手段。李宁公司长期赞助了大量的体操、田径等国人关注的体育项目，与自身品牌相结合，赢得了民众的好感与支持，创造出了广阔的市场空间。

（2）在品牌形象商品化、名牌化的今天，能否树立良好的品牌形象对于企业的生存有着至关重要的影响。李宁公司在公共关系方面的妥善处理，亦是其成功的关键。首先，李宁公司采取了名人媒介方式，利用李宁个人的影响力，宣传了自身地企业文化，使品牌的内在民族精神深入人心；其次，赞助各大体育赛事，完美地结合公司自身产品的特性，与消费群体进行直接交流，宣扬自身蕴涵的民族文化，达到了宣传产品的目的。

第二节：

（1）本题为开放性试题，希望学生能根据材料合理表达自己的看法。

（2）根据卢旭东的例子我们不难看出，品牌公共关系的展开应坚持客观公正原则、互利共赢原则、对话沟通原则、长期持久原则等。

案例分析：

（1）作为公众人物，里根总统有着自己的公关团队，服饰、形象、言谈举止等一切会影响自身形象的因素均经过专业设计。基于打造凝聚力和亲和力的目的，里根总统选取了出身平民的留学生，与之亲切交谈，替其带去问候，有助于多数平民大众对其产生好感，树立其"平民总统"的亲和形象。

（2）里根总统的亲民活动深刻的体现出公关活动在现代企业形象塑造中的重要地位。为明确的目的确立合理的公关方式，有助于个人及企业提升自身的形象，从而达到预期的目的。

第三章
品牌公共关系的基本职能

学习目标

知识要求 通过本章的学习，掌握：

● 公共关系在塑造品牌形象中的作用
● 品牌利用公共关系塑造自身形象的途径有哪些
● 协调公共关系的意义何在
● 品牌公共关系协调的原则和内容是什么
● 品牌利用公共关系协调关系的途径有哪些

技能要求 通过本章的学习，能够：

● 对公共关系的基本职能进行初步了解
● 熟悉公共关系塑造企业形象的途径
● 利用公共关系塑造企业形象
● 熟悉公共关系协调企业内外关系的途径
● 利用公共关系协调企业内外关系

33

学习指导

1. 本章内容包括：品牌公共关系的基本职能；品牌形象的塑造；品牌公共关系的协调；品牌利用公共关系塑造形象、协调关系的途径等。

2. 学习方法：本章强调熟悉理论，模拟运用。

3. 建议学时：4学时。

第一节 塑造形象

 引导案例

中国魔水——"健力宝"品牌案例分析

1983 年，健力宝品牌的创始人李经纬去广州出差，无意间喝了一听易拉罐的可口可乐，于是便作出一个大胆的决定，生产碳酸饮料。由此，一种名称叫做"促超量恢复合剂运动饮料"被开发了出来。而后，他得知在 1984 年 8 月洛杉矶即将举办的第 23 届奥运会上，中国代表团要有自己指定的饮料，便想把自己还未上市的饮料作为中国代表团的指定饮料，但当时，新饮料既没有好的品牌名称，也没有商标、包装等。李经纬便自己冥思苦想出了一个名称——"健力宝"，象征健康、有活力，并且简单好记，朗朗上口。商标则找人用书法写了健力宝三个大字，并加上英文字母和图形做了组合设计。在包装上，选择了易拉罐，这在档次上比其他的饮料上了一个台阶，而且品牌形象与体育运动衔接紧密，再加上口感、质量与色泽都无可挑剔，使其名副其实地成为当年洛杉矶第 23 届奥运上中国代表团的指定饮料，而健力宝品牌的碳酸饮料也由此诞生了。随着洛杉矶第 23 届奥运会上中国代表团取得的巨大胜利，中国奥运代表团实现了金牌"零"的突破，作为中国奥运代表团的指定饮料"健力宝"也获得了全民的关注。

1984 年第 23 届奥运会，成为健力宝产品激发中国人民族自豪感和优越感的开端。从这一年开始，健力宝产品的销售额逐年攀升。1984 年，其产品年销售额为 345 万元，第二年迅速升至 1650 万元，紧随其后达到了 1.3 亿元。在以后的 15 年里，健力宝的销售额节节高升，一度高达几十亿元，成为"民族饮料第一品牌"，稳居中国饮料行业的王者地位。1989 年，健力宝广告首次出现在中央电视台上，选用体育明星为形象代言人，在广大消费者心目中牢固地树立起了体育形象，这与产品功能丝丝入扣，相辅相成，从而形成并不断深化了品牌概念，令消费者喝出饮料之外的精神满足。1991 年，健力宝又策划了"拉环有奖"的促销活动。这样一来，既刺激了消费者消费的积极性，也把健力宝的销售推到了一个历史的新高点。1994 年前后，在中国的市场上，饮料品种达到了 2.8 万种左右。但健力宝并没有卷入其他企业的营销乱世中，始终坚守自

已独一无二健康、运动的体育形象，继续保持中国饮料第一的名号，销售额也达到了前所未有的 54 亿元，可以说，这时的健力宝已经处于一个企业发展的巅峰期。

2002 年，年轻的张海接管健力宝集团。首先，张海彻底放弃了十几年来健力宝精心营造的"运动饮料"形象，打造出了现代时尚且新锐的"第五季"果汁饮料和"爆果汽"。但是，新品上市后，大多消费者根本不知道是健力宝品牌的，显然在概念营销上犯了一个严重的错误。结果，新产品在上半年的销售还可以，但到了下半年，销售量急剧下降。其次，张海在广告推广上毫不吝啬，一味追求轰动效应。不惜斥巨资聘请日本人气明星滨崎步做形象代言人，选择在央视世界杯直播时段播放"第五季"广告……虽然，这样的效果很轰动，风头甚至超过了当年的健力宝，但结果却使企业负债累累，处于崩溃边缘。当然，健力宝品牌的衰落并不仅仅是以上所提及的这些原因，还包括其他各方面的原因，其中内有企业内部管理问题、权力斗争问题、产品营销问题，以及品牌自身老化的问题等。外有国内外饮料市场各大品牌激烈的竞争，最终导致了健力宝现今的困顿局面。

资料来源：王春艳：《科学咨询（决策管理）》，《中国魔水——健力宝品牌案例分析》，2010 年第 3 期。

➡ **思考题：**

1. 结合案例，思考健力宝成长时期是如何塑造品牌形象的。
2. 结合健力宝的成长与衰落，思考品牌形象对企业自身发展的作用。

一、品牌形象的重要性和价值

关键术语：品牌形象的概念

对于品牌形象，学术界的定义是多元的，有学者从品牌策略的角度提出的定义，即"品牌形象是在竞争中的一种产品或服务差异化的含义的联想的集合体"；也有学者从心理学的角度加以分析，认为"品牌形象是存在于人们心目中的关于品牌的各要素的图像及概念的集合体"；还有一种观点认为，"品牌应像人一样具有个性形象，这个个性形象不是单独由品牌产品的实质性内容确定的，还应包括其他一些内容"；等等。

我们认为，品牌形象既然是针对消费者群体的，就可以将其定义为消费者对某一品牌的一般看法和总体判断。这一看法和判断是消费者在与该品牌长期接触的过程中产生的，并使消费者的品牌联想得以强化。人们对品牌形象的认知，最初着眼于品牌的各种因素，如名称、属性、价格、包装、声誉等。随着对品牌认识的提升，品牌形象会被认为是企业通过某种品牌，与目标消费者对生活工作中的某种事物、某些事件之间建立起的一种联系。这种被联系的对象通常就是品牌的形象。品牌形象的构成包括两部分：即有形形象和无形形象。有形形象又称为"品牌的功能性"，即与品牌产品或服务相联系的特征；无形形象主要指品牌的独特魅力，能为消费者感知并接受的个性特征。

问题 1：品牌形象的重要性和价值是什么？

品牌形象的价值究竟是什么？品牌可以直接、生动地向消费者传达出品牌的文化内涵，使消费者接受传播信息的刺激，迅速回忆或联想起品牌形象。品牌的效应能够暗示顾客进行自我归属，其深层次价值就是，它可以提升消费者的层次。企业掌控前途的关键在于实施品牌战略，这是知识经济社会面向未来发展的潮流和必然趋势。因此，品牌必将成为推动经济新一轮持续快速增长的引擎，也必将造就出企业的未来。

二、品牌形象的塑造

问题 2：什么是品牌形象的塑造？

在市场经济条件下，品牌无处不在，形象无处不有。品牌形象的塑造，仅靠精美的包装或华丽的辞藻渲染是不行的，它需要有一定的过程和时间，更需要有强烈的创新意识和有自我知识产权的发明创造，或者有独到的工艺之处和自身的文化内涵。

（一）定格品牌形象的要素

任何一个产品或企业，甚至一个明星的出现，都需要探寻一个切入点来作为突破。这个切入点，在很大程度上可以说就是塑造品牌、形成品牌的要素。如何定格品牌形象的要素，这是问题的关键所在。寻找适合自己的、前所未有的、市场急需的新的要素和新的切入点，并论证其可行性，这样才能塑造出有价值、有内涵、有市场的品牌。

（二）注重塑造品牌的过程

在确定了品牌形象的定格要素之后，如何实现塑造品牌是一个关键的过程。在此过程中，需要重视企业内部教育，提高员工素质，使其从内心深处认识到自己在创造一个伟大的品牌，从而形成高度的企业凝聚力。强化以人为本的理念，充分调动各方面的积极性，建立不同寻常的服务格局，满足不同层次的人群需要——这就是营销学中所讲的"开展差异性服务"，使得顾客接受一次服务就终生难忘。如此坚持不懈，人们会对该企业留下深刻的印象，企业品牌形象自然也就得以形成。

（三）确保品牌的持久活力

一个品牌建立起来以后，还需要不断地进行丰富和完善，实现品牌对消费者的关怀，确保品牌保持活力，需要重视产品的发展创新。这不仅需要提高产品的质量，而且更重要的是要在消费者心目中树立企业产品"高质量"的印象。所以，不断变换思维，引导品牌走向"领导品牌"、"顶尖品牌"，这才是塑造品牌的核心所在，才能满足顾客追求时尚、新颖的要求，不至于使产品过早衰落。塑造品牌就得不断创新改造，达到顶尖品牌、世界名牌之终极目的。

三、公共关系与品牌形象

问题 3： 公共关系在品牌形象塑造中的作用是什么？

（一）公共关系能提升品牌的知名度和荣誉度

普通品牌要成长为一个"知名品牌"，需要公共关系的融入来推介品牌形象，传播品牌价值。以可口可乐公司为例，正是因为他们采用了公共关系中的文化公关、公益公关和本土公关手段，才使其在既无地域优势，也无文化优势的中国市场迅速融入中国人心中。企业在打造品牌的过程中，要充分运用公共传播渠道，营造良好的舆论氛围，构建顺畅的政府关系通道，协调各利益集团的关系。因为公共关系追随的是消费者，推介的是品牌价值，树立的是品牌形象，传播的是正确的舆论导向，化解的是贸易纠纷。可见，公共关系的力量是巨大的。

（二）公共关系能增强品牌的公信力和竞争力

公共关系以"诚信为本"，讲诚信才能赢得顾客对品牌的忠诚与好评。公共关系能控制社会舆论朝向有利于品牌信誉度的方向制造宣传效果。公共关系是品牌战略的营销手段，是公共纽带建立的体现。公共关系的综合概念就是社会组织为了生存发展及定义品牌的需要，通过传播、沟通以及各种有组织的行为活动，树立良好的企业形象，平衡各方利益，协调相互关系，优化社会心理环境，强化品牌理念，这是单纯的广告效果所无法比拟的。

（三）公共关系能化解贸易争端

公共关系之所以备受重视，不仅因为它对塑造品牌起到桥梁和推介作用，同时也能对在市场贸易过程中引发的争端起化解作用。国际、国内市场上，各种产品都带着自己的产品品牌、各自的文化、各自的价值观一起参与市场竞争，在竞争中难免出现摩擦。这使企业在发展经济的同时，也认识到公共关系中的文化公关在实际销售中举足轻重的地位。如果企业的产品品牌在进入国际、国内市场的同时或者在此之前，就已经将各自的文化、品牌的价值和内涵传播开来，让消费者更多地了解品牌和文化，了解品牌的形象和价值，这种"先公关、后进入"的营销模式，也许会让消费者消除对产品的陌生和恐惧，达到化解摩擦、减少贸易争端的目的，从而实现品牌的有效经济效益。

活动 1：多个同学一组，为某商场策划一次节日活动方案，比一比哪个组设计得好。

考试链接

1. 品牌形象的含义与重要性。
2. 公共关系在塑造品牌形象中的作用。

第二节　协调关系

引导案例

梁经理的内外协调之道

研发部梁经理才进公司不到一年，工作表现颇受主管赞赏，不管是专业能力还是管理绩效，都获得了大家肯定。在他的缜密规划之下，研发部一些延宕已久的项目，都在积极推行当中。

部门主管李副总发现，自从梁经理到研发部以来，几乎每天加班。他经常第二天到单位看到的梁经理的电子邮件是前一天晚上十点多发送的，有的甚至是当天早上七点多发送的。这个部门下班时总是梁经理最晚离开，上班时第一个到。但是，即使在工作量吃紧的时候，其他同事似乎都准时下班，很少有人跟着他留下来。平常也难得见到梁经理和他的部属或是同级主管进行沟通。

李副总对梁经理怎么和其他同事、部属沟通工作觉得好奇，于是开始观察他的沟通方式。原来，梁经理总是以电子邮件交代下属工作。他的属下除非必要，也都是以电子邮件回复工作进度及提出问题，而很少找他当面报告或讨论。对其他同事也是如此，电子邮件似乎被梁经理当做和同事们合作的最佳沟通工具。

但是，最近大家似乎开始对梁经理这样的沟通方式反映不佳。李副总发觉，梁经理的部属对部门逐渐没有向心力，除了不配合加班，还只执行交办的工作，不太主动提出企划或问题。而其他部门的主管，也不会像梁经理刚到研发部时那样，主动到他房间聊聊，大家见了面也只是客气地点个头。开会时的讨论，也都是公事公办的味道居多。

有一天，李副总刚好经过梁经理房间门口，听到他正在打电话，讨论的内容似乎和陈经理的业务范围有关。之后，他找到了陈经理，问他怎么一回事。明明两个主管的办公室相邻，为什么不直接去办公室交流，竟然是用电话谈。

陈经理笑答，这个电话是梁经理打来的，梁经理似乎比较喜欢用电话讨论工作，而不是当面沟通。陈经理曾试着要在梁经理房间谈，可是陈经理不是以最短的时间结束谈话，就是眼睛一直盯着计算机屏幕，令他不得不赶紧离开。陈经理说，几次这样的经历以后，他也宁愿用电话的方式与梁经理沟通，免得让别人觉得自己过于热情。

了解这些情形后，李副总找梁经理聊了聊。原来梁经理觉得效率应该是最需要追求的目标，所以他希望用最节省时间的方式，达到工作要求。李副总以过来人的经验告诉梁经理，工作效率固然重要，但良好的沟通会使工作进行顺畅许多，同样可以提高工作效率。

资料来源：曾琳智：《新编公关案例教程》，复旦大学出版社，2006年。

➡ **思考题：**

1. 梁经理是如何处理与同事的关系的，他的处理方式能有好的效果吗？
2. 公共关系中，应如何协调内外关系，应该遵循什么样的原则？

一、协调关系的意义

关键术语： 协调关系

在品牌公共关系活动中，协调关系是指建立和保持企业与各类公众的双向沟通，向公众传播企业信息，争取公众的理解和支持，强化与公众之间关系的职能。

公共关系协调是公共关系工作的基本内容之一。公共关系协调实际上有两种含义：一是指企业与其公众之间的关系处于和谐的状态。比如内部同心同德、同舟共济，外部享有盛誉、氛围融洽等。在这里，"协调"是形容词，形容企业与相关公众之间配合适当、关系和谐。二是指企业为凝聚内部员工的力量、为争取公众的支持与合作而进行的一系列努力和开展的各种协调公共关系的工作。比如在内部为员工办实事、广泛听取员工的意见、向员工宣传企业的政策等；在外部为顾客提供满意服务、为社区排忧解难、模范遵守政府法令以及加强与各方面公众的沟通和调适等。在这个含义中，"协调"作动词，表明企业为建立和谐的公共关系环境所付诸的行动。

问题 4：公共关系协调的意义是什么？

公共关系协调的意义在于：做好公共关系的协调，是实现企业的目标与可持续发展的必要条件；做好公共关系的协调，是建立和谐、宽松的公共关系环境的根本保证。企业运用各种协调手段沟通、协调企业内部、企业与公众之间的关系，减少摩擦，调解冲突，化"敌"为友；公共关系协调职能是组织运作的润滑剂、缓冲器，是组织与内外公众交往的桥梁，目的是为组织的生存、发展创造"人和"的环境。

二、品牌公共关系协调的原则和内容

问题 5：品牌公共关系协调的原则和内容是什么？

(一) 公共关系协调的主要原则

1. 积极主动原则

公共关系是品牌企业与生俱来的一种社会关系。公共关系协调，也是企业必不可少的工作环节。企业为了实现自己的目标和保证自身的正常运转，时时处处都在进行各种公共关系协调的工作。公共关系协调对于任何企业都是须臾不可离的，任何企业都不存在进行不进行公共关系协调的问题，而只存在被动和主动、自发和自觉的区分。不少企业不理解公共关系协调的必要，他们进行的公共关系协调是自发的、被动的、盲目的，所以，往往捉襟见肘，事倍功半，甚至徒劳无益。相反，只有充分认识公共关系协调的必要性和重要性，才能提高和增强企业开展公共关系协调的自觉性、主动性和创造性，从而不断提高公共关系协调工作的水平。

2. 公众至上原则

企业的生存和发展离不开公众的支持与合作，正如鱼儿离不开水一样，这是公共关系最基本的原理。因此，在处理和协调企业与公众的关系时，必须摆正企业与公众的位置，公众是第一位的，企业是第二位的。在协调企业与公众的关系时，要切实遵循公众至上的原则。首先要转变企业自身的立场和目标，调整企业的方针和政策，使企业适应公众。其次要转变和端正企业的思想观念和行为方式，反对和摒弃目光短浅、急功近利的思想倾向，克服和杜绝见利忘义、唯利是图的短期行为，只有这样才能保证公共关系协调目标的实现。

"公众至上"绝不是否定企业的利益追求，因为企业与其公众之间是存在着利益关系的。企业不能只有自利意识，而必须具有强烈的公众意识。企业必须主动争取公众，满足公众的需求，给公众以切实的利益，这样才能赢得公众的信赖与合作。公共关系正是通过赢得公众的支持与合作，更好地实现企业的利益。因此，企业的利益追求应当把眼光主要放在构建良好的公众关系和组织形象上。

3. 沟通与合作原则

在公共关系协调中，应注意运用传播沟通的手段。要善于通过传播沟通，使企业与相关公众交流信息、增进了解、推动合作、密切关系。从企业内部来看，只有建立起纵向和横向的通畅的信息传播沟通，才能达到思想上的理解、认识上的共识、情感上的交融、行动上的协调，才能使各种隔阂与误解得以消除。由此，便可以形成一个强大的引力场，企业内部公众就会被吸引到同心协力实现企业目标的轨道上来。从企业外部来看，只有建立起与各方面公众需求及意向的密切联系，真实、准确地反映和把握舆论状况及趋势，企业才能在协调公共关系中正确决策、调整应付；才能增进了解与信任，化解矛盾与冲突，密切联系与情感，促进互助与互利；才能有利于企业在协调的公共关系状态下广结善缘、赢得支持。由此，便可以形成宝贵的形象资源和优势，形成和谐的公共关系环境，实现企业的可持续发展。

（二）公共关系协调的内容

1. 利益协调

利益是指企业与公众存在的在物质上或精神上的相互需求和满足。企业与相关公众之所以能形成经常的联系，根本原因就是相互之间存在着利益上的互补。如果没有各自利益的需求和满足，双方就不可能形成经常的联系和良好的关系。而促进互补互利关系的顺利实现，就需要企业自觉经常进行自身和公众利益需求及利益关系的调整、调节，这就是所谓的利益协调。利益协调是公共关系协调的基础。

2. 态度协调

态度是建立在利益的基础之上的价值观的外在显现，它虽然只是一种心理状态，却是心理活动向行为过渡的临界点。态度一经形成，就会成为一种心理定式，影响着人们对事物的判断和选择，预示着人们的行为方向和力度。因此，在公共关系协调过程中，必须对态度协调给以高度重视。所谓态度协调，就是指企业为了实现同公众的互助合作而自觉进行的对公众消极态度的转化和积极态度的强化的各种工作。态度协调是行为协调的先导，是公共关系协调的关键。事前的态度协调，往往是公共关系协调成功的秘诀。

3. 行为协调

行为协调是公共关系协调的目的和归宿，是双方自觉对自身的行为进行的调整和调节，以便相互配合、相互支持、互助合作。行为协调使企业的潜在公众、知晓公众转变为行为公众，使已经建立互助关系的企业与公众的合作行为更加密切和巩固，使已经出现的矛盾和冲突等不协调的行为得以转化，从而最终使企业与公众的互助合作得到落实，真正形成企业与公众的良好关系，使得公共关系协调的全部努力圆满成功，企业与公共环境的良性互动得以充分展现。

关键术语：企业内部公共关系

企业内部公共关系是指企业与其内部各类公众构成的社会关系，直接关系到企业的生机和活力，影响着外部公共关系的构建和企业目标的实现。

三、企业内部公共关系的协调

问题 6：何谓企业内部公共关系的协调？

搞好内部公共关系是整个公共关系协调工作的基础和起点。企业要协调的内部公共关系比较复杂，包括企业或它的公共关系部门与企业内部其他部门、与员工、与非正式组织、与股东的关系等。

1. 股东关系的协调

构建良好股东关系，必须尊重股东，尊重股东的主人翁地位；必须对股东负责；必须为股东谋利益。这是保证股东应有权益的最终体现。

2. 员工关系的协调

要搞好员工关系，首先必须了解员工，这是搞好员工关系的基础。重视员工的物质利益需求和精神需求，尽可能满足他们的物质利益需求，激发员工的工作潜力和工作积极性。树立"以人为本"的观念，尊重员工的个人价值，培养员工的主人翁意识、进取心和自豪感。

四、企业外部公共关系的协调

问题 7：何谓企业外部公共关系的协调？

外部公众是企业生存和发展的必要条件，也是企业在经营过程中遇到的数量最大、层次种类最复杂的公众。

1. 消费者关系的协调

消费者关系是企业公共关系的轴心。因为只有形成良好的消费者关系，企业输出的劳动成果为社会所承认和接受并转化为经济效益和社会效益，其他各类公众的需求才能得以满足，企业才能继续输入各种资源并形成新的劳动成果和整个公共关系系统的良性循环。因此，良好的消费者关系对于形成组织生存发展的整个公共关系环境的质量具有决定性作用。

2. 供货商、销售商关系的协调

企业与供货商、销售商的关系同属于商业伙伴关系。企业在生产经营过程中，离不开商业伙伴的配合与支持，但与商业伙伴之间会经常产生矛盾、摩擦和冲突。所以，搞好与供货商、销售商的协调也很重要。

3. 新闻媒介关系的协调

新闻媒介被称为"无冕之王"，是一种特殊的公众，具有双重性。一方面，新闻媒介是企业必须特别重视的公众，具有对象性；另一方面，新闻媒介又是企业与公众实现广泛、有效沟通的必经渠道，具有工具性。与新闻媒介处理好关系，赢得新闻媒介对本企业的了解、理解和支持，通过新闻媒介实现与公众的广泛沟通，就能形成对本企业有利的舆论氛围，提高企业对社会的影响力。

4. 社区关系的协调

社区关系是指企业与所在地地方政府、社会团体、单位、居民之间的睦邻关系。企业的生存发展依赖于所在社区的各种社会服务；企业员工及家属都生活于所在社区，他们的日常生活依赖于社区内的各种公共利益部门；社区是企业劳动力的重要来源，雇用当地的员工，可减少住宿等费用，加强与社区居民的联系；社区还是企业最稳定的顾客和消费者。

5. 政府关系的协调

政府是国家权力的执行机关，是国家对社会进行统一管理的权力机构。它既包括不同行政层次，比如中央政府和各级地方政府，也包括不同职能部门，比如公安管理、司法管理、工商管理、税务管理、海关管理、物价管理等。任何一个企业作为社会的一分子，都不能超越政府的管理，政府关系是各种组织都避不开的一种关系。良好的政府关系，有利于企业赢得政府的信任和关照。

活动 2： 如果你是公司的公关部经理，你们公司出产的产品遭到外界的质疑，这时，你应该如何协调公司与外界的关系？思考一下，并与同学们交流。

考试链接

1. 品牌公共关系协调的原则和内容。
2. 企业内部及外部公共关系处理的理解。

第三节　实现品牌公共关系基本职能的途径

广州首创公务酒店的品牌公关案

广州大厦起步之初聘请酒店管理公司管理，管理公司将大厦定位为商务酒店，拟仿照商务酒店的经营管理模式立足市场。由于市场定位的不准确和经济大气候的影响，大厦的经营一直难以打开局面；1997 年 9 月 28 日至 1998 年 9 月 30 日，经营利润只有 4.3 万元。广州大厦的经营陷入了困境，管理公司只好提前撤离，由广州市政府办公厅组建了以邝云弘女士为领导核心的新班子接手大厦的管理。新领导班子决定通过重新确立酒店定位，树立品牌形象来争取社会和顾客的支持。

重塑品牌形象，是广州大厦宏观的公关策略，广州大厦以综合治理的方式全面推进了这一计划的实施。

1. 发挥自身优势，重塑品牌形象

首先，为公务酒店的品牌树立健康的形象。大厦循正道经营，坚决杜绝黄、赌、毒，努力为公务活动提供一个绝对安全可靠的场所。在服务上以"个性化、人情化"见长。

其次，为公务酒店的品牌注入亲和力。广州大厦以亲切的"我在广州有个家"为宣传口号，并以实际行动为客人营造家的感觉，既亲和了异乡客人，又得到了广州人的认同。

2. 强化自身品质，提升品牌形象

第一，调整大厦管理机制。在建立完善各项规章制度的同时，实行竞争上岗、考核聘用。实行严格的部门经济考核制，将部门工资总额的提取与部门营业总额、成本、费用挂钩；实行以员工的岗位责任、劳动技能和贡献大小为依据的岗位考核工资制。

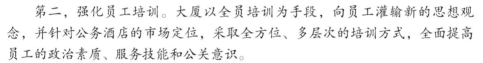
第二，强化员工培训。大厦以全员培训为手段，向员工灌输新的思想观念，并针对公务酒店的市场定位，采取全方位、多层次的培训方式，全面提高员工的政治素质、服务技能和公关意识。

3. 利用各种途径，宣传品牌形象

第一，选取曾经是广州市市花，并被人们誉为英雄花的红棉花作为大厦的形象标志，推行绿色管理，普及环保意识。

第二，广州大厦的宣传活动先从内部做起，强化企业形象。

第三，有针对性地选择公众媒体宣传企业形象。

第四，在具有权威性的报刊《人民日报》和《接待与交际》上，传达了大厦新的经营理念，传播了大厦的品牌形象。

第五，创立《广州大厦人》报，对内引导全体员工树立正确的价值观，增强团队意识；对外传播企业信息，强化品牌形象。

第六，充分利用自身所特有的政府资源，借助政府公务员的特殊影响力来宣传大厦。

4. 参与公务活动，强化品牌形象

第一，创造出一套适合公务活动的服务模式，并为公务活动营造最佳的环境。

第二，要把公务活动当做大厦自己的活动来组织。

第三，要把公务活动当做大厦的公关活动来运作。

第四，争取大型公务活动、外事接待是广州大厦营销中的一个重大策略。

5. 在服务中传播，在传播中营销

第一，广州大厦采取了一整套与目标公众联系的措施。

第二，广州大厦专门建立了重点客人的生活习惯档案，为这些客人提供符合其所需的、个性化、人情化的服务。

第三，广州大厦还设置了专门的机构，组织专人调查研究顾客心理与需求，进而制定出相应的服务措施，力求使大厦的服务令每一位客人满意。

第四，广州大厦根据新一代公务员的年龄、层次、工作方式等方面的变化和需要，提供上网、手提电脑以及公务咨询等一系列服务，为公务员在大厦构造了临时的办公室，方便了公务所需。

广州大厦的品牌形象就是从这样具体、细致、平凡的服务工作中做起来的。

资料来源：张岩松：《公共关系案例精选精析》，经济管理出版社，2003 年。

思考题：

1. 广州大厦是如何在困境中塑造品牌形象的？

2. 广州大厦塑造形象的过程中给了我们什么启示？

一、品牌利用公共关系塑造自身形象的途径

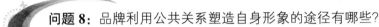

问题 8： 品牌利用公共关系塑造自身形象的途径有哪些？

1. 影响消费者决策——渗透品牌形象

消费者的消费行为是由消费意向支配的，消费意向决定消费行为。想要影响消费者的消费行为，首先要影响他们的消费决策和观念，如果企业的品牌形象给他们留下良好、深刻的印象，良好的公共关系也就建立了，企业的良好形象也就树立起来了。如今营销的主要工作已经从工业社会的产品、价格、促销、渠道、对感性消费者的试错性关注转移到消费者有效信息来源的沟通、传播渠道的有效利用研究上。营销就是要把企业的信息通过公共关系春风化雨到消费者的头脑中去。

2. 借助大众传播——宣传品牌形象

信息化时代，大众传播极大地影响了人们的思维与行为方式，诱导着人们的消费行为和方式。借助大众传媒，要注意以下四项：

（1）准确掌握各种大众传媒的情况，包括传媒的覆盖面、影响度、价格等。

（2）根据各种大众传媒的情况，综合考虑品牌经营战略、经济实力、产品经营方向，选择主体大众传媒和辅助大众传播，确定在各传媒中的投入量，配合战术、传播形式与传播时间等。

（3）策划好导入品牌形象战略的新闻发布活动，即确定品牌形象新闻发布会的主题，设计制作场外的条幅等，以及选择合适的新闻发布现场。

（4）给大众传播机构的相关部门提供设计制作好的符合品牌形象规范的图、文、声传播材料，保证新闻传播准确无误。

3. 倾心公益活动——提高品牌形象

所谓公益公关，就是通过赞助、捐赠等公益手段对企业社会公众形象进行推广的方式。可以说，公益活动集中体现了企业推广形象的优越性。首先，公益行为效果亲切自然、易于被接受，而它实际上是一种软性宣传，其商业性及功利性不像广告那么明显。其次，公益活动的沟通对象面广量大，有针对性。良好的品牌形象不仅可以深化于消费者心中，而且也美化了自己的形象，更重要的是可以拉动产品的销售。这就是公益活动的迷人之处。

4. 加强与消费者的沟通——完善品牌形象

在公共关系的协助下，企业与利益群体之间的良好沟通能创造如下价值：

（1）增强企业凝聚力。一个企业的内聚力强弱，最终由企业管理层与普通员工共同协调、融合、沟通的结果决定。

（2）提升企业公信力。一个尊重客户、高质量满足客户需求、与公众有良好沟通的企业，必然能获得公众的高度信任，对企业的信任会直接转化为对产品的信任，而产品的信任则是维持客户继续购买企业产品的保证。

（3）提升企业名誉度。在企业诚信度不高的当下，企业名誉度的提升能够强化客户的信心。企业的无形资产不是企业"有什么"，而是企业在公众或舆论心目中"是什么"。例如，一提起服务，消费者都知道海尔的"真诚到永远"以及其良好的服务。

（4）创造良好的发展环境。处于转型时期的中国市场存在许多不确定性，企业的发展面临着诸多有形或无形的障碍，所以要获得稳步发展，除了企业自身的努力之外，政府的支持、社会的肯定、客户的认可都是企业获得快速发展的巨大动力。企业的沟通目标就是要创造这种良好的发展环境。

综上所述，塑造良好的品牌形象，首先要从公司内部公关做起，一个公司只有在内部环境运行良好的情况下，才能在外部公关上下大力发展。只有把公关做好了，塑造了好的品牌形象，企业才能立于不败之地。

二、品牌利用公共关系协调关系的途径

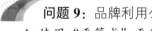

问题 9： 品牌利用公共关系协调关系的途径有哪些？

1. 使用"平等式"平行沟通

"平等式"平行沟通，来源于人格结构的三种自我状态（PAC）沟通理论。其中 P（Parent State）表示父状态，A（Adult State）表示成人状态，C（Child State）表示儿童状态。这里的父母、成人、儿童不是实际的指称，而是指心理、素质、行为等多种因素形成的三种差异境界，具体解释如下：

（1）父状态以权威和优越感为标志，其言语和行为往往是支配性的、评价性的、批评性的，甚至是飞扬跋扈的。

（2）成人状态以理智和稳重为标志，其言语和行为往往不卑不亢，充满自信和理性，富有教养，并具有理解和平等精神。

（3）儿童状态以冲动和变化无常为标志，其言语和行为往往是创造性的、自发性的，有时是任性或粗暴的，表现为遇事无主见，要么感情冲动，要么绝对盲从。

在一个人的性格结构中，哪种心理状态占优势，就会在沟通中出现哪种心理状态与沟通行为。假设有人问："您今年的业绩怎么样？"请看两种不同的回答方式：第一种是"业绩挺好的"；第二种是"凭什么告诉你"。

第一种沟通方式是平等式的平行沟通，沟通双方关系是平等的，因此，沟

通会继续。第二种沟通方式是平等式交错沟通，沟通双方的关系由非预料中的回答而引起对抗，气氛较为紧张，沟通无法继续。这种沟通方式，违背了平衡理论原则，是公共关系沟通中的大忌。

可见，由于成人状态的思考符合理智和逻辑，而父状态和儿童状态对客观世界的感受和反应往往并不一致。因此，最佳沟通方式是平等式，即双方均以成人状态参与沟通，这种沟通显然是一种理性、友好、有效的沟通。

2. 注重情感沟通

情感是人对客观事物是否符合自身需要而产生的心境与态度的体验，是人的喜、怒、哀、乐等心理表现。在沟通中诉诸情感，能增进情感的互动和思想的交流，彼此认同，从而产生亲密感，达到关系的和谐。现代公共关系正是利用了这一点来改变诉求方式。

例如上海市第一百货商店在 40 周年店庆之际，曾构思推出了三类广告语。

例 1：穿在一店，美在一店；例 2：不惑之年，赤诚之心；例 3：不愁货比货，更愿心贴心。

从沟通效果看，例 1 给人一种主观认定式的单向意识，有"王婆卖瓜"之嫌。例 2、例 3 则体现了一种"顾客至上"的意识，站在双方为一个利益共同体的角度上，传递一种情感信息，其方式是通过自己对他人的奉献，来达到他人对自己的偏爱，让人听后感到亲切、温暖，增加了对上海市第一百货商店的信任感。

在语言交际中，运用情感沟通和理智沟通相结合的方式，常常能产生即时效应，特别是在演讲中其效果往往更佳。一般来说，在刚开始沟通时应当诉诸情感，引起听众情感上的共鸣和激发其兴趣，然后可以侧重于理性说教，使听众进行较深刻的思考，以形成持久、系统的观点。

例如，一位著名的心理学家应邀赴青少年劳教所登台演讲，对于台下听众他思忖了两种"称呼语"：第一种"青少年罪犯们"；第二种"因一时的无知而触犯了法律的青少年朋友们"。

由于他采用了第二种"称呼语"，效果极佳，甚至使一些青少年罪犯感动得热泪盈眶，此例说明情感振动有极好的效应。美国学者曾结合竞选演讲进行实验研究，比较情感和理智在选举时对选民们行为态度的影响。实验结果表明，情感的号召常常比理性的号召作用更大。

活动 3：请同学们任选当地一家企业，结合企业和当地的实际情况，为其策划一场公益活动以提高其品牌形象。

考试链接

1. 公共关系在塑造企业形象方面发挥作用的途径。

2. 能够使公共关系在品牌形象塑造中起作用。

3. 运用公共关系协调企业内外关系。

阅读案例

公司内部纷争，企业停滞不前

A公司成立只有两年，由武汉大学一群刚毕业的年轻人自主创业而建，主要业务是为德国一个商品销售网站做售后服务工作。由于公司成立时间不长，各项规章制度不甚完善，员工之间经常就工作重叠、拖沓、薪酬待遇不公等问题发生矛盾。久而久之，这些问题甚至造成了工作停滞无人处理、员工相互诋毁等情况的发生，阻碍了公司的正常运行。针对这种情况，企业负责人与人事部门经过系统学习，制定了以下几条规章：

（1）设计合理的报酬水平。人力资源部门需定期检讨员工的薪酬水平，保证员工的工资收入具有一定的外部竞争力。

（2）在招聘需求方面要有一定的前瞻性，提前做好人员招聘计划。

（3）加强入职培训与企业制度、文化宣导。加强学习，使员工明确企业所倡导的理念与行为方式，并告知员工遇到问题时的求助渠道，使员工能循正常途径解决问题。

（4）加强公司层面的绩效管理与制度管理。明确绩效标准，并督促检查绩效执行情况，规避因老乡情面造成的制度扭曲。同样的规定也应体现在晋升管理方面。

这些规章制度切实落实后半年时间里，公司员工之间分工明确，绩效审计明晰，薪酬合理，企业气氛日渐融洽，公司效益随之蒸蒸日上。

资料来源：黄天一：《让公司也变成"家和万事兴"》，中国环试网，2011年4月。

案例分析

上海地铁送上214朵情人节玫瑰

在2011年的情人节，上海最大的赢家可能是上海地铁。据早报报道，在2011年2月14日下午2：14，轨交2号线214号车驶入南京西路站，站内广播除正常报站外，还加了一句："祝天下有情人终成眷属，祝广大乘客生活甜

49

蜜幸福。"同时，工作人员、曾经参与国庆阅兵的姐妹花范晶瑾、范晶莹向站内的夫妻、情侣们分发粉色玫瑰，每对一朵，共214朵，2号线变成了特别的"爱号线"。上海地铁的吉祥物"畅畅"，也站在特设的"情人候车椅"旁。乘客们因此收获了意外的喜悦。

不难看出，这是一次有策划的企业公关行动，为上海地铁的公众形象加分不少，可以看出轨交运营方改善品牌形象、"讨好"乘客的用心。上海地铁在品牌维护上很"潮"，懂得利用网络，与自己的最大客户群——上海年轻的上班族进行交流。早在2010年7月12日，上海地铁就以"上海地铁Shmetro"的ID开通微博，同时还有"上海地铁薛主播"、"旦爸的地铁"等多个相关ID展开一系列服务：如地铁业务介绍、交通情况实时播放、为网友答疑及与地铁爱好者、志愿者互动等。上海其他公共事业单位，还少有能如此充分利用微博这一亲民交流平台的。

这个情人节，除了上述"2·14送玫瑰"，上海地铁还在网上搞了个"上海地铁微情书"活动。地铁的官方微博还不忘在情人节前一天写段子："上海地铁特别提醒您：早点睡觉，蓄存体力，迎接新挑战！"很暧昧，也很亲切，一改公用事业单位给人们留下的"言语无味，面目可憎"的刻板印象。再早的还有，2000年11月，上海轨交推出各条线的Q版卡通形象，"萌"翻了网友。上海地铁吉祥物"畅畅"也很可爱。上海地铁一直努力在网上扮"萌"，效果也不错。

曾经，上海轨交的公众形象并不佳。2009年，上海轨交停车、晚点事故不断。当年12月22日，上海轨交一日内发生4起事故，1号线两车擦碰更成为上海轨交16年来最严重的事故。上海轨交的形象跌到了冰点。有市民评论道："上海地铁网络逐渐完善，硬件是达到世界先进水平了，软件服务实在是差距太大。"

在舆论压力下，上海轨交积极应对，并诚恳改进工作，如轨交晚点向乘客提供道歉书、延误15分钟将退票道歉，向曝光的"拥吻视频"当事人道歉等。我们的公共事业部门往往有种"衙门作风"，工作只对上级而不对市民负责，所以"官腔"、"八股腔"严重。上海地铁的"与众不同"说明两条：①公用事业单位是"需要管的"，舆论监督是有用的；②只要有努力为市民服务的意识，这类单位照样会想方设法塑造良好形象。此外，近两年大批青年人的入职，也给上海地铁带来了活力和年轻的企业文化。

其实，送玫瑰、搞卡通"神马"都是浮云，改善公共形象的王道还是提供安全正点的轨交服务，满足市民需求。不过，上海地铁在网上扮"萌"，在网下送花，还是能体现上海地铁积极服务市民的态度的。那么电老大、煤老大、水老大们是不是该跟进了？

文章来源：刘歆：《上海地铁送上 214 朵情人节玫瑰》，东方网，2011 年 2 月 14 日。

问题讨论：

1. 为什么说上海地铁在 2011 年的情人节里成为最大的赢家？
2. 上海地铁是怎样在 2009 年公众口碑欠佳的情况下改善自身形象的？

本章小结

1. 公共关系在品牌形象塑造中的作用

（1）公共关系能提升品牌的知名度和荣誉度。

（2）公共关系能增强品牌的公信力和竞争力。

（3）公共关系能化解贸易争端。

2. 品牌公共关系协调的原则

（1）积极主动原则。

（2）公众至上原则。

（3）沟通与合作原则。

3. 品牌公共关系协调的内容

（1）利益协调。

（2）态度协调。

（3）行为协调。

4. 品牌利用公共关系塑造自身形象的途径

（1）影响消费者决策——渗透品牌形象。

（2）借助大众传播——宣传品牌形象。

（3）倾心公益活动——提高品牌形象。

（4）加强与消费者的沟通——完善品牌形象。

5. 品牌利用公共关系协调关系的途径

（1）使用"平等式"平行沟通。

（2）注重情感沟通。

深入学习与考试预备知识
★★★★

公共关系助名牌成长的三种方式

公共关系的经营是品牌创建、发展、维护的重要手段，不仅担负着传统的"宣传"工作，还要为品牌确定更广泛的背景联系，引导普通公众或者目标消费者作出购买决策。

在多种多样的途径中，公共关系通过传媒公关、资源整合、事件链接、公益赞助等方式，可以最为有效的影响舆论风向，促进品牌与市场的良性互动。

1. 传媒公关，在公共关系行为中起到重要的作用

在主流媒体的网站或者杂志上刊登的一篇文章，甚至是编辑记者的一句话都有可能制造舆论风浪，将企业形象推往风口浪尖。举例来说，1996年 IBM 邀请卡斯帕罗夫与深蓝计算机进行棋赛对战，大量使用公关手法，使大量媒体对事件进行了报道，从中收到了金钱所无法实现的效果。而几百万人通过记者招待会同时参与微软"视窗95"的发行仪式，更充分说明了传媒公关不可小觑的力量。

2. 制造话题，吸引公众与媒体参与讨论是传播品牌并与消费者建立情感联系的一条便利途径

养生堂公司旗下女性品牌朵儿曾就"女性什么时候最美"、"在你最美丽的时候遇见了谁"等话题在全国征集意见，引起了广泛的讨论，将一个普通的公共话题上升为流行话题，同时提升了品牌的知名度和影响力。

3. 整合社会资源

通过整合关注度高的社会资源，品牌可以接触更为广阔的消费群体，如运动和音乐具有普遍的吸引力，且随时都有很多人在关注，即可以成为首选的公关资源的关联对象。在这方面 IBM 的公共关系活动一直做得十分到位。2003年，IBM 赞助中国登山队攀登珠峰，提供给队员30台有非常强的抗寒冷能力和抗高原能力的 T40 笔记本电脑，登山队员将登山过程中 IBM 电脑展现出的良好性能传播给自身的关注者，同时也引起了舆论的注意。IBM 公司有效地运用了低廉的成本，宣传了自身的产品。

互动——公关的利器

互动的形式有两种：一种是由于企业的公关事件或由此引发的话题得到了广大目标群体的共鸣，于是目标群体积极响应，推波助澜，和企业共同使公关事件引起轰动效应。这一形式是目前公关事件成功的主要方式。"超女"就是典型的共鸣式事件。"超女"成功打破了传统思维中只有明星才可以在舞台上载歌载舞的模式，引起了有着明星梦的女孩们的极大共鸣，报名者纷至沓来，与主办方和赞助方产生了互动，共同将前期的海选推向第一个高潮。而决定他们是否可以成为明星的也不再是专业的评委，而是台下的普通观众，这一方式有力地调动了更多的人去关注与点评。这是"超女"掀起的另一个高潮。在整个"超女"的活动中，主办方与赞助方都与广大目标群体实现了很好的互动。这是一个利用共鸣产生互动效应的典型案例。

另一种是通过一个与人们传统价值观念或习惯对立的活动或话题引起人们的批判与讨论，从而将公关事件效果扩大化。2000年10月10日北京富亚公司总经理蒋和平在活动现场喝涂料事件即典型的此类事件。富亚公司为推广自己的环保涂料，为了说明涂料的环保健康，决定找一些小动物现场喝涂料，结果遭到动物保护者的围攻，在僵持的情况下，总经理当众喝下涂料以说明自己的涂料健康环保，对人体无任何伤害作用。这件事情第一个争议点是因为涂料公司在报纸上刊登了让小动物现场喝涂料，结果引起了人们的不满，于是现场遭到了围攻，这就制造了一个新闻点，接下来老总自己喝涂料更是因为开人喝涂料之先河而被新闻媒体大肆报道，这是利用对立的方法与目标消费者产生互动。

第一节：

（1）健力宝集团在成长期采取了较为成熟妥善的品牌形象塑造方式。首先抓住了洛杉矶奥运会这样一个吸引民众注意力的时机，将自身品牌形象与民族荣誉感和健康向上的体育精神紧密相连，走出了成功的第一步；其次善用名人媒介，聘用体育明星作为品牌形象代言人，结合了自身的品牌形象；最后举办拉环有奖等活动，拉近了与消费者之间的距离，赢得了公关主体的好感，扩大了知名度。

（2）从健力宝品牌成长期的成功经验我们可以看出，首先，好的品牌形象塑造可以提升品牌的知名度和影响力，树立良好的品牌形象，可以正面地影响舆论导向，使企业的营销路走得更为顺畅。其次，品牌形象对于企业产品的公信力和市场竞争力有着不可小觑的影响作用。只有坚持诚信，打造良好的企业形象，才能在日益激烈的市场竞争中立于不败之地。最后，良好公共关系的打造也能化解潜在的贸易争端。在企业产品进入国内甚至国际市场前，将自身的企业文化、企业的品牌价值和内涵渗透到市场中，让消费者有所了解，便于化解贸易摩擦，减少贸易争端，有助于吸引消费者。

第二节：

（1）梁经理处理公共关系的方式不会得到特别好的效果。在企业内部公共关系的处理对企业的内部氛围是否协调起着十分关键的作用。梁经理采取的电子邮件、电话等沟通方式，不利于营造融洽、和谐的工作环境和人文关系。更多地与同事进行直接的沟通，方有助于"人和"的工作环境的营造。

（2）在处理企业内部公共关系的问题上，应坚持积极主动原则、公众至上原则、沟通与合作原则。只有切实做到这三点，才能营造出更好的企业内部人文氛围。

案例分析：

（1）上海地铁在情人节采取了向乘客情侣赠送鲜花的方式，提升了自身的企业文化形象，吸引了身为乘客主体的年轻人的关注。上海地铁借助情人节的机会，以一定的资金投入赢得了公众的好感，是为情人节最大的赢家。

（2）上海地铁在 2009 年口碑欠佳的情况下，坚持积极主动、公众至上、多沟通、多合作的原则，制定了符合自身情况的公关计划，并切实执行。首先努力提升自身素质，接受乘客监督，体现出与乘客的交流和舆论监督的作用；其次标语等的制作也能体现出企业顾客至上的服务精神；最后微博的开通等方式，更是拉近了企业与顾客之间的交流，有助于提升企业的公众形象。

第四章
品牌公共关系操作的一般程序

学习目标
★★★★

知识要求 通过本章的学习，掌握：

● 什么是品牌公共关系调查，调查的内容是什么
● 品牌公共关系调查的程序是怎样的，有哪些调查方法
● 什么是品牌公共关系策划，它有哪些程序
● 品牌公共关系方案实施的概念是什么，有哪些特点和模式
● 公共关系方案实施的原则是什么，有哪些要求
● 什么是品牌公共关系工作评价指标体系

技能要求 通过本章的学习，能够：

● 对品牌公共关系情况进行科学调查
● 策划、设计品牌公共关系方案
● 对策划好的公关方案进行有效实施
● 对品牌公共关系工作进行科学评估

学习指导
★★★★

1. 本章内容包括：品牌公共关系调查；品牌公共关系策划；品牌公共关系方案实施；品牌公共关系工作评价指标体系等。

2. 学习方法：本章强调理论的系统学习和在理论指导下的实践，在实践中理解和运用理论，掌握良好的实战能力。

3. 建议学时：8 学时。

第一节 品牌公共关系调查

长城饭店的公关调查

北京长城饭店是 1979 年 6 月由国务院批准的全国第三家中外合资合营企业。1983 年 12 月试营业，是北京 6 家五星级饭店中开业最早的饭店，也是北京第一座玻璃大厦，北京 20 世纪 80 年代的十大建筑之一。随着改革开放的深入发展，北京新建的大批高档饭店投入运营，饭店业竞争日益加剧。长城饭店之所以能在激烈的竞争中立于不败之地，成为京城饭店的佼佼者之一，除了出色的推销工作和优质的服务外，饭店管理者认为公共关系工作在塑造饭店形象上也发挥了重要的作用。

一提到长城饭店的公关工作，人们立刻会想到那举世闻名的里根总统的答谢宴会、北京市副市长证婚的 95 对新人的集体婚礼、颐和园的中秋赏月和十三陵的野外烧烤等一系列使长城饭店声名鹊起的专题公关活动。长城饭店的大量公关工作，尤其是围绕为客人服务的日常公关工作，源于它周密系统的调查研究。

长城饭店日常的调查研究通常由以下三个方面组成：

1. 日常调查

（1）问卷调查。每天将表放在客房内，表中的项目包括客人对饭店的总体评价，对十几个类别的服务质量评价，对服务员服务态度评价，以及是否加入喜来登俱乐部和客人的游历情况，等等。

（2）接待投诉。几位客务经理 24 小时轮班在大厅内接待客人反映情况，随时随地帮助客人处理困难、受理投诉、解答各种问题。

2. 月调查

（1）顾客态度调查。每天向客人发送喜来登集团在全球统一使用的调查问卷，每日收回，月底集中寄到喜来登集团总部，进行全球性综合分析，并在全球范围内进行季度评比。根据量化分析，对全球最好的喜来登饭店和进步最快的饭店给予奖励。

（2）市场调查。前台经理与在京各大饭店的前台经理每月交流一次游客情况，互通情报，共同分析本地区的形势。

3. 半年调查

喜来登总部每半年召开一次世界范围内的全球旅游情况会，其所属的各饭店的销售经理从世界各地带来大量的信息，相互交流、研究，使每个饭店都能了解世界旅游形势，站在全球的角度商议经营方针。

这种系统的全方位调研制度，宏观上可以使饭店决策者高瞻远瞩地了解全世界旅游业的形势，进而可以了解本地区的行情；微观上可以了解本店每个岗位、每项服务及每个员工工作的情况，从而使他们的决策有的放矢。

综合调查表明，任何一家饭店，光有较高的知名度是远远不够的，要想保持较高的"回头率"，主要是靠优质服务使客人满意。怎样才能使客人满意呢？经过调查研究和策划，喜来登集团面对竞争提出了"宾至如归方案"。计划中提出在 3 个月内对长城饭店上至总经理，下至一般服务员进行强化培训，不准请假，合格者发证上岗。在每人每年 100 美元培训费基础上另设奖金，奖励先进。其宗旨就是向宾客提供满意的服务，使他们有宾至如归的感觉。随着这一方案的推行，饭店的服务水平又有了新的提高。

资料来源：张岩松：《公共关系案例精选精析》，经济管理出版社，2003 年。

思考题：

1. 分析长城饭店主要采取了哪些方式进行公关调查？

2. 长城饭店的公关调查起到了什么样的效果，给我们带来了哪些启示？

一、品牌公共关系调查的内涵

关键术语： 品牌公共关系调查

品牌公共关系调查是指运用系统、科学的方法，有计划、有步骤地搜集相关信息，综合分析相关的因素及其相互关系，以考察企业的公共关系状态，了解企业面临的公共关系方面的实际问题，从而为企业的形象设计、公共关系活动的策划提供依据。公共关系调查是公共关系活动的基础工作，它在整个活动中起着至关重要的作用。

问题 1： 品牌公共关系调查的内容是什么？

公共关系调查的内容包括企业形象调查和社会环境调查。

1. 企业形象调查

企业形象是指社会公众心目中对一个企业的全部看法和总体评价，亦即一个企业的实际表现在公众中的影响。对于企业而言，良好的社会形象是最重要的无形资产。拥有它，就会得道多助、兴旺发达。

企业形象的衡量是以它的知名度和美誉度两项指标为依据的。知名度表示一个企业被公众所了解的程度，社会影响的广度和深度，是评价名气大小的客观尺度。美誉度表示一个企业获得社会公众的好感和赞美的程度，社会影响的美、丑、好、坏是评价好坏程度的指标。

（1）内部形象调查。企业内部形象调查主要是收集企业内部各层级员工对企业当前形象评价与期望形象要求的相关信息和数据。其调研对象主要是领导层、中层干部与职员三级代表。其调研课题着重包括：经营方针、经营政策、决策能力、计划能力、预算能力、信息通畅度、办公环境、生活环境、生产状况、技术优势、协同能力、财务状况、薪资福利、服务质量、发展前景、员工关系等，并应认真听取、详细记录员工的意见和建议。

（2）外部形象调查。企业外部形象调研主要是收集企业外部公众对组织实际形象评价与期望形象要求的相关信息数据。其调研对象主要是各种类型外部公众一定数量的设定代表；其调研课题包括：办公环境、生活环境、技术优势、品牌影响力、产品质量、包装形象、供货速度、服务态度、专业化水平、售后服务、信誉度、价格等，并应认真听取、详细记录外部公众的意见和建议。

2. 社会环境调查

社会环境是指与企业有关的各类组织、公众和各种社会条件的总和，它影响着企业的生存和发展。社会环境主要包括企业的政治环境、经济环境、人文环境、技术环境、公众环境，等等。进行社会环境调查的目的是找出对企业的发展产生重要影响的因素，探索其变化规律，为组织的决策和发展提供依据。

（1）政治环境调查。政治环境调查是指对现在和未来一定时期国内外的政治形势、政治制度及方针政策、法规、规章制度等的调查，凡是同企业活动特别是同公共关系有关的政策法规都应纳入调研的内容。例如，经济合同法、环境保护法、劳动法、商标法，等等。

（2）经济环境调查。经济环境是指一个国家或地区的经济制度、经济结构、物质资源、经济发展水平、消费结构和消费水平以及未来的发展趋势等状况。经济环境的变化，影响和制约着企业公共关系的开展，只有准确把握国际国内经济形势，才能做出正确的经营决策，保证企业在错综复杂的经济环境中求得生存和发展。

（3）人文环境调查。人文环境调查是指对一个国家和地区的人口结构、家庭状况、生活习俗、文化教育水平、社会规范和文化观念等因素的调研。其中最主要的是文化习俗方面，如民族的特点、区域文化的基本特征、目标消费者的宗教信仰及禁忌，等等。

（4）技术环境调查。技术环境调查主要是调查目标市场的技术水平、技术特征、技术要求、技术标准、技术类型等，这种调查对于企业成功地占领目标市场，迅速打开销路是十分有效的。

（5）公众环境调查。公众环境调查主要包括企业内部公众调查和企业外部公众调查两部分。外部公众包括消费者公众、媒介公众、社区公众、政府公众等，主要是了解各类公众的特征、需求、对企业的评价和期望等，以便针对不同公众开展有效的公关活动，协调企业与公众的关系，促进企业发展。

二、品牌公共关系调查的步骤

 **问题 2**：品牌公共关系调查的步骤是怎样的？

为了使整个调查工作有计划、有步骤地进行，保证整个活动的科学性，公共关系调查应包括制订调查方案、搜集调查资料、分析调查资料、撰写调查报告四个步骤。

1. 制订调查方案

在确定了调查课题以后，公关人员必须根据调查的课题制订调查方案。一个完整的调查方案主要应包括以下几方面：

（1）明确调查目的。调查方案制定的关键就是要首先明确调查的目的。确定了调查目的，才能确定调查的范围、内容和方法，才能有针对性、有目的地进行公关调查，避免盲目行动导致的工作失误。

（2）选定调查对象。调查对象是根据调查目的、任务来确定的一定调查范围内的调查单位。调查单位是构成调查对象的一个个具体单位，是我们搜集信息、分析信息的基本单位。在实际调查中，注意选择调查对象的科学性，即按照随机原则，通过抽样技术，取得接近公众总体的资料，保证公众的代表性。

（3）设计调查表格。设计调查表格就是要明确向被调查者了解些什么问题，如消费调查中消费者的性别、民族、文化程度、年龄、收入、动机、态度等。对内容进行科学的分类、排列，构成调查提纲和调查表。

（4）确定调查时间和地点。确定调查时间应包括两个方面：一是要明确规定调查资料所反映的是调查对象从何时起到何时止的资料；二是规定调查工作的开始和结束时间。调查地点应与调查单位相统一。

（5）明确调查方式和方法。搜集资料的方式有普查、重点调查、典型调查、抽样调查等多种方式。具体调查方法有访谈法、观察法、问卷法和实验法等。大中型调研要注意多种方式和方法的结合运用。

（6）确定调查工作的计划。调查计划是指实施整个调查活动过程的具体工作计划，主要是指调查的领导、机构设置、人员的选拔和培训、调查工作步骤及其善后处理等。

（7）编制调查预算。在进行调查预算安排时，要将可能需要的费用尽可能全面考虑。一般来讲，调查经费预算应包括四个方面：调查方案设计及实施费用、调查资料整理分析费用、调查报告撰写费用以及相关办公费用等。

2. 搜集调查资料

搜集调查资料是指按调查计划的要求与安排，系统地搜集各种资料。

调查资料的搜集可以分为两种类型：一是搜集未做任何加工整理的原始资料，也称第一手资料；二是搜集他人已调查整理过的资料，也称第二手资料。

第一手资料搜集的方法包括访问法、观察法、实验法等。第二手资料往往是已经公开出版或发表的资料，对这类资料的搜集采取文案调查法。

3. 分析调查资料

运用科学的方法，对调查所得的各种散乱的资料进行审查、检验和综合加工，使之系统化、逻辑清晰，从而以集中、简明的方式反映调查对象的总体情况，这就是调查资料的整理分析，通常包括下列工作：

（1）审查核实。收集到各种资料之后，首先对所得到的资料进行审核，这是保证调查工作质量的关键。审核的内容主要是对其相关性、及时性、完整性和正确性的审核。

（2）分类整理。经过检查核实资料后，还应按照调查的要求进行分类整理，为归档查找和统计提供方便，为进一步调查分析打好基础。

（3）分析处理。资料的分析包括定性分析和定量分析。前者是以资料或经验为依据，主要运用演绎、归纳、比较、分类和矛盾分析的方法找出事物本质特征或属性的过程。后者是运用概率论和数理统计的测量、计算及分析技术，对社会现象的数量、特征、数学关系和事物发展过程中的数量变化等方面进行的描述。为了取得比较符合实际的结论，不仅要进行定性分析，而且要进行定量分析，要在定性的基础上尽量根据不同要求把资料量化，在此基础上编制成统计表或统计图，或计算百分比、平均值等，然后运用这些量化资料进行分析，并将分析所得的结论提供给相关的决策部门，作为策划的依据。

4. 撰写调查报告

撰写调查报告是公关调查的最后程序。作为调查工作的结束，最终要形成一个调查报告。撰写调查报告的目的是对调查活动过程以及对调查数据分析整理的过程及其工作成果进行总结汇报，为制定科学的公共关系计划方案提供依据，为领导者决策提供参考，寻求领导的支持和帮助。

三、品牌公共关系调查的方法

问题3：品牌公共关系调查的方法有哪些？

公共关系调查的方法种类很多，根据不同的分类方法可以把它们分成不同的类别。在进行公关调查时，应根据调查研究的目的、意义、规模、对象的不同，选择适当的方法来进行。

1. 按获取调查资料的方法分类

根据所要获取资料的方法不同，公关调查可以分为第一手资料的调查和第二手资料的调查。

（1）访问法。访问法亦称询问法，是调查者通过面谈、通信或邮寄等方式向被调查者进行调查的一种调查方法。面谈又可分为个别面谈和集体面谈，个别面谈灵活方便，彼此容易沟通，情况了解深入，可多方面搜集资料；集体面谈（即座谈会）能集思广益。电话访问可跨越空间距离障碍，但只适用于有电话的场合。信函调查是将设计好的调查表邮寄给被调查者，由被调查者根据要求填好后寄还的一种调查方法，这种方法以对于居住分散的调查对象最为适用，不仅成本较低，而且可使被调查者有充分时间考虑作答。

（2）观察法。观察法是指调查者亲临现场，通过近距离观察、跟踪、记录被调查者的情况来搜集第一手资料的一种调查方法。这种方法具有较强的目的性、计划性和系统性，要求调查者事先做出观察的计划，事后要对所观察到的事实做出实质性的结论。

（3）实验法。实验法是在人为可以控制的情况下，通过做各种对比实验从而取得资料的方法，其结果较客观、准确、可靠，但往往费时、成本高，而且许多实际因素无法人为控制，从而导致实验结果可能出现误差。

（4）文件法。文件法也叫文案调查、历史法、文献调查法，是一种搜集、分析、整理现成文献资料的调查研究方法。这是第一手资料不够用或不可能取得第一手资料时，利用第二手资料的方法。运用这种方法对于获取资料较为方便、容易，调查成本低，但所取得的资料可能在时间上、资料的完整性上具有一定的局限性。

2. 按调查对象的选择方法分类

根据调查对象的选择方法不同，公关调查可分为普查、重点调查、典型调查和抽样调查。

（1）普查。普查是将调查区域中的每个对象都列为调查对象，无一遗漏地逐个进行调查。这样的调查比较全面，但是工作量大、成本高。

61

（2）重点调查。重点调查是从调查总体中选出少数重点单位进行的调查。重点调查的调查单位少，能够用较少的人力、物力、财力进行深入调查，从而能够较快地掌握调查对象的基本情况。

（3）典型调查。典型调查是指在调查总体中有意识地选择若干具有代表性的对象进行调查，达到推算一般的调查方法。因此，典型调查适用于调查总体庞大、调查者对总体情况比较了解、能准确地选择有代表性的公众作为调查对象的情况。

（4）抽样调查。抽样调查是遵循一定的原则从调查区域中的所有调查对象中抽取一部分样本进行调查，以此推断总体特征的一种调查方法。这种调查方法由于针对性强、调查次数少，因此可以降低调查成本、提高调查效率，是公关调查经常采用的一种方法。

就各种调查方法来看，各自都有各自的特点，也有自己的长处和不足。因此，为保证公关调查所搜集资料的可靠性、准确性和科学性，在选择调查方法时，应注意多种调查方法、技术的综合使用，集中各种调查方法的优势，充分而准确地搜集信息资料。

活动 1：多个同学一组，采用多种形式，组织进行一次对学校公共关系的调查，了解自己学校在当地人们心目中的形象。

考试链接

1. 品牌公共关系调查的内容。
2. 品牌公共关系调查的方法。

第二节　品牌公共关系策划

引导案例

"佳洁士"笑容绽放

2000 年 9 月 20 日是第 12 届"全国爱牙日"，也是佳洁士口腔护理研究院成立一周年的纪念日。"全国爱牙日"的主题是"善待牙齿"。佳洁士打算在爱牙日前后开展一系列围绕"善待牙齿"这一主题的公关活动，进一步巩固佳洁士口腔卫生专家的品牌形象，推广佳洁士新的品牌定位口号——"牙齿健康，笑容绽放"。同时，借助媒体的力量，在更广大的中国消费者中普及口腔护理知识，提高人们的自我口腔保护意识。

佳洁士使人们牙齿更健康，主要是基于三个方面的原因，并在活动中把这三个方面作为关键信息向公众传播：①佳洁士牙膏采用两种先进技术，氟泰配方以及采用软性球状二氧化硅摩擦剂，使之在同类产品中脱颖而出。②与传统的双氟牙膏相比，采用专利技术氟泰配方的佳洁士牙膏能帮助牙齿吸收四倍多的氟，因此，能更有效地防止蛀牙。③顶端磨圆的佳洁士牙刷刷毛能全面、有效地清洁牙齿，同时又不会造成牙齿的损伤，这是普通牙刷坚硬不规则的刷毛所无法比拟的。

根据对市场调查结果的分析，佳洁士决定将整个佳洁士公关宣传活动分成前期、中期和后期三个活动。前期活动应以在记者中间普及口腔卫生保健知识为重点，为随后开展的中期和后期活动做铺垫。在"爱牙日"到来前夕，邀请记者赴海南三亚参加一次寓教于乐的佳洁士护理研讨会，由佳洁士口腔护理专家深入浅出地介绍牙齿护理的基本知识，如正确刷牙的方法，如何选用牙膏、牙刷，怎样预防并有效治疗牙病等；演示日常牙齿护理用品——牙膏和牙刷的最先进技术。

为了激发人们踊跃参加活动的热情，宣伟策划将本次活动主推的佳洁士新的品牌定位口号——"牙齿健康，笑容绽放"，与支持申奥的主题结合起来，把整个活动的主题定为"笑容绽放，企盼奥运"：牙齿的健康会给一个人带来灿烂笑容和自信，全中国人民的笑容也会让世人看到举办2008年奥运会的友善和自信。如果每一个中国公民都能用自己最灿烂的笑容面对他人，面对世界，必定会为北京申办2008年奥运会增添一份色彩，增加北京赢得举办权的机会。

作为中国四大门户网站之一，新浪网以其新闻准确、及时著称，拥有2700万个注册用户，日平均浏览量达到900万次。宣伟策划2000年9~10月，佳洁士与新浪网联合举办"笑容绽放，企盼奥运"网上最灿烂笑容评奖活动，把企盼奥运的心愿通过最现代的方式快速地传播到祖国大地的每一个角落，为北京申办2008年奥运会加油助威。

除举办"笑容绽放，企盼奥运"网上最灿烂笑容评奖活动以支持北京申奥外，宣伟还建议在10月末组织一次"笑容绽放，企盼奥运"新闻发布会，向北京市民和全国人民发出倡议，号召人们绽放最灿烂的笑容，向全世界展示北京申办2008年奥运会的迫切心情和坚强信心。作为后期活动，这次新闻发布会将巩固佳洁士前期和中期公关推广活动的宣传效果。

资料来源：张岩松：《公共关系案例精选精析》，经济管理出版社，2003年。

思考题:

1. 结合材料,分析佳洁士是如何策划公关活动的。

2. 佳洁士的公关活动收到了怎样效果,给我们什么样的启示?

一、品牌公共关系策划的程序

关键术语: 品牌公共关系策划

品牌公共关系策划就是指公关人员根据品牌企业形象的现状和目标要求,分析现有条件,设计最佳活动方案的过程。

品牌公共关系调查使企业获得了一定的社会形象地位,但从企业的发展来讲,企业应在社会公众中不断完善自身的形象和进一步提高自己的形象和地位。这就需要根据公共关系存在的主要问题确定公共关系活动目标,制订公共关系活动方案,寻求解决问题的方法和途径,也就是需要开展公共关系策划工作。公关策划的目的在于:通过科学的策划思想和方法,设计和选择出有效的公关活动方案,从而增强组织公关活动的目的性、计划性、有效性,提高组织开展公关活动的成功率,最终在社会公众中不断提高和完善组织的形象地位。

问题 4: 品牌公共关系策划的程序是什么?

公共关系策划应包括六个步骤:

1. 确定公共关系目标

公共关系目标是企业展开公共关系活动所期望达到的成果。它是公共关系活动的方向,也是衡量公共关系活动成功与否的标准。

(1)公共关系目标的四种类型:

①信息传播。向公众传播有关本企业的信息,让公众了解、信任、支持本企业。

②感情沟通。通过感情投入获得公众对企业的信任与好感。

③态度转变。达到使公众主动接受企业及其所提供的产品、服务、文化等。

④引起行为。公众对企业产生了信任之后,行为上对企业的认同和支持。

(2)确定公共关系目标的原则。要使目标能发挥作用,在确定目标时应遵循以下四个原则:

①整体性原则。目标应考虑企业的整体目标,为企业整体目标服务。

②明确性原则。目标应具体明确,含义单一,避免产生歧义。

③实际性原则。目标应符合当时的内外部条件,通过努力可以实现。

④灵活性原则。目标必须具有一定的弹性，以备条件变化时仍能灵活应变。

2. 确定公关的目标公众

公共关系的展开与广告不同，广告主要通过大众传媒把各种信息传播给大众，而公共关系则是以不同的方式针对不同的公众。要使活动能有效实施，需要确定企业决定作为自己公关活动主要对象的公众，即目标公众。目标公众的确定，有利于实施选定的具体公关方案；有利于确定工作的重点；有利于更好地选择传播媒介和传播技巧等。目标公众确定之后，公关人员还应对目标公众进行详细的了解和深入的研究，主要是分析目标公众的权利和要求以便确定公关计划的基本要求。

3. 设计主题

公共关系活动主题是对公共关系活动内容的高度概括，对整个公共关系活动起着重要的指导作用。主题的表现方式有多种多样，它可以是一个标语口号，也可以是一句陈述或一个表白。主题设计得是否精彩恰当，对公关活动的成效影响很大。要设计出一个好的主题，必须满足以下四个要求：

（1）主题必须与目标相一致，并能充分表现目标。

（2）主题应新颖独特，富有个性，突出活动的特色，使人留下深刻的印象。

（3）主题要适应公众心理的需要，既要富有激情，又要使人感到亲切。

（4）主题的表述应做到简短凝练，易于记忆和传播。

4. 选择媒介

在选择传播媒介时，应注意以下四个方面：

（1）公关目标。各种传播媒介都有其特定的功能及优势，适合为不同的公共关系的类型目标服务。选择传播媒介时应首先考虑企业的目标和要求。

（2）传播内容。选择传播媒介时应充分考虑传播内容与传播媒介的契合度，不同的内容有着不同的特点，而不同传播媒介也有着各自的特点和适用范围，在选择时应将所传播信息内容的特点和传播媒介的优缺点结合起来考虑。

（3）目标公众。不同的公众对不同的传播方式和传播媒介的接受机会和感受是不同的，企业应根据目标公众的年龄结构、职业性质、生活方式、教育程度、接受信息的习惯等选择合适的传播方式来传播信息。

（4）经费预算。由于公共关系活动的经费是有限的，企业应根据自己的具体经济条件选择传播的媒介，尽可能用有限的经费和资源创造最大的效益。

5. 编制预算

公关预算主要包括三个方面：

（1）经费预算。公共关系预算的经费可分为基本费用和活动费用。基本费用是指相对稳定的费用，包括人工报酬、办公费用、房租费和固定资产折旧费等。活动费用是指随公共关系活动的开展而形成的费用，包括专项设施材料费、调查研究费、专家咨询费、活动招待费、广告宣传费、赞助费等开支。

（2）人力预算。人力预算是指对实现既定公关目标所需的人才进行初步的估算，应落实公关计划的实施需要企业投入多少人力、什么样的人才结构、是否需要外借人员等。

（3）时间预算。时间预算是指为公关具体目标的实现制定一个时间表，规定出各阶段的具体工作内容以及所持续的时间，以便公关人员按部就班地进行工作。

6. 审定方案

审定方案是公共关系策划的最后一项工作，可分为两个步骤：

第一步，方案优化。尽可能地将公关方案完善，提高方案合理度，强化方案的可行性，降低活动耗费。通常可采用反向增益法、优点综合法、重点法、转变法等方法进行方案优化。

第二步，方案论证。请有关高层领导、专家和实际工作者对方案审读，并提出问题，由策划人员进行答辩论证。论证方案应满足系统性、权变性、效益性和可操作性要求。

二、品牌公共关系策划的方法和原则

问题 5：品牌公共关系策划的方法和原则是什么？

公共关系是一门创造性的学问，它的灵魂在于创新，所策划的公共关系活动越是新颖独特、出神入化，就越能吸引公众。失去了创造性思维，公关策划就会变得平淡乏味，毫无兴趣。其实，公关策划的方法就是创造性思维的方法。

1. 公共关系策划的方法

有创造性的公共关系策划所依仗的主要是策划者的创新能力，而这种创新能力的核心无疑就是创造性思维能力。一般来说，常见的创造性思维方法有以下四种：

（1）头脑风暴法。又称思维碰撞法、自由思考法，是公关策划中最常用的产生创意的方法。头脑风暴法是利用群体共同探讨和研究，通过相互间的某些激励形式，以提供能够相互启发、引起联想的机会和条件，使大脑处于高度兴奋状态，不断地提出新颖、新奇的创意的思维方法。

（2）发散思维法。发散思维是针对某一个问题，沿着各种不同的方向思考，从多方面、多角度提出解决问题的方案，寻求各种各样的解决办法，以求得最佳解决问题的答案的思维方法。

（3）逆向思维法。公关策划中的逆向思维，就是要打破常规，突破习惯，达到惊人之效果。即人们应从与习惯思路相反的角度，突破常规定式，作逆向思维，以找到出奇制胜之道，这就是逆向思维法。逆向思维即从反面"倒着想问题"。

（4）联想思维法。联想思维是在原来并不相关的事物之间，搭起一座由此及彼的桥梁，将表面看来互不相关的事物联系起来，从而达到创造性思维的界域。这种联想思维，可以使自己以往的经验为新的创造性思维服务。我们通常说的由此及彼、举一反三就是指的这种情形。

2. 公共关系策划的原则

在进行公共关系策划时，应遵循以下五个原则：

（1）创新性原则：指公共关系策划活动应该力求新颖、独特、不落俗套。

（2）灵活性原则：指公共关系策划活动应该随着形势的变化，积极、主动、及时地进行调整，保证方案的实施能够取得良好的效果。

（3）可行性原则：指公共关系策划方案应该切实可行，没有可行性的方案，即使是再精彩的创意和文字，也不会有任何价值。

（4）一致性原则：指公共关系策划活动应该考虑和顾全与策划项目相关的各个方面，与企业的整体目标保持一致。

（5）道德性原则：指公共关系策划活动应该符合社会道德要求，如此才能得到社会公众的接受和好评。

三、公共关系策划的技巧

问题 6：公共关系策划的技巧是什么？

公共关系策划是公共关系原则与创造性思维的碰撞结合，这种碰撞结合形成了一些相对稳定的思路和轨迹。公共关系策划的技巧很多，这里简要介绍几种方法，以给公共关系策划者们若干启发。

1. 策划新闻

所谓"策划新闻"，是指企业在尊重事实、不损害公众利益的前提下，有目的地策划、组织、举办具有新闻价值的事件，制造新闻热点，争取报道机会，通过新闻媒介向社会传播，以达到吸引公众注意、扩大组织知名度和影响力的目的。

2. 借助名人

企业在策划公共关系活动时，将企业及其产品与声望高、权威性强的名人、知名组织、有影响的事物或事件联系起来，借助他们的名望、声望及权威来扩大企业的影响力及知名度，从而达到事半功倍的效果。

3. 注重细节

注重细节指在与公众交往中，企业要小题大做，在小事上凸显大道理，在小事上展示自己的大观念，从而有效地强化自己的形象。

4. 争取主动

争取主动指当企业与社会环境发生冲突，环境对企业的生存发展构成严重威胁时，企业不应消极观望，而应主动出击，对环境积极施加影响，从而化被动为主动，变不利为有利。

5. 以诚待人

以诚待人是指当公众对企业产生不满、误解、抱怨时，企业要首先摸清情况，对社会、公众做出善意的解释，提出相应措施，以实际行动换取公众的谅解。

6. 积极进取

积极进取是企业在进行形象定位和产品定位时所运用的一种策略，即在实施名牌战略时，企业要想方设法使自己的产品成为世界一流的产品。

四、公共关系策划书

问题 7：如何制作公共关系策划书？

公共关系策划书是公关策划工作的总结，又是公关活动的实施指导、依据和规范。有了公共关系策划书，计划制定者就能随时检查项目进展情况，管理者也就能够有效对公关结果进行准确评估，如此，也就能使公关获得更好的活动效果。

公共关系策划书可以分为长期战略规划、年度工作计划和专题活动计划。通常，标准的公关策划书应包括以下五个部分：

1. 封面

封面是策划书的"脸面"，因此不能太随意。格式要规范；风格要大方、典雅；设计要独到、新颖；紧扣主题，可以图文并茂，也可以用不同颜色、不同规格、不同字体的文字来设计。封面要注明标题、密级、落款等必要元素。

2. 序文

序文是指策划书的内容简明扼要，让人一目了然。序文一般不超过 400字，视情况可加些说明，不过也不要超过 500 字。

3. 目录

目录是指策划书的提纲，务求使人读后能了解策划的全貌，它具有与序文相同的作用，十分重要。

4. 正文

这是策划书中最重要的部分。正文的写作方式以文字为主，也可以配以表格或图示。内容层次一定要清楚、具体。正文主要包括以下内容：

（1）背景分析。这部分主要陈述与分析公关传播中存在的问题，阐明公关计划的首要目标。

（2）主题词。用简练新颖的语言概括本次活动的宗旨、目的、意义，突出活动主题。

（3）主办单位、协办单位、赞助单位及承办单位。

（4）时间、地点、参加者及邀请者。应写明活动的时间、地点和参加者的来源、人数、具体落实的情况。

（5）实施方案。这是策划书的核心和"重头戏"，集中体现活动的创意和水平。

（6）成效检测标准及方法。应写出负责检测的主持者与参与者、检测的各项具体标准以及多种方法、检测的程序。

5. 附件

附件主要是指策划的相关资料。这部分内容可附也可不附，只是给策划参与者提供参考。资料不能太多，择其要点而附之。

69

活动 2： 中秋来临之际，请设想为某品牌的月饼做一次公关活动策划。现在的中秋月饼市场鱼龙混杂、良莠不齐，如何才能通过有创意的策划使其产品脱颖而出，收到良好的销售业绩呢？

考试链接

1. 品牌公共关系策划的方法和内容。

2. 品牌公共关系策划的原则和方法。

3. 学会制作公共关系策划书。

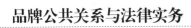

第三节 品牌公共关系方案实施

引导案例

高露洁的西行公关"微笑工程"

2001年，正值高露洁棕榄公司进入中国10周年之际，高露洁公司策划了西行公关的"微笑工程"。

公关活动策划："西行公关三部曲、演绎甜美的微笑"。

第一步：西行首发仪式，高露洁露出"微笑"。在卫生部礼堂举行"口腔保健微笑工程——2001西部行"启动仪式，由卫生部副部长殷大奎、高露洁棕榄公司大中国地区副总裁兼总经理方宝惠先生及三家专业协会领导向西部五省卫生厅代表颁发"微笑之牌"。

第二步：西行路漫漫，一路欢笑一路情。分别在西部5省具有代表性的城市和场所举行该省活动启动的仪式，并安排现场文艺演出及义诊、专家咨询活动。在每个途经城市的小学、医院、幼儿园、农村等单位开设课堂，讲授正确刷牙的方法和口腔护理知识。

第三步：胜利凯旋，将微笑与健康带入新世纪。在10月份最后一站的宣传活动结束后，又回到卫生部礼堂，召开了"口腔保健微笑工程——2001西部行"北京凯旋庆典仪式，再次由卫生部副部长殷大奎、高露洁棕榄公司大中国地区副总裁兼总经理方宝惠先生及三家专业协会领导向西部五省卫生厅代表颁发"成功奖牌"。

项目实施：

（1）"口腔保健微笑工程——2001西部行"北京启动仪式。设计、印刷了本次活动专用的宣传海报、礼品包装、新闻夹、新闻纸、信封、请柬等宣传印刷品，于北京启动仪式和各省的启动仪式、宣教场所张贴和分发，保证了活动的统一性及尽可能地扩大宣传范围。

特别选在卫生部礼堂召开"口腔保健微笑工程——2001西部行"启动仪式，邀请了卫生部副部长殷大奎、高露洁棕榄公司大中国地区副总裁兼总经理方宝惠先生、三家专业协会会长、西部五省卫生厅厅长、国内著名口腔专家、学者等重要人士参加启动仪式。

在新闻发布会中特别设计了两个"亮点"：第一个是由卫生部副部长殷大奎、高露洁棕榄公司大中国地区副总裁兼总经理方宝惠先生及三家专业协会领导向西部五省卫生厅代表颁发"微笑之牌"；第二个重要环节是由卫生部副部长殷大奎、高露洁棕榄公司大中国地区副总裁兼总经理方宝惠先生在活动主题背景板上启动一个机关，瞬间霓虹灯照亮了西部五省的地图，意味着西部地区将迎来光明、灿烂的微笑。

邀请北京近 40 家报纸、杂志、电视台记者出席启动仪式新闻发布会，特别为新闻媒介准备了翔实的新闻资料。新闻发布会后分别安排《人民日报》、《中华工商时报》、《中国健康报》、中央电视台、北京电视台等重点新闻媒体对殷大奎副部长、方宝惠总经理、王贺祥副会长展开了逐一深入的专访。

（2）"口腔保健微笑工程——2001 西部行"各省启动仪式。各省启动仪式场地分别选在具有特殊意义或极具城市代表性的广场举行，如在贵州省的活动就选在了中国革命胜利的起点遵义市的遵义广场举行。

安排各省卫生厅厅长、各市卫生局局长、广州高露洁棕榄公司总经理林金星先生等领导出席，在各省的活动中穿插了丰富、精彩的文艺演出活跃现场气氛，其中尤以"刷牙歌"舞蹈表演获得观众热烈的掌声，以寓教于乐的形式深入宣传口腔保健知识。

在启动仪式后安排大规模义诊、专家咨询、宣传品发放等活动，这样的宣教活动在广场中、街道上、操场上、幼儿园中、聋哑学校里、田埂间进行了全面开展。

（3）"口腔保健微笑工程——2001 西部行"北京凯旋庆典仪式。特别设计、制作包括西部五省活动宣传结果、高露洁公司在中国 10 周年成果等 7 块展板，用以在活动中向来宾宣传。

特别又回到卫生部礼堂召开"口腔保健微笑工程——2001 西部行"北京凯旋庆典仪式，再次邀请了卫生部副部长殷大奎、高露洁棕榄公司大中国地区副总裁兼总经理方宝惠先生、三家专业协会会长、西部五省卫生厅代表、国内著名口腔专家、学者等重要人士参加庆典仪式。

资料来源：张岩松：《公共关系案例精选精析》，经济管理出版社，2003 年。

思考题：

1. 高露洁公司是如何策划这次公关活动的？
2. 高露洁公司策划的公共方案是如何实施的？

一、品牌公共关系方案实施的特点

关键术语：品牌公共关系方案实施

品牌公共关系活动的实施，就是在品牌公共关系活动策划方案被采纳以后，将方案所确定的内容变为品牌公共关系实践的过程。

这个过程是"品牌公共关系四步工作法"中的第三个环节，而且也是最为复杂、最为多变的一个环节。

问题 8：品牌公共关系方案实施有哪些特点？

品牌公共关系活动的实施具有动态性、创造性、影响性和情感性等特点。

1. 动态性

品牌公共关系活动实施是由一系列连续的活动构成的过程，是一个目标和实际需要不断变化、不断调整的互动过程。不断地改变、修正或调整原定的策划方案、程序、方法、策略等是实施活动中不可避免的正常现象。

2. 创造性

品牌公共关系活动实施的过程又是一个不同层次的实施者发挥主观能动性的过程。实施人员应充分发挥自己的积极性、主动性和创造性。从这个角度说，品牌公共关系实施过程不仅是对原策划方案进行艺术的再创造，也是不断丰富品牌公共关系实务经验的过程。实施人员应掌握：要抓住一些静态的事件、突发事件，进行新闻策划；要善于多角度思维，逆向思维；要不落俗套，勇于创新。

3. 影响性

品牌公共关系活动实施所产生的影响主要表现在以下两个方面：首先，策划实施的方案会对众多的目标公众产生深刻的影响。其次，品牌公共关系策划方案的实施有时会对整个社会的文化、习俗产生一定的影响。

4. 情感性

品牌公共关系实施的过程实际上是一种组织与公众的情感交流过程。因此，品牌公共关系实施人员必须了解、利用公众的情感倾向和情感要求，重视情感投资，力求以情感人、以情动人、以情服人。重视情感交流，这是公众的需要，也是品牌公共关系的生命根基。

二、品牌公共关系活动实施的模式

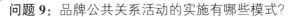

问题 9： 品牌公共关系活动的实施有哪些模式？

所谓品牌公共关系活动实施的模式，是以一定的公共关系目标和任务为核心，将若干公共关系媒介和方法进行有机组合，使之形成一套有特殊功能的运作系统。品牌公共关系活动的目标一旦确定，一般来说不要轻易改变。但实现这些目标的具体活动模式可以是多种多样的，同一个目标可以通过不同的品牌公共关系活动模式来完成。

1. 根据品牌公共关系活动性质划分

（1）宣传性品牌公共关系，是借助于媒介开展宣传工作的公共关系活动模式。这种模式的主要做法是，利用各种传播媒介和交流方式进行内外传播，让各类公众充分了解组织、支持组织，进而形成有利于组织发展的社会舆论，使组织获得更多的支持者与合作者，达到促进组织发展的目的。

（2）交际性品牌公共关系，是通过人际交流来开展公共关系的模式。其目的是借助人与人的直接接触，进行情感上的联络，为组织广结良缘，建立广泛的社会关系网络，形成有利于组织发展的人际环境。

（3）服务性品牌公共关系，是一种以提供优质服务、实惠性服务为主要手段的公共关系活动模式。其目的是以实际行动来获取社会公众的了解和好评，建立自己的良好形象。优质服务是影响社会组织生存与发展的主要因素。

（4）社会性品牌公共关系，是企业利用举办或资助各种社会性活动开展公共关系的一种模式。其目的是为了提高组织的知名度和美誉度。

2. 根据公共关系工作发展重心划分

（1）防御性品牌公共关系，是指组织为了防止自身可能出现的危机与风险所采取的一系列活动方式的总称。防患于未然，把"问题"解决在萌芽状态。

（2）建设性品牌公共关系，是指适应组织初创阶段一种新产品或新服务的推出，为了打开局面而进行的公共关系工作模式。

（3）维系性品牌公共关系，是指社会组织在稳定发展之际，持续不断地向公众传播组织的有关信息，使组织形象潜移默化地植根于公众脑海中，进而长期赢得公众的理解与支持。

（4）矫正性品牌公共关系，是指社会组织遇到风险时所采用的一种公共关系模式。其特点是及时发现存在的问题或危机，并通过努力改变或消除它们，重塑组织形象。

（5）进攻性品牌公共关系，是指组织为开创新局面，树立新的形象而采用

73

的一种模式。组织可以通过研制新产品、推出新服务项目、开拓新市场、建立新的合作关系等形式，改变对旧环境的依赖，创造有利于组织生存、发展的新环境。进攻性公共关系的特点是主动，即以较高的姿态、较强的频度向目标公众传递各种信息、提供各种服务、开展各种活动，从而使组织在尽可能短的时间内提高知名度和美誉度。

三、品牌公共关系方案实施的原则

问题 10：品牌公共关系方案实施的原则是什么？

正确地制订具有创意的品牌公共关系计划方案固然重要，但更重要的是将品牌公共关系计划付诸实施，才可能真正产生效用。品牌公共关系实施是在品牌公共关系计划方案确定后，将方案所确定的内容变为现实的过程，它是整个品牌公共关系工作的中心环节。品牌公共关系实施是一个复杂而科学的过程，客观上需要一整套科学的实施原则作指导。

1. 准备充分原则

实施准备是品牌公共关系实施成功的基础和前提。准备越充分，品牌公共关系实施就越顺利，失误就越小。在正式实施策划方案之前，要用足够的时间做好各种实施准备工作。

2. 目标导向原则

目标导向原则要求品牌公共关系人员在公共关系方案实施过程中，不断利用目标对整个实施活动进行引导、制约和促进，以保证实施活动不偏离公关目标。

3. 控制进度原则

控制进度原则就是根据品牌公共关系计划中各项工作内容实施时间进度的要求，随时检查各项工作的进度速度，及时发现滞后（或超前）的情况，搞好协调与调度，使各项工作内容按计划协调、平衡地发展，并确保按时完成。

4. 整体协调原则

整体协调原则是指在品牌公共关系实施过程中，使工作所涉及的方方面面达到和谐、合理、配合、互补和统一的状态。

5. 反馈调整原则

反馈调整原则是指通过监督控制机制及时发现品牌公共关系实施中的方法偏差甚至错误，并及时进行调整与纠正，通过多次循环往复的反馈、调整，使实施不断完善，直到完成品牌公关计划。

四、品牌公共关系方案实施的要求

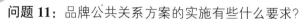

问题11： 品牌公共关系方案的实施有些什么要求？

要使品牌公共关系实施真正达到预期效果，在实施过程中应达到以下几点要求：

1.有效地排除实施中的障碍

虽然品牌公共关系计划经过认真论证，但在实施过程中也难免遇到这样或那样的障碍，这些障碍有内部的也有外部的，有主观造成的也有客观造成的。正视种种障碍并采取有效的措施予以排除，才能保证计划的有效实施。影响品牌公共关系实施的障碍主要有以下三方面：

（1）主体障碍。这类障碍主要是产生于实施主体自身，包括组织的人员素质、管理水平、计划与论证存在问题与失误等，从而造成公关目标障碍、公关创意障碍、公关预算障碍等。这些障碍将会直接影响到实施的效果和目标的实现。

（2）沟通障碍。品牌公关方案的实施目的在于实现组织和公众之间的双向沟通。但在沟通过程中有不少障碍因素，比如语言障碍、习俗障碍、观念障碍、心理障碍、组织障碍等。这些障碍都会影响信息传播的真实性，使组织无法顺利实现与对象公众的沟通。

（3）环境障碍。品牌公共关系实施环境障碍是来自于实施环境的各种制约因素、对抗因素、干扰因素。这些因素会从正面（促进）和反面（制约）影响着实施工作的开展。

2.及时妥善处理实施过程中的突发事件

对品牌公关方案的实施干扰最大的莫过于重大的突发事件。如果组织不能及时、妥善地处理，不但使整个方案无法实施，甚至会给组织带来巨大的危机。产生突发事件的原因有多种，但不论何种原因导致的突发事件，对其最关键的做法是应当保持头脑冷静，防止感情用事，认真剖析原因，正确选择对策，以使其对组织形象的损失降到最低。

3.正确选择方案实施时机

正确选择时机是提高品牌公关方案成功率的必要条件。如果在方案实施过程中，对于时机进行精心选择与安排，整个公关方案将会借助于恰当的时机而收到良好的效果。一般来讲，在实施品牌公关方案时，正确选择时机应注意把握以下三点：

（1）要避开或者利用重大节日。凡是同重大节日没有任何联系的活动都应避开节日，以免被节日活动冲淡。凡是同重大节日有直接或者间接联系的公关活动方案则可考虑利用节日烘托气氛，扩大公关活动影响。

（2）要注意避开或者利用国内外重大事件。凡是需要广为宣传的品牌公关活动都应避开国内外重大事件，以免被重大事件所冲淡。凡是需要为大众所知，又希望减小震动的活动则可选择重大事件发生之时。

（3）避免同一天或同一段时间里同时开展两项重大的品牌公共关系活动，以免其活动效果相互抵消。

活动3： 多个同学一组，针对前面学校形象调查中发现的问题，制定一套行之有效的改善学校形象的方案，并在适当的时机实施。

 考试链接

1. 品牌公共关系方案实施的概念。
2. 品牌公共关系方案实施的原则和要求。

第四节　品牌公共关系工作评价指标体系

76

引导案例

本田的眼光

1. 案例介绍

在现代社会中，影响企业发展的各种因素越来越多，能否及时发现和识别与组织发展相关的公众对象，意义十分重大。按照传统观念，美国的环保运动与日本的工业是没有什么关系的。因此，1975年有几个美国环保主义者到日本去谈论汽车废气问题时，就受到了日产、丰田这些大汽车公司的冷落。但是，直到1963年才开始生产第一批汽车的本田公司，其总裁却独具慧眼，他从这些人的活动中发现了有用的信息。为此，该公司派人把这批人请到公司，热情款待，奉为上宾，并请他们给设计人员讲解环保主义者的要求以及美国国会1970年通过的净化空气法案的内容。在这一基础上，本田公司开始了新型汽车的设计，确定的设计目标要突出"减少排废"和"节省汽油"两个优势。在本田的新产品——主汽缸旁有一辅助汽缸的"复合可控旋涡式燃烧"汽车面世一

个月后，就遇上了第一次石油危机。本田汽车凭借排废少、省汽油的优势，一举打进美国市场，公司总裁因此赢得了"日本福特"的声誉。

2. 案例分析

今天，信息、物质和能源已经被喻为现代经济和社会发展的三大支柱。把信息作为资源来认识，是企业取得巨大发展和成功的基本要素。本田公司的成功其中重要的一点就是注重信息的多维性和全面性。公共关系基本原理告诉我们：社会公众是多维的、有机的，即企业的公众不仅是与企业发生直接的业务往来的团体和个人，而且包括与企业并行的竞争者、与企业进行经营活动居于同一空间的社区公众、超然于企业之外或之上的政府部门以及进行整个社会的传播活动的大众媒介机构——新闻单位等。社会公众相互作用、相互制约、共同构成企业的经营环境。因此，社会公众对企业的影响，不仅是直接的影响，而且是通过作用于其他社会公众进而作用于企业的间接影响。可见，公共关系的信息采集是多维的和全面的。本田公司设计生产"减少排废"、"节省汽油"的新型汽车的决策，就是在综合本田汽车消费者信息、立法信息以及能源信息等三方面信息而做出的。

资料来源：张岩松：《公共关系案例精选精析》，经济管理出版社，2003年。

思考题：

1. 案例中是如何对本田的公关策略进行评估的？

2. 这个案例给我们什么样的启示？

一、品牌公共关系活动分析评估的意义

问题 12：品牌公共关系活动分析、评估的意义是什么？

首先，品牌公共关系活动分析和评估对组织公共关系工作具有导向性作用。任何品牌公共关系活动结束后都需要进行总结，通过对品牌公共关系活动的策划方案、实施及效果进行分析评价，总结经验和教训，为下一个公共关系活动和环节提供借鉴。总结经验、吸取教训是品牌公共关系活动分析、评估的重要意义。

其次，品牌公共关系活动分析和评估是激励内部公众士气的重要形式。通过公共关系活动分析评估，他们能体会到公共关系活动的重要性，自觉地将实现本组织的战略目标与自己的本职工作紧密联系在一起，以此增强凝聚力。

最后，品牌公共关系活动分析、评估的重要意义还在于能够使组织的领导者看到开展品牌公共关系工作的明显效果，从而使他们更加重视并搞好本职工作。

77

二、品牌公共关系评估的标准

问题 13：品牌公共关系评估有哪些标准？

品牌公共关系评估应该从品牌公共关系工作开展的准备过程、实施过程及实施效果三方面来进行。因此，评估标准应包括以下三个方面的标准：

1. 品牌公共关系工作准备过程的评估标准

（1）背景材料是否充分。主要检验前几个步骤中是否充分利用资料以及分析判断的准确性，重点是确保及时发现在环境分析中遗漏的、对项目有影响的因素。

（2）信息内容是否正确、充实。主要检验所准备的信息资料是否符合问题本身、目标及媒介的要求。检验时重点强调信息内容的真实性和合理性。

（3）信息的表现形式是否恰当。检验有关传递的信息资料及宣传品设计在语言文字的运用、图表的设计、图片及展示方式的选择等方面是否合理、新颖，是否能达到夺人眼球、给人留下深刻印象的要求。

2. 品牌公共关系工作实施过程的评估标准

（1）发送信息的数量。评估实施过程中在电视广播讲话的次数、发布信件和其他宣传材料、新闻发布的数量，以及宣传性工作比如展览等活动的进行与否及发展程度。

（2）信息被传播媒介所采用的数量。长期以来，报刊索引和广播记录一直被看做是查对传播媒介采用信息资料数量的依据。其他宣传活动，如展览、公开讲话的次数，也从侧面反映了组织为有效地利用各种可能的传播渠道将信息传递给目标公众的努力程度。

（3）接收到信息的目标公众数量。将接收到信息的公众材料进行分类统计，从中找出目标公众的数量及其结构，可以把报纸和杂志的发行量、会议及展览的出席人数等作为评估的参考数据。

（4）注意到该信息的公众数量。通过统计注意到活动信息的公众数量来了解传播信息的实际效果。

3. 品牌公共关系工作实施效果的评估标准

（1）了解信息内容的公众数量。

（2）改变观点、态度的公众数量。

（3）发生期望行为和重复期望行为的公众数量。

（4）达到的目标和解决的问题。

（5）对社会和文化的发展产生影响。

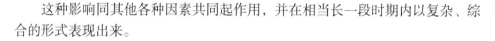

这种影响同其他各种因素共同起作用，并在相当长一段时期内以复杂、综合的形式表现出来。

三、品牌公共关系活动分析评估的内容

问题 14：品牌公共关系活动分析评估内容包括哪几个方面？

品牌公共关系分析评估的内容较多，主要包括以下三个方面：

1. 既定目标是否实现

品牌公共关系活动的既定目标是活动效果评估的标准。将品牌公共关系活动方案中所设计的主要目标与通过品牌公共关系活动所达到的实际目标进行比对，分析目标实现的程度。

2. 是否符合目标公众的需求

在对品牌公共关系的活动进行评估时，要看活动实施方案是否是以目标公众的需求为出发点，还是在活动实施之后，对活动效果进行调查，分析活动的预期效果是否达到目标公众所期望和满意的程度。

3. 公众态度的分析评估

在进行评估时，要对开展品牌公共关系活动前后公众对组织的认识、了解和理解程度进行比较分析，还应评估公众对组织观点、态度的改变程度。公众态度的分析评估，对持续有效地开展品牌公共关系活动有着非常重要的指导意义。

四、品牌公共关系活动分析评估的基本步骤

问题 15：品牌公共关系活动分析评估的基本步骤有哪些？

评估工作是对品牌公共关系活动的策划方案、实施、效果进行分析总结。作为一项完整的、系统的工作过程，评估过程可概括为以下五个基本步骤：

1. 设定评估统一的目标

即对评估的用途及目标达成一致。评估目标是用比较的方法来检验品牌公共关系计划与实施的结果。统一的评估目标，可以减少在评估过程中不必要的劳动，删除无用的材料，提高评估的效率和效果。

2. 选择适合的评价标准

品牌公共关系活动的目标说明了组织预期达到的效果。针对不同的活动形式和目标，需要确立不同的评估标准。如果是以改善自身形象、提高美誉度为目标而开展的品牌公共关系活动，评估时就应该将公众对组织的认识、态度的变化作为评估标准。

3. 确定获取数据的最佳途径和方法

获取评估数据的途径和方法并不是唯一的。获取评估数据的途径和方法取决于评估的目的和标准。抽样调查、实地实验、活动记录等，都能够成为获取数据的好方法。

4. 及时上报评估结果

及时上报评估结果，可以保证组织的管理者快速掌握实际情况，便于组织全面地进行协调和决策，也能够有力说明品牌公共关系活动在组织实现目标的过程中所起到的作用。

5. 运用评估结果

把评估的结果运用到品牌公共关系工作的调整上，会使问题的确定和分析更加详细、周密、准确，能够确保下个周期的品牌公共关系活动更为有效地开展。

五、品牌公共关系评估的方法

问题 16： 品牌公共关系评估的方法有哪些？

品牌公共关系评估的方法主要包括以下五种：

1. 观察反馈法

它是由评估人员直接参与实施过程，实地进行考察，随时记录各个环节实施的情况、顺序以及进展情况。

2. 目标管理法

它是把预先设定的目标作为评估分析的主要依据，根据实施的效果和目标比对考核，以此来进行衡量。

3. 舆论和态度调查法

它是在品牌公共关系活动的前、后分别进行一次舆论和态度调查，以检测公共关系活动对公众的态度、动机、心理、舆论等方面的影响。通过舆论和态度调查，有效利用组织形象地位图，检查组织知名度和美誉度的改善状况；运用"组织形象要素调查表"，检查组织形象要素的具体构成发生了哪些变化，有无进步和发展；通过"形象要素差距图"，检查组织实际形象与预期形象之间的差距有无改善。

4. 内部及外部评估法

它是根据组织内部各个职能部门的资料，以及组织外部广大公众的信息反馈来进行评估。把通过从不同渠道汇总的各种资料，如数据、图表、报告等，作为评估的重要依据。

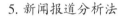

5. 新闻报道分析法

它是指根据组织在新闻媒体的见报情况来评估公共关系效果。新闻舆论的敏感度极高，从某种程度上说，是反映组织形象的一面镜子。根据新闻传播的数量、质量、传播时间、传播媒介的影响力、新闻资料的运用等方法进行评估，可获知本组织形象的现今的状态。

上述各种评估方法各有特点，不同的组织可根据自身的实际情况，具体选择和应用不同的方法，也可以综合进行运用，几种方法相互比较、相互引证，从而得到全面、综合的评估结论。

活动4： 多人一组，根据学校形象调查和改善学校公共关系方案实施的过程，撰写一份公共关系评估报告，并与同学们交流。

2010公共关系服务市场现状

《中国公共关系业2010年度调查报告》于2011年4月由中国国际公共关系协会（CIPRA）在北京发布，2010年度TOP公司（综合实力20强）和年度潜力公司两个榜单同时揭晓。该报告旨在反映中国公共关系服务市场的现状。

2010年公共关系市场发展势头迅猛，整个行业年营业额估测为210亿元人民币，年增长率为25%左右。其中汽车、IT、快速消费、医疗保健和金融位居市场份额的前五位，而网络公关、事件营销、危机管理、世博公关以及CSR等则成为增长最快的业务。根据调查报告的预测，未来政府、非营利性组织，特别是城市的公共关系服务需求将形成新的增长点，公共关系行业将迎来又一轮"井喷式"的发展。而随着公共关系行业的资本运作和业务整合的不断加剧，将会有更多的资金和人员进入公共关系服务领域，促进行业向更大规模发展，人力资源的竞争将更加激烈。公共关系公司将继续加大整合和转型力度，由大到强、由沿海城市向中心城市、由单一服务向整合服务发展。

资料来源：CIPRA：《中国公共关系业2010年度调查报告在京发布》，中国国际公共关系协会，2011年4月。

爱马仕首度闪耀申城

2009年10月，爱马仕慈善拍卖晚宴首度闪耀申城。此次公益活动是爱马仕首次携手中华思源工程扶贫基金会的思源·爱心火炬基金，为建立"北川玫瑰谷—爱马仕玫瑰园"项目筹集善款，以支持北川妇女种植玫瑰和技能培训，进一步传递爱心火种。当晚，爱马仕全球首席执行官 Patrick Thomas 先生、爱马仕北亚区董事总经理 Florian Craen 先生、爱马仕中国区总裁雷荣发先生、全国人大常委会前任副委员长暨中华思源工程扶贫基金会理事长成思危先生和中华思源工程扶贫基金会爱心火炬计划发起人成卓女士一同出席了慈善晚宴。

步入晚宴现场，在通向开放露台的拍品展示区中，错落有致地陈列着为此次拍卖筹集的爱马仕精品和艺术品。闪烁在走道两侧的浪漫烛光，仿若护送来宾奔赴一场真诚至善的玫瑰之约。以白色装饰为主基调的宴会厅内，柔和静谧的彩色灯光如湖水流动，掩映着餐桌上绽放的白色纸雕玫瑰花簇，精致灵动、栩栩如生，让人宛若置身于欣欣向荣的玫瑰园，气氛温馨而感人。这些娇艳欲滴的玫瑰悄然示意着远在北川即将建立起的爱马仕玫瑰园——把玫瑰化成爱心，将浪漫升华为慈善，巧妙地突出了此次奉献与关爱的慈善主题。

此次拍卖中惊艳亮相的爱马仕拍品，是为捐赠而精挑细选的稀有精品，慈善晚宴还拍卖了众多中国当代著名艺术家的作品，如闫平那充满绵绵情思的油画作品《春思》，刘钧、刘遵海和李亮的作品《画墙2008》，记录了中国2008所有大事记、具有明朗气息的贾涤非的《霸王戏叶图》，李鹤的铸铜雕塑《生存方式·高山流水》和尤以画虎见长的知名画家冯大中的纸本水墨画《君临山野》。这些难得的艺术珍品，均在拍卖现场以高价成功拍出。

爱马仕始终密切保持对文化活动和人道主义行为的关注，多年来不断以各种形式体现了对传统、专业技能和注重创新等价值观的尊重。正如爱马仕全球首席执行官 Patrick Thomas 先生表示："今天，爱马仕非常有幸为中国的公益事业尽一份绵薄之力，与众多的中国朋友一同见证这个奉献爱心的时刻。相信在爱马仕和思源·爱心火炬基金的共同努力下，'北川玫瑰谷—爱马仕玫瑰园'项目将帮助更多人得到职业技能从而改变命运，继而实现更美好的生活。"

资料来源：曾琳智：《新编公关案例教程》，复旦大学出版社，2006年。

问题讨论：

1. 结合材料，分析爱马仕是如何策划实施品牌公关活动的。
2. 爱马仕的品牌公关活动给我们怎样的启示？

考试链接

1. 品牌公共关系活动的分析评估标准。
2. 品牌公共关系活动分析评估的原则及方法。
3. 学会制作品牌公共关系策划书。

本章小结

1. 掌握公共关系调查的内容、程序和方法

（1）调查的内容：企业形象调查、社会环境调查。

（2）调查的程序：制订调查方案、搜集调查资料、分析调查资料、撰写调查报告。

（3）调查的方法：一般的调查方法有普查、重点调查、典型调查、抽样调查等，还可采用访问法、观察法、实验法、文件法。

2. 掌握品牌公共关系策划的程序、方法、原则和技巧

（1）程序：确定公共关系目标、确定公关的目标公众、设计主题、选择媒介、编制预算、审定方案。

（2）方法：头脑风暴法、发散思维法、逆向思维法、联想思维法。

（3）原则：创新性、灵活性、可行性、一致性、道德性。

（4）技巧：策划新闻、借助名人、注重细节、争取主动、以诚待人、积极进取。

3. 掌握品牌公共关系方案实施的原则

（1）准备充分原则。

（2）目标导向原则。

（3）控制进度原则。

（4）整体协调原则。

（5）反馈调整原则。

4. 掌握品牌公共关系工作评价指标体系的标准、内容、步骤以及方法

（1）标准：背景材料是否充分；信息内容是否正确、充实；信息的表现形式是否恰当。

（2）内容：既定目标是否实现，是否符合目标公众的需求，公众态度的分析评估。

（3）步骤：设定评估统一的目标；选择适合的评价标准；确定获取数据的最佳途径和方法；及时上报评估结果；运用评估结果。

（4）方法：观察反馈法；目标管理法；舆论和态度调查法；内部及外部评估法；新闻报道分析法。

深入学习与考试预备知识

战略策划与战术策划

公共关系策划通常可以分成战略策划和战术策划两个部分。

战略策划指对组织整体形象的规划和设计。战略策划的目标是企业将长期使用的形象，即涉及企业的长远利益；而战术策划则是指对具体某一次公共关系活动的策划与安排，即为在战略策划实现过程中的一次具体的战役。制定公关计划，其根本的出发点是组织形象的战略策划。而在每一次具体公关活动中，公关部门要完成的任务和要实现的目标，则取决于在计划阶段的形象设计。双方紧密联系，互相促进，只有战略策划与战术策划协调发展，才能实现企业的形象发展目标，反之则会起到负面效果。

将战略与战术这两个军事词汇应用于公共关系活动，则意在确定了组织的总体形象以后，还要通过具体制定公关活动计划，以保证总体形象的实施。为此要注意以下几点：

（1）注意公关目标与组织整体形象的一致性。

（2）制定公关计划要避免范围过广，主题不突出。

（3）公关活动在完成战略目标的前提下，要有一定的灵活性，包括时间和要求。

（4）公共关系活动是一系列的、长期的活动，所以公关计划要注意上下衔接，为下一次活动留下余地和接口。

明确了战略策划和战术策划之间的相互联系与区别，才能制定好企业的长远发展方案及具体的活动实施措施，以求目标最大程度的实现。

知识扩展

借势——公关策划的法宝

要赢得市场机会，主要有两个方法：第一，创造；第二，利用。有能力去创造机会当然很好，而借势也是快速达到预定目的的重要手段。在策划公关方案的时候，可以借势以下几种情况：

1. 借明星、权威人士的势

这个其实很简单，大家都明白，就是通过明星代言、"权威人士说"等方

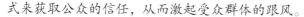

式来获取公众的信任，从而激起受众群体的跟风。

2. 借国家或行业大形势的势

这是一种几乎不会犯错的方法，往往还能激起社会、公众对企业形象和社会责任感的认同。不管是我们为企业还是企业自身做公关活动，认识到所处的大环境和形势走向，正确把握市场机会显得尤为重要。

3. 借节假日和特殊事件的势

通常一般节假日或一些有纪念意义的日子或事件都会被很多商家拿来大肆炒作，举办各种各样的活动以吸引消费者。做公关、传播也是一样，节假日和特殊事件往往能给我们制造很好的由头，为我们带来意想不到的效果。

4. 借中国人头脑深处的稳定结构和文化积淀的势

中国人有家庭取向，注重家庭生活和家庭伦理；中国人崇尚权威；中国人"孝文化"的根深蒂固；中国人有"舆论品牌"和"从众心理"。这些都可以用来塑造品牌。

答案

第一节：

（1）长城饭店根据自身的不同目和不同的调查对象，采取了多种多样的调查方式。例如通过访问法和观察法，对顾客态度和消费情况进行调查。而根据调查对象的不同，又有普查和重点调查之分。这样多元化的调查方式的结合，保证了长城饭店对于顾客情况和消费情况高质量的及时回收。

（2）长城饭店能在北京城如今日益激烈的竞争者中立于不败之地，与其成功的公共关系处理有着密不可分的关系。多样化的市场调查保证了长城饭店能够及时而准确地掌握市场和消费者的信息，以及时调整企业经营策略，开展工作。其成功的经验告诉我们：公共关系的好坏是公众消费者衡量企业的一把标尺，只有处理好公共关系并及时掌握自身的公众形象定位，才能更好地改进企业的发展之路。

第二节：

（1）首先，佳洁士集团明确了自身的宣传目标，即为抓住全国爱牙日的机会，巩固佳洁士口腔医生的地位和品牌形象；其次，佳洁士集团确认了宣传面向的目标群里，将策划分为三个部分：①向记者普及了护牙知识，以便广而告之；②佳洁士确定了宣传的主题，即借助奥运的宣传，打出了"牙齿健康，笑容绽放"的口号；③选定了宣传的媒介，通过各大主流门户网站和媒体，对这次公关活动进行报道。

（2）佳洁士集团的成功经验告诉我们：公共关系方案的策划要坚持一定的原则和方式，有理有据，有条不紊，结合自身的情况制定，确定好宣传策划的目标，受众群体、主题、媒介和预算，并经过缜密的审核，才能达到预期的效果。

第三节：

答案参见第二节佳洁士的成功经验，由学生自由发挥。

第四节：

（1）本田公司在评估过程中采取了内部和外部评估法，舆论和态度调查法等方式，对目标实现程度和公众满意程度进行了调查。

（2）本田公司的成功经验告诉我们：分析和评估对企业的公共关系活动有着重要的指导作用，它既是激励内部公众士气的重要方式，也可以使企业的领导者看到活动的进行效果和影响，以便提高今后的工作效率。

案例分析：

（1）爱马仕集团首先确立了自身公共活动的目标，即提升在中国范围内的企业正面形象，并为之选择了慈善捐助这一吸引社会舆论关注的方式，借助主流媒体作为宣传媒介，完成这次公共活动，达到了宣传品牌形象的目的。

（2）参见本田公司成功的公共活动策划带给我们的启示。

第五章

品牌公共关系传播

学习目标

知识要求 通过本章的学习，掌握：

- 什么是公共关系传播，如何对其进行界定
- 公共关系传播有哪些功能，其基本要素是什么
- 品牌公共关系传播有哪些类型
- 公共关系传播模式是怎样的
- 公共关系传播有哪些媒介，如何进行选择
- 品牌公共关系传播的实施技巧
- 品牌公共关系文书的特点

87

技能要求 通过本章的学习，能够：

- 对品牌公共关系传播进行初步了解
- 熟悉公共关系传播的模式、媒介
- 根据不同的情况，选择合适的传播媒介
- 因时因地制宜，采取巧妙地实施技巧
- 熟练写作公共关系文书

学习指导

1. 本章内容包括：品牌公共关系传播基础知识；传播的基本类型、基本模式；公共关系传播媒介及媒介的选择；传播的实施技巧；公共关系文书的写作。

2. 学习方法：本章理论性、实用性和操作性都较强，需要在熟悉理论的基础上，多观察、多思考、多演练，切实掌握本章内容。

3. 建议学时：8 学时。

第一节　品牌公共关系传播概述

引导案例

康乐氏橄榄油产品传播策略

2005 年初，康乐氏橄榄油正式进入中国市场。康乐氏虽然是在全球享有盛誉的国际性大品牌，但国内消费者对其还知之甚少，采用最低的广告成本，将品牌最大限度地传播出去，成为康乐氏橄榄油专家顾问们绞尽脑汁思索的问题。经过慎重策划，项目团队决定根据产品的功用及市场定位，为产品选择一名形象代言人，并将形象代言人定位为"健康、智慧、美丽"。康乐氏极富创意地在北大、清华两大国内顶尖高校征集女博士来担任形象代言人。消息一经传出，由于社会上对女博士话题的敏感性而在网上引发了网友们的热烈讨论：世界上有三种人，男人、女人和女博士；女博士是灭绝师太；女博士担任形象代言人能否做好科研；等等。招募形象代言人的活动，起初就在国内高校及网络上引起了广泛的关注与讨论，成为红极一时的话题，从而有效地传播了康乐氏品牌。因此，选用代言人的过程为康乐氏作了一次成功而又免费的"广告宣传"。

随后，形象清丽可人、阳光健康的北大女博士遇辉，因完美匹配康乐氏"健康源泉、美丽伴侣"的形象定位，脱颖而出。消息一传出，中央电视台、凤凰卫视、《北京青年报》、《中国青年报》、新浪网等各大媒体抓住女博士这个易为普通人误解的特殊群体进行深度挖掘，掀起了对女博士应聘产品形象代言人事件报道的热潮。

康乐氏这个策划的高明之处在于：北大女博士遇辉不仅具有美丽健康的外表，同时更具有高品位的学识和智慧，从而完美地阐释了康乐氏橄榄油的形象和品质，博士本身所代表的学识、修养会与消费者心中对于知识的敬仰产生共鸣，大大增强产品的吸引力和可信度。同时，女博士一直是社会上备受关注而又存在偏见的人群，选用女博士作为形象代言人这一事件，可谓是"社会意义和商业效益兼备"，从而引起社会的关注，形成了成功的事件营销，使康乐氏橄榄油尚未正式投放市场，其品牌知名度已经迅速扩散到全国。

资料来源：刘杰克：《康乐氏橄榄油产品传播策略》，《销售与市场》，2006年第8期。

➡ 思考题：

1. 运用信息传播原理分析该企业的成功。

2. 企业如何策划公关传播吸引公众的关注？

一、公共关系传播的概念

关键术语：公共关系传播

公共关系传播的定义至少包括三个方面的内容：公共关系传播的主体是组织，不是专门的信息传播机构；公共关系传播的客体由两部分组成，一部分是组织内部公众，另一部分是组织外部公众；公共关系传播以大众传播媒介作为主要手段，以人际传播作为辅助手段。

问题1：如何对公共关系传播进行界定？

为了弄清楚公共关系传播的基本内涵，有必要将它与含义相近的几个概念进行比较，找出它们的"同中之异"。

1. 公共关系传播与人际传播的区别

人际传播泛指人与人之间的相互接触与彼此往来。它与公共关系传播有许多共同点：两者都属于社会范畴，都是能动的交流行为，都是以人为主体的活动过程，都具有相互作用的功能。而且，人际传播可以作为公共关系传播的辅助手段。但是，它们也有着明显的不同之处。

首先，人际传播和公共关系传播的主体——人的含义不同。前者指单个的个人，后者指组织化了的个人；前者研究的是人与人之间的交往及信息交流活动，后者研究的则是代表组织的个人有目的、有计划地传递组织信息的过程。

其次，从社会关系的总体上看，人际关系是一种较低层次的社会关系，而公共关系则是从社会群体或组织的基础上建立起来的一种较高层次的社会关系。与此相适应，它们所采用的传播手段各不相同。人际传播手段一般比较简单，而公共关系传播手段相对复杂一些。

最后，人际传播的对象可以是一群人，也可以是一个人，而公共关系的传播对象则是与组织有着某种特定联系的群体。

2. 公共关系传播与大众传播的区别

大众传播是专业化群体通过各种技术手段向为数众多的读者、听众、观众传递信息的过程。它具有公共关系传播的一般特性，是公共关系传播的组成部分。但是，它们之间又有着明显的区别。

第一，大众传播的主体是以传播信息为职业的团体或个人；公共关系传播的主体则是一般的社会组织，是代表组织行使传播职能的公共关系机构或公共关系人员。

第二，大众传播的内容是由职业传播者根据新闻价值规律采编的、需要告知公众的信息；公共关系传播的则是由组织部门行使传播职能的人根据公共关系计划编制的对组织有利的信息。

第三，大众传播的渠道一般不由感受器官和简单的表达工具组成，而是包括大规模的、以先进技术为基础的分发设备和分发系统。因此，专门的信息传播机构既需要充足的资金、设备，又需要大量的专业化人才。公共关系传播则不受技术水平和专业化人才的限制，它的制作过程也相对简单一些。

第四，大众传播的流程在很大程度上是单向的，因为它的主导者始终是传播者，受传者既不确知，也不稳定，很难取得直接的反馈。而公共关系的传播对象是可知的和相对稳定的，它的传播过程具有明显的双向性特点。具体表现在：组织通过信息传播将自己的目标、政策和具体措施告诉公众，公众则通过被调查或主动回报两种方式把自己的要求、意见和建议告诉组织。与大众传播相比，公共关系传播能够更加及时、有效地得到反馈。

二、公共关系传播的功能

问题 2：公共关系传播的功能是什么？

公共关系工作的基本功能，就是在公众心目中树立起组织的良好形象。围绕这一基本功能，公共关系传播还具有以下三方面的功能：

1. 向公众提供组织的有关信息

一般说来，对一个事物是否熟悉和了解，是能否喜欢这个事物的前提条件。例如，人们在日常购物时，会比较倾向于选择自己熟悉的厂家或品牌的商品。社会组织要使公众对自己的工作、行为、目标有所理解和支持，在公众中建立起良好的形象，根本前提就是要让公众对组织的行为、目标有一定的了解。这就要求公共关系人员借助最有效的传播渠道和沟通手段，经常性地向公众提供及时、准确和有说服力的、关于组织的最新情况和准确信息。同时，要想向人们提供组织的相关信息，还必须借助沟通渠道了解公众对组织的了解程

度，以便于使公共关系传播向公众提供的信息更具有针对性和说服力。

2. 影响和改变公众对组织的态度

公众态度可以分为正态度和负态度。正态度是对组织的肯定性评价，负态度则是对组织的否定性评价。虽然，态度一旦形成就会具有相对稳定性，但是随着信息的不断交流和外界条件的不断变化，人们的态度也是可以发生转变的。公共关系传播活动就是要综合运用各种传播手段和媒介，促使公众对组织产生好感，由负态度转变为正态度。

3. 引起社会组织所期待的公众行为

公共关系传播除了向公众提供信息、改变公众的态度外，更重要的是促使公众对组织采取理解和支持的行为。因为人们有了一定的态度并不等于就有一定的行为。比如，人们对某一企业组织很有好感，但并不代表一定会购买该企业的产品。人们的态度和行为之间还有一系列的中间环节，如需要、动机、外部环境的压力等。这就需要组织进行公共关系传播，给予消费者启发和引导。公共关系传播的功能就在于使社会组织适应公众环境，使公众环境适应社会组织，从而达到社会组织与公众之间完美和谐的统一。

三、公共关系传播的基本要素

问题 3： 公共关系传播的基本要素有哪些？

1948 年，美国著名政治学家哈罗德·拉斯韦尔补充提出了传播过程的五要素公式：谁；说什么；通过什么渠道；对谁说；产生了什么效果。这个公式所说的虽然是单向传播现象，但却提供了一个分析传播过程的简易模式，其中包括了构成传播的基本要素：传播者、传播内容、传播渠道、受传者和传播效果。

公共关系传播是组织运用传播手段向公众传递信息的过程，它经历了由传播者到受传者的全过程，因此，也应当包含传播过程的五个要素。对哈罗德·拉斯韦尔的传播五要素稍加整理，就形成了公共关系传播的基本要素，即公共关系传播者、公共关系传播内容、公共关系传播渠道、公共关系传播目标公众以及公共关系传播效果。

1. 公共关系传播者

公共关系传播者是组织信息的采集和发布者，是代表组织行使传播职能的人。在我国的政治组织中，该角色一般由党和国家的新闻发布机构、新闻发言人以及各级党和政府的新闻、宣传部门担任（在某些国家，还包括政府中的公共关系人员）。在各种福利组织和营利性组织中，该角色由组织内部的宣传部门、公共关系部门或宣传人员、公共关系人员担任。

公共关系传播者是公共关系的主体，因此它是构成传播过程的主导因素。在协调公众关系、改善周遭环境的过程中，在树立自身形象、提高信誉的过程中以及在沟通内外联系、谋求支持与合作的过程中，公共关系传播者都居于主导地位，起到控制者和组织者的作用。它的主要任务是将外部的信息传达给组织内部公众，将有关该组织的信息发布出去，传递到目标公众那里。

2. 公共关系传播内容

公共关系传播内容是指传播者发出的有关组织的所有信息。它大体上可以分为以下两种：

（1）告知性内容，即向公众介绍有关组织的情况，主要包括该组织的目标、宗旨、方针、经营思想、产品和服务质量等。在信息传播过程中，告知性内容往往以动态消息或专题报道的形式出现。前者是关于组织新近发生的某一事件的基本事实的表述，通常包括五个"W"，比如关于商店开业、展览会闭幕、新产品问世、超额完成产值等情况的报道。后者是对事件全景或某一侧面进行的放大式阐述，它不但包含五个"W"，而且包括对基本事实和具体情节的勾勒和描绘，如介绍新产品的设计过程、制作工艺、用途、专家鉴定情况等。

（2）劝导性的内容，即号召公众响应某项决议，呼吁公众参与某项社会公益活动，或者劝说公众购买某品牌商品。在利用大众传媒进行宣传的过程中，政党、政府及其他非营利性组织发布的劝导性的内容，通常以社论、评论、倡议书等形式出现，而营利性组织发布的此类内容，则多以商业广告的形式出现。

3. 公共关系传播渠道

所谓传播渠道，是指信息流通的载体，或称媒介或工具。人们通常把用于传播的工具统称为传播媒介，把公共关系活动中使用的传播媒介称为公共关系媒介。可供公关人员利用的传播媒介有两种：一种是大众传播媒介；另一种是人际传播手段。具体地说，公共关系传播媒介是多种多样、丰富多彩的。比较常见的有语言媒介，如演讲与报告、会议与会谈、谈判与对话、电话等；文字媒介，如报纸与杂志、书籍与纪念刊、海报与传单、组织名片与函件等；电子媒介，如广播、电视、录音、录像、幻灯片和电影等；图像标识，如摄影与图片、商标与徽记、门面与包装等。除此之外，还有非语言传播媒介，比如表情、体态、目光等。

公共关系媒介可以分为基本媒介和综合媒介两种。基本媒介主要包括人与人之间的传播、广播、电视、印刷品、摄影作品、电影等；综合媒介则包括与新闻界的联络、特别节目、展览、会议等。显然，所谓的综合媒介就是各种基本媒介的集大成者。

4. 公共关系传播目标公众

目标公众（即组织外部公众）是指那些与组织有着某种利益关系的特定公众。他们是大众传播受传者中的一部分，是组织意欲影响的重点对象。这类公众的特点是：

第一，目标公众是有一定范围的，是具体且可知的，也是相对比较稳定的。每个组织都有自己的特定公众。

第二，目标公众是复杂的。尽管不同个体由于某种共同性构成了某一组织的公众，但他们之间还是有着比较明显的个体差异。

第三，目标公众趋向集合。当组织与公众之间的利益关系变得突出时，原来松散的公众集合体就会趋于集中，显示出其特有的集体力量。

第四，目标公众是变化的。当组织与公众之间的利益关系结束后，这一类公众就不再是该组织的目标公众。

组织要想有效地开展公关工作，认清自己面对的公众是十分重要的。一般来说，辨认公众可分步骤层层深入进行。首先，把组织面对的所有公众无一遗漏地罗列出来。其次，按需要对他们进行分类。根据组织内外有别的原则，可以把公众分为内部公众和外部公众；根据公众对组织的影响程度，可以分为潜在公众、知晓公众和行动公众；根据公众对组织重要性的不同，可以分为主要公众和次要公众；当组织开展某项具体活动时，还可以对公众作出更详细的分类，以便确定具体活动针对的目标公众。

5. 公共关系传播效果

公共关系传播效果，是指目标公众对信息传播的反应，也是公共关系人员对传播对象的影响程度。

人们对传播效果的研究经历了几十年的历程。最早提出了"传播万能论"，继而提出"有限效果论"（以"两级传播"为主要内容），后来由"两级传播模式"发展为"多级传播模式"。传播效果理论的不断演变，说明大众传播媒介固然能够改变受众原有的观念，但其效果并不是无限的。所以，在实际的工作中，公共关系人员不能把大众传播媒介作为唯一的有效手段，而应当把它与人际传播、组织传播等多种方式相结合，才能收到更好的效果。同时，受众的被动地位是相对的，他们对信息的注意、理解和记忆是有选择的。公共关系人员可以通过各种调查手段（如观察、访问、文献分析、抽样调查等）更好地了解公众对信息的接收程度。此外，在信息传播过程中，还要重视专家、学者、社会名流等"意见领袖"的中转作用，想方设法通过他们来影响公众。

活动 1: 20 世纪 90 年代, 互联网的出现引发了传播领域的第五次革命, 它不仅为现代公共关系提供了具有全新功能的传播媒体, 而且为公共关系活动的开展提供了新的理念和新的视角。组织借助于网络技术开展公共关系活动, 必将带来网络公关 (PR Online) 的新时代。请同学们阅读相关材料, 思考并讨论随着现代传媒的发展, 公共关系传播活动应该如何创新?

考试链接

1. 公共关系传播的概念。
2. 公共关系传播的功能。
3. 公共关系传播的基本要素。

第二节　品牌公共关系传播的基本类型

 **引导案例**

鸽子事件——媒介公共关系中的"制造新闻"

美国联合碳化钙公司一幢 52 层高的、新建的总部大楼竣工了, 一大群鸽子竟全部飞进了一个房间, 并把这个房间当做它们的栖息之处。不多久, 鸽子粪、羽毛就把这个房间弄得很脏。有的管理人员建议将这个房间所有的窗子打开, 把这一大群鸽子赶走算了。这件"奇怪"的事传到公司的公关顾问那里, 公关顾问立刻敏锐地意识到: 扩大公司影响的机会来了。他认为, 举行一次记者招待会, 设计一次专题性活动, 散发介绍性的小册子等, 都可以把总部大楼竣工的信息传播给公众, 这些自然也算是好方法, 但仍是常规的方法。最佳的方法应做到使公众产生浓厚的兴趣, 以至于迫切想听、想看。现在一大群鸽子飞进了 52 层高的大楼内, 这本身就是一件很吸引人的新奇事, 如果再能够巧妙地在这件事上做点文章, 则一定能产生更大的轰动效应。于是, 在征得公司领导同意后, 他立即下令关闭这个房间的所有门窗, 不许让一只鸽子飞走。接着, 他设计并导演了一场妙趣横生的"制造新闻"活动。

首先, 这位公关顾问别出心裁地用电话与动物保护委员会联系, 告诉他们此间发生的事情, 并且说, 为了不伤害这些鸽子, 使它们更好地栖息, 请动物保护委员会能迅速派人前来处理这件有关保护动物的"大事"。动物保护委员会接到电话后居然十分重视，答应立即派人前往新落成的总部大楼处理此事，他们还郑重其事地带着网兜，因为要保护鸽子，必须小心翼翼地一只只捉。

公关顾问紧接着就给新闻界打电话，不仅告诉他们一个很有新闻价值的一大群鸽子飞进大楼的奇景，而且还告诉他们在联合碳化钙公司总部大楼将发生一件既有趣而又有意义的动物保护委员会来捕捉鸽子的"事件"。

新闻界被这些消息惊动了。他们认为，如此多的鸽子飞入一幢大楼是极少见的，又加上动物保护委员会还将对它们采取"保护"措施，这的确是一条有价值的新闻，他们都急于想把这条信息告诉更多的公众。于是，电视台、广播电台、报社等新闻传播媒介纷纷派出记者进行现场采访和报道。

动物保护委员会出于保护动物的目的，在捕捉鸽子时十分认真、仔细。他们从捕捉第一只鸽子起，到最后一只鸽子落网，前后共花了3天的时间。在这3天中，各新闻媒介对捕捉鸽子的行动进行了连续报道，使社会公众对此新闻产生浓厚的兴趣，很想了解全过程，而且消息、特写、专访、评论等体裁交替使用，既形象又生动，更吸引了公众争相阅读和收看。这些新闻报道，把公众的注意力全吸引到联合碳化钙公司上来，吸引到公司刚竣工的总部大楼上来，结果，联合碳化钙公司总部大楼名声大振，而且公司领导充分利用在荧屏上亮相的机会，向公众介绍公司的宗旨和情况，加深和扩大了公众对公司的了解，从而大大提高了公司的知名度和美誉度。同时，也借此机会将联合碳化钙公司总部大楼竣工的消息巧妙地、顺利地告诉了社会，使公众全盘地接收了这一消息。通过"制造新闻"，终于事半功倍地完成了向公众发布此消息的任务。

资料来源：袁风雷：《鸽子事件——媒介公共关系中的"制造新闻"》，《决策探索》，1992年第5期。

🔁 **思考题：**

1. 美国联合碳化钙公司是如何巧妙策划，使得公司总部大楼竣工的消息广泛成功地传播出去的？

2. 这则案例给了我们什么样的启示？

一、品牌公共关系传播的类型

问题 4：品牌公共关系传播有哪些类型？

传播学领域有句格言"你不得不传播"，这句话表明，传播是人类特有的一种基本的社会行为。公共关系传播是一种综合性的传播行为，它属于组织传播层次，但又具备各种传播类型的特点。从这个角度来讲，研究一般传播的不同类型，将积极推进公共关系传播活动的开展。

1. 自我传播

是指传播双方为一体的信息交流沟通方式，如个人自我反省、回忆思考、自言自语、自我发泄、自我安慰、自我陶醉、思想斗争、内心冲突，等等。凡是心智健全的正常人，都存在着"自传"现象。人类在受到外界的各种冲击时，通过自传进行心理自我调节，达到成功和谐的对外传播沟通。人际传播是人类一切传播行为的基础。

2. 人际传播

是指人与人之间直接的信息交流沟通方式。这种传播方式，双方参与度高，传播符号多样、传播手段丰富，信息反馈灵便，感情色彩强烈。主要缺点是传播范围小、速度慢，如男女之间感情的交流就属于人际传播。

3. 组织传播

是指组织机构同组织机构之间、同公众之间、同社会环境之间的信息交流。这种传播的主体是社会组织。当组织利用其进行封闭沟通时，是组织的内部传播，具有层次性、有序性等特点；当组织利用其开放沟通时，是组织的外部传播，具有公众性、大众性等特点，这时必须借助传播媒介来进行。无论是内部传播还是外部传播，组织传播都具有明确的目的性，即为实现社会组织的目标；具有严格的可控性，即服从组织总目标而有良好的控制性能；具有综合性的特点，即由于传播对象既有个体、群体，又有更广大的公众。所以，组织传播的传播手段集人际传播、小组传播、公共传播和大众传播于一体，这是典型的公共关系传播。

4. 大众传播

指职业的传播者通过大众传播媒介将信息大量地复制传递给分散的大众的传播方式。这种传播方式的优点是，能够在最短的时间内获得最大的传播面；由于职业新闻工作者成为"把关人"，大众传播媒介具有过滤性，所以所传播的信息权威性大，说服力强；个人情感因素介入较少，具有高度的公开性。其缺点主要是信息反馈速度缓慢、意见零散，评价传播效果的工作量加大。鉴于大众传播容量大、面积广、影响强，对迅速建立组织形象，扩大组织的知名度有重要的作用，所以是公共关系传播的主要手段。

5. 国际传播

是指国家与国家之间的信息和观念的交流和传递。国际传播具有多方面的作用：一是为了交换各方所需要的情报，如科学技术的引进和输出、学术观点的交流和探讨等；二是为了宣传自身的观点和主张，如发表声明，递交照会，制造国际舆论等；三是为了建立和加强国与国之间的关系，如进行国事访问，参加国际活动，开展文化和艺术交流等。因为国际传播作用巨大，所以，古往今来，"两国交战，不斩来使"几乎成了一条不成文的规定，即使兵戎相见，国家与国家之间信息的交流和传递也是必须保障的。在国际传播中，一定要充分考虑各国语言文字、风俗习惯、伦理观念、宗教道德、政治经济等跨文化因素的影响。做好国际传播对一个国家塑造自身良好的国际形象，建立良好的国际环境十分重要，是开展国际公共关系的重要手段。

以上五种传播类型，可以说是由低级向高级、由简单向复杂方向发展的。这种发展过程呈现四种变化：受众面越来越大；传受双方在距离和感情上越来越远；信息的个性化越来越淡；组织系统和传播技术越来越复杂。但这种由低向高、由简至繁的发展过程，并不说明这五种传播类型有优劣之分。

二、公共关系传播的模式

 问题 5：公共关系传播模式是怎样的？

1. 拉斯韦尔的 5W 模式

美国政治学家拉斯韦尔在其 1948 年发表的《传播在社会中的结构与功能》一文中，最早以建立模式的方法对人类社会的传播活动进行了分析，这便是著名的"5W"模式。"5W"模式界定了传播学的研究范围和基本内容，影响极为深远。"5W"模式是：

谁（Who）→说什么（Says What）→通过什么渠道（In Which Channel）→对谁（to Whom）→取得什么效果（with What Effects）

其称谓来自模式中五个要素同样的首字母"W"。这五个要素又构成了后来传播学研究的五个基本内容，即控制研究、内容分析、媒介研究、受众研究和效果研究。这五个要素各有其自身的特点：

"谁"就是传播者，在传播过程中担负着信息的收集、加工和传递的任务。传播者既可以是单个的人，也可以是集体或专门的机构。

"说什么"是指传播的信息内容，它是由一组有意义的符号组成的信息组合。符号包括语言符号和非语言符号。

"渠道"是信息传递所必须经过的中介或借助的物质载体。它可以是诸如信件、电话等人际媒介，也可以是报纸、广播、电视等大众传播媒介。

"对谁"就是受传者或受众。受众是所有受传者如读者、听众、观众等的总称，它是传播的最终对象和目的地。

"效果"是信息到达受众后在其认知、情感、行为各层面所引起的反映，它是检验传播活动是否成功的重要尺度。

2."把关人"理论

"把关人" 理论是由美国社会心理学家、传播学四大先驱之一的卢因率先提出的。他在《群体生活的渠道》（1947 年）一文中，首先提出"把关"（Gatekeeping）一词。他指出："信息总是沿着含有门区的某些渠道流动，在那里，或是根据公正无私的规定，或是根据'守门人'的个人意见，对信息或商品是否被允许进入渠道或继续在渠道里流动做出决定。""把关人"既可以指个人，如信源、记者、编辑等，也可以指媒介组织。

"把关人"这一概念，现在已得到大众传播学者的普遍认可，"把关人"的作用、性质也随之成为大众传播学的重要课题。在传播学中，"把关人"是一种普遍存在的现象。在传播者与受众之间，"把关人"起着决定继续或中止信息传递的作用。"把关人"可以是个人，也可以是集体。从整个社会的角度来看，传播媒介是全社会信息流通的"把关人"；从传媒内部来看，不同的媒介具有不同的把关人，从报纸、广播、电视等传统大众媒介来看，在新闻信息的提供、采集、写作、编辑和报道的全过程中存在着许多的"把关人"，其中，编辑对新闻信息的取舍是最重要的。"把关人"的把关行为可以分为抑制与疏导，前者是指把关人准予某些新闻信息流通的行为，后者则是指禁止一些新闻信息流通或将其暂时搁置的行为。

3.两级传播论

传播学研究的先驱者之一拉扎斯菲尔德（Paul F.Lazarsfeld）于 1940 年主持的一项研究发现，在总统选举中选民们政治倾向的改变很少直接受大众传媒的影响，人与人之间直接的面对面交流似乎对其政治态度的形成和转变更为关键。通常有关的信息和想法都是首先从某一个信息源（如某一个候选人）那里通过大众媒介达到所谓的"意见领袖"（Opinion Leader）那里，再通过意见领袖把信息传播到普通民众那里。前者作为第一个阶段，主要是信息传达的过程；后者作为第二阶段，则主要是通过人际传播扩散大众传播的影响。这就是著名的两级传播假设。

它使人们认识到大众媒介渠道和人际传播渠道在人们信息获取和决策（态度形成和转变以及具体的行动）中的不同角色和作用。在创新的传播扩散中，两级传播假设具有重要的意义。受众对创新的采用由以下阶段组成：认知、说服、决策、使用和确认。在两级传播假设的诠释下，大众传播在人们的认知阶段具有重要作用，而在说服和决策阶段，人际传播的影响更显著。因此，尽管在技术传播时，受众同时既处身于信息传播的覆盖中，也处身于人际传播的扩散网络中，但两者对于受众采用新技术的影响是不同的。既有前述采用过程阶段上的不同，也有更为复杂的传播行为差别。两级传播对罗杰斯的多级传播假设有着重要的启迪意义。

4. 受众选择"3S"论

传播学者发现传授者在接触媒介和接收信息时有很大的选择性，这个选择过程表现为三种现象，简称"3S"，包括：

（1）选择性注意。选择性注意是指在信息接收过程中，人们的感觉器官虽然受到诸多信息的刺激，但是人们不可能对所有的信息作出反应，只能对信息有选择地加以注意。从这一角度看，提高信息的竞争能力，应注意的因素包括：

①对比，将内容大不相同的稿件或节目编在一起，表现为强烈的对比，以引起消费者较大的注意。

②强度，在其他条件相同的情况下，刺激性强的容易引起人们的注意。

③位置，某个时段或位置能够减少或避免与不相干信息的碰撞与干扰，此时的信息就会显现出良好的传播效果。

④重复，重复的刺激是使信息引人注意的一个重要手段。

⑤变化，持续的时间太长，就会使人们对信息失去新鲜感而失去注意，因此，适当的变化是吸引注意的必要条件。

（2）选择性理解。选择性理解是指不同的人对同一信息作出不同的意义解释和理解。影响传授者的选择性理解的因素包括需要、态度和情绪三个方面。

（3）选择性记忆。选择性记忆是指人们只记忆对自己有利的信息，或只记自己愿意记忆的信息，而其余信息却被忘却，这种记忆上的取舍，称为选择性记忆。可以分为输入、存储、输出三个阶段。

5. 议题设置理论

议题设置理论，它是由美国传播学者麦克姆斯、唐纳德·肖最早提出的。这种理论认为，大众传播只要对某些问题予以重视，为公众安排议事日程，那么就能影响公众舆论。议程设置功能：传媒的新闻报道和信息传达活动以赋予各种议题不同程度的显著性的方式，影响着人们对周围世界的大事及重要性的判断。

这一理论认为，虽然大众传播媒介不能直接决定人们怎样思考，但是它可以为人们确定哪些问题是最重要的。大众媒介只要对某些问题予以重视，为公众安排议事日程就有可能影响公众舆论。因此，当大众传播媒介大量、集中报道某个问题或事件，受众也就会关注、谈论这些问题或事件。

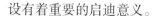

活动 2：就当地某知名企业展开调查，多人一组，调查该企业开展公共关系选择了哪些传播媒介，并分析其原因。

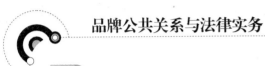

1. 公共关系传播具有哪些类型？
2. 公共关系传播有哪几种模式？

第三节　公共关系传播媒介的选择

"生命唯真，挚爱永存"
——"泰坦尼克号"正版VCD中国市场推广公关案例

"泰坦尼克号"为一部世界电影史中堪称票房之最的商业电影，以其耗资巨大的专业制作和感人至深的爱情故事赢得了不同国家和不同年龄的人们的广泛喜爱。"泰坦尼克号"在中国的放映同样获得了巨大的成功，成为当年票房收入最高的进口影片。而电影的成功也带动了中国盗版VCD市场的"繁荣"，盗版"泰坦尼克号"VCD成为最热门的"畅销品"。在影片播出一年之后，特别是在盗版VCD充斥市场之时，宣伟公司成功地组织策划了正版"泰坦尼克号"VCD上市的公关宣传活动。

为了给到场的来宾一个真实的体验，宣伟公司安排了一个小型的时装表演，模特展示的正是片中杰克和露丝上船第一天穿着的服装。这个巧妙的安排使新闻发布会进入高潮，并为摄影记者提供了绝佳的拍照机会。新闻专访在会后举行，客户发言人及其中方合作伙伴就打击盗版问题与记者举行了广泛探讨。在正式上市活动的前一天，宣伟公司又把国际和国内记者聚集在浦东香格里拉饭店，请"泰坦尼克号"电影的制片人约翰·兰度先生介绍电影制作背后的花絮。中国媒介与好莱坞的距离被缩短了。正式上市活动当天下午，由二十世纪福克斯公司的发言人向中外记者介绍了当天晚会的精彩节目，积极地调动了媒介的兴奋度。

晚上6时，主办方迎来了270位来宾，包括政府官员、新闻媒体、行业代表和企业赞助商。晚会的一切都是为了使来宾体验1912年杰克和露丝共进晚餐的那一夜。会场用仿古家具布置，如老式电话、照相机、皮箱、水晶吊灯等，还有现场小乐队演奏，无一不令来宾感到仿佛置身于当年的泰坦尼克号上。当红明星瞿颖和邵兵身着杰克和露丝出席最后的晚餐时的服装出现在来宾的面前。由张光北扮演的爱德华船长摇响了开船的汽笛，将香槟喷洒在来宾的酒杯中，晚会在欢呼声中开始了。来宾被引入宴会厅，立刻被立在大厅的巨型泰坦尼克号船头的模型所吸引。整个晚餐是按照泰坦尼克号上的菜单订制的，共12道菜。在晚宴的间歇，主办方安排了丰富的娱乐节目，节目均取材于原剧，忠实于历史。瞿颖和邵兵走上船头，即兴表演了剧中的精彩片断，歌手一曲感人至深的《我心依旧》，使来宾重温了"泰"剧的浪漫主题。现场还安排了一场小型的时装表演，表演的舞台就在巨型船模上。模特们身着按原剧制作的戏服及其他欧式的怀旧礼服，将来宾带回到了1870年。正当来宾沉浸在浪漫的遐想中时，宴会厅的大门打开了。爱尔兰民族音乐响起，一群身着民族服装的舞蹈演员踏着欢快的步子舞进了大厅，再现了当年杰克带着露丝去三等舱跳舞的情景。来宾纷纷走上舞台，跳起了爱尔兰民族舞蹈。当约翰·兰度手捧奥斯卡金像奖走上舞台时，全场的观众雀跃了。大家争相与这位好莱坞大制片人合影留念。

晚会在人们的欢笑声中结束了。来宾带着美好的回忆，带着随柬奉送的正版"泰坦尼克号"VCD离开了会场。"泰坦尼克号"正版VCD的上市发行与其电影的放映造成了同样的轰动，成为百姓议论的话题。第一批到货的正版VCD在上市活动举行后的24小时内全部售罄，并打破了以往任何VCD在中国的销售纪录。宣伟公司在活动结束后的几周内还不断接到来自媒介和消费者的电话，询问去何处购买正版VCD。

资料来源：曾琳智：《新编公关案例教程》，复旦大学出版社，2006年。

思考题：

1. 宣伟公关公司策划正版"泰坦尼克号"VCD上市的公关宣传活动中如何选择传播媒介与沟通？

2. 试分析宣伟公关公司此次公共宣传活动有哪几个亮点？

一、公共关系传播的理解

关键术语： 公共关系传播

公共关系传播是品牌企业利用各种媒介，将信息与公众进行交流与共享的活动过程。

传播具有"共享"之意，就是传播者与受众之间的信息交流与共享的过程。

公共关系传播有其自己的特点，具体表现在以下五个方面：

1. 传播内容的真实性

公共关系传播是企业的一种公共关系行为，其目的是为了沟通公众、服务公众，在社会公众心目中树立良好的社会形象，进而求得公众的理解与支持。因此，公共关系传播首先必须讲求其内容的真实和态度的诚恳，要使公众感觉到企业的公共关系传播是客观的、实在的和公正的。

2. 传播行为的从属性

公共关系传播是一种重要的企业行为，是为实现企业目标服务的，因而要受到企业特性的制约。从时空、内容和形式上，都要从属于企业目标、制度、规范等。

3. 传播渠道的多元化

公共关系传播的对象是公众，公众是一个类型复杂、层次多样的社会群体。他们当中有个人、有群体、也有组织；他们的年龄、性别、阅历、个性等都不尽相同，各自喜欢的信息渠道也就不同。因此，公共关系传播必须针对目标对公众采取多元化的传播渠道进行信息传播，保证公共关系传播的有效性和影响面。

4. 传播活动的有效性

在公共关系传播过程中，可根据不同情况采取不同的目标公众策略，确保公共关系传播的针对性。注重选择传播时机，按企业发展的不同阶段的特点来进行公共关系传播，注重选择传输通道，确保公共关系传播的有效性。公共关系传播要受到人们追求最佳效益的欲望的驱动，并以传播的最佳效益为原则。

5. 传播方式的艺术性

公共关系是一门科学，同时也是一门艺术，公共关系传播在遵循传播规律、确保传播内容真实的前提下，还要掌握传播的谋略和技巧，创造性地运用各种传播的技术与方法，巧妙地向公众传播公共关系信息，从而有效地影响公众、服务公众、沟通公众、赢得公众，取得最佳的公共关系传播效果。

问题 6：公共关系传播媒介的特点是什么？

公共关系工作是一种针对社会各类公众的全方位的沟通、说服工作，需要利用一切媒介来达到传播目的。公共关系传播媒介是指传送者将公共关系信息传递到接收者的过程中所运用的一切信息传输手段。一般认为，公共关系传播媒介大体有五种基本类型，即人际传播、组织传播、大众传播、邮电传播、信息网络传播。从功能来看，各种类型的传播媒介各有各的特点，但在应用上可以彼此相互交叉使用。

1. 人际传播媒介

人际信息传播是指社会中人与人之间通过直接的面对面的交往所进行的信息沟通与传播。人们之间可以进行有关经验、知识、思想、感情、观念等内容的传播。

（1）人际传播媒介的基本特点：一是传播范围狭窄，是个体对个体的传播，即在两个人之间进行的传播；二是传播符号多样，除了语言、文字、图像、音像之外，还有眼神、表情、动作、姿态等；三是信息反馈快速，人际信息传播具有一一对应关系，传播者可以立即获得反馈信息，及时调整自己的传播内容、方式和符号。

（2）在公共关系传播中，有效地运用人际传播媒介传播信息，应注意以下几方面：

首先，学习和掌握人际交往的常识。这是运用人际传播媒介传播公共关系信息的基础。在现代社会中，人与人之间特别注意情感的交流与沟通，人际交往有着特定的知识、理论和方法。掌握人际交往的常识，有利于公共关系工作的开展。

其次，形成和维持良好的人际关系。这是运用人际传播媒介传播公共关系信息的条件。善于处理各种人际关系，正确运用人际交往的方法和技巧，因人制宜，视环境场合与人们进行人际交往活动，尽量去形成与维持良好的人际交往，为开展公共关系工作铺路搭桥。

最后，建立和运用人际关系网络。这是运用人际传播媒介进行公共关系信息扩散性传播的关键。虽然从单纯的单级层次传播来看，人际传播的传播范围狭窄，但是通过传播可以建立广泛的人际关系网络，可以形成多级多层次的公共关系传播系统，也就可以克服单纯的单级传播狭窄的弊端。

2. 组织传播媒介

组织传播媒介是指通过一定的形式而进行的组织内各成员之间、成员与组织之间、组织与组织之间的信息传播。

（1）组织信息传播的特点：主体是社会组织；信息传播具有明确的目的性，即通过信息传播来疏通组织内外的沟通渠道，加强组织的内外关系，达到提高组织效率的目的；信息传播具有明显的针对性；信息传播具有特定的反馈机制；组织信息传播具有一定的规范和监督模式。

（2）组织信息传播通道的运用：组织传播通道是公共关系传播的基本通道。有效地运用组织传播媒介，要注意以下几方面：

首先，利用组织传播公关信息的前提是掌握组织管理情况，包括组织类型、组织系统、组织目标、组织规范、组织制度等，只有掌握这些具体情况，才能正确地借助于组织信息传播通道高效地传播公共关系信息。

其次，有效运用组织传播公共关系信息的重要保证是各组织成员的积极参与。组织的每一位成员都是信息的传播者、接收者。应充分调动组织中每个成员的积极性，使他们积极参与组织信息的传播，这样才能保障组织信息传播得更加流畅和主动。

最后,有效运用组织传播媒介传播公关信息的重要条件之一是合理选用信息传播方式。组织信息传播的方式多种多样,有口头语言传播方式、书面语言传播方式以及其他的传播方式。针对不同的情况,才有适当的传播方式,能达到事半功倍的效果。

3. 大众传播媒介

大众传播媒介是指在信息传播过程中处于职业传播者和大众之间的媒介体。主要包括报纸、杂志、书籍、广播、电视、电影等。

(1)大众传播媒介的特点。信息传播者专业化程度高;信息传播对象大众面广;传播的信息内容主要为满足大众需求;信息传播活动效率高;信息传播过程受到社会的监督与控制;但信息传播缺乏有效及时的反馈机制。

(2)大众传播媒介的运用。选用大众信息传播媒介传播公共关系信息,必须着重注意以下问题:

首先,要根据公共关系传播的目标、对象、内容、空间范围、时间要求等需要来选择大众传播媒介。需要不同,选用的媒介也应各异。

其次,经费问题是公共关系传播必须考虑的问题。利用大众传播媒介传播公共关系信息一般要支付费用,各种媒介所需要的费用不同。总体来说,同一信息传播所花的费用中,电视媒介最高,但效果最好;而广播媒介较低,但效果难测。这就要求我们从需要、可能、效果等方面综合分析,以最少的花费去争取获得最佳的传播效益。

再次,搞清各种大众传播媒介的基本特点和适用范围。大众信息传播媒介多样,其特点和适用范围也不尽相同,因此必须全面了解。搞清传播媒介的层次、性质、经验和水平、在社会公众心目中的印象之后,在选用时也就游刃有余了。

最后,努力与大众传播媒介搞好关系。大众传播媒介是社会组织的非自控媒介,这就需要我们与其搞好关系,以求得广泛的支持与合作。与大众传播媒介的关系处理好,组织的一些具体要求就容易满足。

4. 邮电传播媒介

邮电传播媒介是指通过邮政电信机构将公共关系信息传播给特定的公众的公共关系传播媒介。其特点是:传播信息准确及时、对象明确、使用灵活,是一种有效传播公共关系信息的媒介。

(1)邮电传播的主要业务。邮电信息传播的主要业务可分为两大类,即邮政业务和电信业务。邮政业务是通过邮局借助于交通运输工具,传递以有形的邮件为主的信息或实物传递业务。电信业务是通过电信部门借助于电信设备,进行信息转换和传递的纯信息传递业务。电信的民用业务主要包括电话、电报、传真、数据传输等。

（2）邮电传播的运用。任何组织、个人都可以利用邮电传播来传播信息。但要有效地运用需注意以下问题：

①根据邮电系统的业务范围以及各种业务的特点与作用有效地选择媒介。

②要对所传播的公关信息的内容、形式、数量以及传播的时间要求、质量要求、保密要求、保险要求等综合选择媒介。

③在保证迅速、方便、可靠地传播公共关系信息的同时，还要考虑到费用问题，即要注意遵循节约原则，以选用费用较低而效益较高的邮电传播媒介。

5. 信息网络传播媒介

20世纪以来互联网和信息高速公路的建设与开通，使人们能够借助于计算机在网上进行各种信息的传播和交流，公共关系传播由此也开始进入网络传播时代。信息网络传播媒介是指借助已建立的信息网络将信息传播给广大公众的公共关系传播媒介。

①信息网络传播的特点。信息网络传递信息有如下特点：高速度、即时性、扩散性、共享性。

②信息网络传播的运用。社会组织运用信息网络传播公共关系信息，主要有以下两种情况：

首先是将公共关系信息发布在综合性门户信息网站或专门性网站上。如新闻信息网站、经济信息网站、供销信息网站、金融信息网站、产品信息网站、公关信息网站等。在选择信息网站传播公共关系信息时，要考虑网站的性质、类型、功能、作用，以及本组织所需传播的公共关系信息的内容、特点、传播、传播范围、传播要求等。

其次是通过建立本组织的门户网站传播公共关系信息。一般来说，建立本组织的信息网站，有利于搜集和传播公共关系信息。建立开通本组织的信息网站，应考虑组织的需要，建站的可能性（包括组织的实力、组织的威信、组织的吸引力等）以及人才、技术、费用、管理等问题。

二、公共关系传播媒介的选择方式

问题7：如何进行公共关系传播媒介的选择？

各种媒介各有所长，只有选择恰当才能取得良好的传播效果。选择传播媒介的基本原则是：

105

1. 媒介的选择要以公共关系工作的目标为根据

选择媒介首先应着眼于组织公共关系的目标和要求。如果组织的目标是提高知名度，则可以选择大众传播媒介。如果组织的目标是缓和内部紧张关系，则可以通过人际传播与组织传播，通过会谈、对话等方式加以解决。

2. 传播媒介的选择要考虑到不同公关对象

不同的对象适用于不同的传播媒介，要想使信息有效地传达到目标公众，就必须考虑到目标公众的经济状况、教育程度、职业特点、生活方式及他们通常接收信息的习惯等，根据这些情况决定选用什么样的媒介。比如，对流动性较大的出租汽车司机最好采用广播；要引起儿童的注意和兴趣，制作电视节目和卡通片效果最好；对文化较落后又没有电视的山区农民则采用有线广播与人际传播；对喜欢阅读思考的知识分子，应多采用报纸、杂志等传播媒介。

3. 根据传播内容来选择传播媒介

不论是个体传播、组织传播还是大众传播，每种形式都有鲜明的特点和一定的适用范围。选择媒介时，应将信息内容的特点和各种传播媒介的优劣势结合起来综合考虑。比如，内容较简单的快讯可以选择广播，它覆盖面广，传播速度快，对文化水平要求不高；对较复杂、需要反复思索才能明白的内容，最好选择印刷媒介，如报纸、杂志、图书等，那样可以使人从容研读，慢慢品味；对开张仪式、大型公共关系活动的盛况，采用电视电影则生动、逼真，能产生非常诱人的效果。

还需要注意的是：只对本地区有意义的信息就不要选用全国性的传播媒介；只对一小部分特定公众有意义的消息，就没必要采用大众传播媒介；而对个别的消费者投诉，则只需要面约商谈或书信往来。

4. 根据组织经费情况来选择传播媒介

俗话说"看菜吃饭，量体裁衣"，组织的公共关系活动经费一般都很有限，而越是现代化的传播媒介，费用越高。所以，成功的公共关系策划，选择恰当的媒介和方式，以较少的开支争取最好的传播效果。

活动 3：某出版社要出版发行一套针对外国留学生的韩语学习教材，请结合本节所学知识，为该出版社选择一种你认为合适的传播媒介，并与同学们交流。

考试链接

1. 公共关系传播媒介有哪些特点？
2. 如何进行公共关系传播媒介的选择？

第四节　品牌公共关系传播的实施技巧

碧浪冲击吉尼斯

1999 年国庆节前夕，一件高 40.6 米，宽 30.8 米，重达 930 公斤的大衬衣，在北京的东二环路附近一家大楼上悬挂起来，该衬衣约有 12 层楼高。这件衬衣在此悬挂了半个月，吸引了大量路人的目光。这是爱德曼国际公关公司为美国宝洁公司策划的一次重要的媒介事件。宝洁公司的碧浪洗衣粉是其麾下著名的品牌，如何让中国公众接受它呢？为此，爱德曼国际公关公司绞尽脑汁，想出了这样一个用大衬衣冲击吉尼斯世界纪录的活动。这件大衬衣的布料，足可以缝制 2350 件普通衬衣，衬衣上还印制有"全新碧浪漂渍洗衣粉"的字样，其中红色的"碧浪"两字高 5.9 米、宽 9.8 米，非常醒目。更妙的是，这件大衬衣在悬挂了 15 天以后，经风吹雨淋和空气污染变得非常肮脏，在大衬衣的揭幕仪式上，还有一些嘉宾用更难洗净的墨汁泼在衬衣上。7 月 23 日，宝洁公司用全新的碧浪洗衣粉洗净了这件衬衣，使新推出的碧浪洗衣粉一举成名。爱德曼国际公关公司策划的这次媒介事件，其意义并不仅仅在于打破吉尼斯世界纪录，更主要的是要使中国的消费者认识碧浪洗衣粉。他们先用大衬衣冲击吉尼斯世界纪录吸引公众的视线，引起新闻媒介的广泛报道；然后再通过洗净如此肮脏的衬衣，强化碧浪洗衣粉的功效，在市场上产生了强大的冲击力。

资料来源：高燕：《碧浪冲击吉尼斯》，《销售与市场》，1999 年第 10 期。

思考题：

1. 爱德曼国际公关公司策划这次碧浪冲击吉尼斯纪录的活动，产生了怎样的效果？

2. 请思考爱德曼国际公关公司在策划这次公关活动中，运用了哪些传播技巧？

一、公共关系传播的要求

问题 8：品牌公共关系的传播要求是什么？

品牌公共关系的传播过程会受到多种因素的影响，在公共关系传播的过程中必须遵守一定的原则、要求，以真正取得良好的效益。因此，公共关系传播必须遵循以下要求：

1. 确保品牌公共关系信息的质量

品牌公共关系信息的质量主要由真实性、准确性、全面性、系统性四个指标来衡量。真实性是指所传播的公共关系信息必须是真实的、客观的、实事求是的。准确性是指对所传播的公共关系信息的加工和处理应是准确的。全面性是指所传播的公共关系信息必须能全面反映品牌企业的基本状况。系统性是指从整体上来看，品牌企业所传播的公共关系信息应具有系统性，不是零散的、支离破碎的。零散的、破碎的公共关系信息传播，不利于公众形成对品牌企业的整体形象，反而容易对其产生怀疑、猜忌和不信任。因此，品牌企业要经常地、定期地向公众传播各种公共关系信息，确保公共关系传播的质量。

2. 确保选准公共关系传播的目标公众

目标公众是指品牌企业公共关系传播的主要对象，是信息的主要受众。目标公众并非一成不变的，它会随着品牌企业公共关系传播的内容、方式、时间、空间等的不同而发生变化。公共关系传播的目标公众选择得当，就可使公共关系传播取得良好效果。品牌企业可以采取如下策略来有效地选择目标公众：

（1）关联性目标公众策略。指与品牌企业有关联的公众，不论它与品牌企业的关系是紧是松、是现实的还是潜在的，都可作为公共关系传播的目标公众。这种策略适用于品牌的一般的、日常的公共关系传播活动，也适用于以扩大影响，建立与公众的广泛联系为目的的公共关系传播活动。

（2）选择性目标公众策略。指对从与品牌企业有关联的公众中选择部分公众作为社会组织公共关系传播的目标公众。这种策略适用于品牌企业面临着在较大范围内与公众一般关系的处理问题。比如，对消费者公众或对社区公众的一般关系处理问题等，都可以采用选择性目标公众策略来传播公共关系信息。

（3）针对性目标公众策略。指确定某些具体公众作为品牌企业公共关系传播的目标公众。这种目标公众具体明确、数量不多，但与品牌的关系十分密切，向他们传播的信息应详细、深入，具有较强的针对性。例如，品牌企业向社会名流、上级领导、意见领袖、新闻记者、金融界人士等传播公共关系信息均采用这种策略。此外，在公共关系纠纷的处理、危机事件的处理中也常用。

3. 把握公共关系传播的有利时机

公共关系传播应选择恰当的时机。准确把握公关时机能够增强公共关系传播的针对性，提高传播的效果，并能调整、维持和改善品牌企业的公共关系状态。但要注意，在社会组织发展的不同时期，公共关系传播活动侧重点不同。

品牌企业的发展有五个发展时期：初创时期、稳步发展时期、重大创新时期、风险时期和低谷时期。

在初创时期，公共关系传播的主要内容应该是向社会公众广泛地介绍企业的投资建设状况、性质、规模等，目的是为了扩大知名度，形成良好的第一印象。

在稳步发展时期，公共关系传播的主要内容是经常向广大公众介绍企业的生产经营方针和特色，在争取自身发展和服务社会、服务人民方面所采取的各种措施等，维护企业已经形成的良好形象和信誉，强化与公众的联系。

在重大创新时期，公共关系传播的主要内容是企业创新的目的、艰难历程、成果和给社会带来的效益等。其传播的方式应是开放性的，同时注意正确引导，进一步扩大社会组织的影响。

在风险时期，公共关系传播的内容应有区别地选择。针对不同情况，采取不同的措施。风险时期是企业公共关系传播难度最大的时期，也是关键时期，企业要进行危机公关。

在低谷时期，公共关系传播的主要内容是向社会公众解释企业走入低谷的原因，走出低谷的措施取得社会公众的理解，尽快使企业走出低谷，获得新的发展。

4. 选用良好的公共关系传播渠道

当今社会，公共关系传播的渠道日趋多元，选用得好，可以提高公共关系传播的效率，事半功倍。

选择好的公共关系传播渠道，一是要考虑自身需求。根据公共关系传播本身的需要来进行选择，包括所传播的公共关系信息的内容特点的需要、目标的需要、基本对象的特点的需要、影响范围的需要等。二是要考虑传播的可能。指要根据现有公共关系传播渠道的可能来进行选择，如果某种渠道在一定范围内不存在，或根本没有利用的可能，只得选择其他媒介。品牌企业要综合考虑需要与可能两方面，才能选择好而可行的公共关系传播渠道，以取得令人满意的传播效果。

二、保证公共关系传播的有效

问题 9：如何保证公共关系传播的有效？

1. 注意对传播效果的分析

各类传播对目标受众都会产生一定的影响、作用，这就是效果。对于公关工作者来说，由于各类传播形式都要使用，更应该了解传播发生作用的不同层次。

（1）信息层次。即将信息传播给目标受众，使之完整、清晰地接收到，并且较少歧义、含混、缺漏，这是简单的传到、知晓层次，是任何传播行为首先应达到的传播效果层次。

（2）情感层次。指受众对传播者传出的信息从知晓进而产生情感，在感情上与传播内容接近、认同，对这一传播活动感兴趣，从而与传播者接近，这是传播达到的较为理想的效果。

（3）态度层次。态度是人对事物或现象认识的程度、情感表达和行为倾向的叠加。它已从感性层次进入了理性层次，是在感性认识基础上经过分析判断、理性思维而产生的，一经形成就非常难以改变。传播如果能达到这一层次，对目标公众的影响就非常深入了。

（4）行为层次。这是传播效果的最高层次。它是指目标公众在形成情感认同和态度转向之后，行为发生改变，做出与传播者要求目标一致的行为，从而完成从认识到实践全过程，使传播者的目标不仅有了同情、肯定者，而且有了具体实施、执行者。

随着传播效果层次的提高，目标公众由于各种原因而逐渐减少，只有能达到较高的效果层次，才能使哪怕是初级效果得以较长时间的保持，否则公众会很快淡忘，一个传播行为也就以无效告终。公关工作就是要让各界对企业知晓、同情，并获得他们的理解与支持。

2. 注意对影响传播效果因素的把握和运用

在信息传播过程中，有很多因素同时作用于信息接收者，并对其产生强度不同的影响。了解主要的影响因素，并有针对性地加以引导和应用，会使传播效果得到改善、提高。影响传播效果的因素主要有以下四个：

（1）传播媒介。简便、易于掌握、易于得到、比较有效的传播媒介更易于为公众接受。公众对媒介选择可以概括为一个公式：选择或然率＝报偿的保证/费力程度。从这个公式可以看出，选择或然率与报偿的保证成正比，而与费力程度成反比。所以公关工作要注意选择适当的媒介传播信息，选择不当就有可

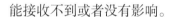
能接收不到或者没有影响。

（2）信息的内容与表现方式。目标公众价值判断的重心在于信息的内容即传播者传播的信息，其是否为公众所关心、感兴趣，是否重要、新鲜，是否可靠、可信，是决定传播效果的关键所在。除内容自身的要求外，表现方式也非常重要。从传播者的形象、权威性，内容的结构、节奏、变化，到遣词造句的方法、语气、语调，如一旦有不当，不仅会给传播的内容造成障碍，甚至可能还会引起误解甚至反感。

（3）信息的强化。接触某一信息的次数越多，信息不断得到强化，人们越容易接受它。同样的信息不断强化，目标公众会逐渐由生疏到熟悉、由漠然到亲切，甚至在长期接触后，会把这一特定的内容形式融入自己的生活。

（4）接收信息的环境。时间和空间对目标公众的接收是否有利，对传播效果也有相当大的影响。目标公众接收环境存在各种干扰或没有足够的时间接收，这些因素都会影响信息接收者的接收，会使传播效果大打折扣。

三、公共关系传播效果的改善

 问题 10： 怎样改善传播效果？

1. 巧修饰

巧修饰就是给人或事物加上一些美好的评价或装扮，从而使人产生一个美好的印象，因而不经验证就予以接受或赞赏。在政治宣传、文艺广告和商业广告中，我们常常可体会到这种手法。运用修饰的基本条件有：对象要可信，即具有修饰的条件；要适度；用词要慎重。文过饰非或远离实际的胡乱吹捧，是对受众的欺骗和愚弄，将导致传播的最终失败，使受众对传播者及其传播内容产生不信任感和逆反心理。

2. 树典型

典型化是指请具有一定声望、名誉或经验丰富的人对受众现身说法，来证明和评价人物、事物和观点。在各种广告中，我们常可以看到一些名人、歌星、影星、运动员在使用某种食品、药品及其他生活用品后，用自己的感受来证明它们是如何的"味道（效果）好极了"，目的在于利用"名人效应"来吸引和说服受传者。

3. 广引证

有目的、有倾向性地引用一些对自己有利的事实、论点来证明自己的观点、方案、产品的方法叫引证。我们常可见到，有些广告大量引用权威部门或权威人士的鉴定意见，或引用大量数据，抛弃那些于己不利的意见和数据，这就是引证的具体运用。

4. 求新鲜

如今信息大量涌现，要引起公众对特定信息的注意，需从信息的新鲜度入手。

5. 善换位

是指传播者为了使特定的受传者相信并接受自己的观点，而以与受传者相同或相近的身份、地位出现。这种方法往往可以使受传者对传播者产生"自己人"的感觉，缩小双方的心理距离和社会距离，从而接受传播者的观点。

6. 激发情感

情感具有推动和促成行为的力量。在公共关系传播中，情感的煽动往往能产生别的手法所不及的效果。一般来说，对于文化程度较低的受传者或女性、或生性羞怯自卑的人，采用情感渲染的方法可以更有效地打动他们。

7. 唤起从众心理

让某一团体提出或支持某观点，并说明它已广为接受，从而唤起诸多受传者随大流的从众心理。团体对个人的影响，可以从一些实验中得知。实验表明，30%的受试者会附和周围人的错误结论。在商业广告中，让某些权威团体来预告未来某个时期将流行畅销某种产品就是运用号召随从法。

8. 正面宣传

正面宣传是指传播者只对受传者介绍那些有利于其观点的论据和事实的方法。

9. 正反对照

传播的效果首先体现为是否改变了公众的不良态度，实现公众由负态度向正态度的转变。正反分析是传播者同时向受传者展示有利和不利于自己观点的论据和事实，然后驳斥后者的弱点，指出其漏洞，从而证明自己观点的正确性的一种方法。

总之，恰当地运用一定的传播方法，能帮助我们克服各种传播障碍，准确而顺利地完成信息传递，获得理想的传播效果，实现公共关系计划，达到组织的目标。

活动 4：某农产品企业新近推出一种有机、无公害、绿色食品，上市之后因为价格偏高、人们对其认识不到位等原因导致，销量较低，请同学们结合本节所学知识，为该企业选择合适的传播媒介，策划出适宜的、能够获得理想传播效果的传播技巧，形成文字材料并与同学们交流。

考试链接

1. 品牌公共关系传播过程中有哪些要求？
2. 品牌公共关系传播的实施技巧。
3. 根据实际情况选择公共关系传播的媒介。

第五节　品牌公共关系文书写作

引导案例

××公司公关宣传活动企划书

一、活动主题

万名大学生为"××牙膏"替您服务。

二、活动目标

通过大学生宣传及上门为消费者服务，在目标国各城市普及、宣传、提高××牙膏的知名度，增进消费者对××牙膏的品牌、特性、功能以及价格的理解；并通过后继的公关活动，树立××公司尊重科学、关心青年学生身体健康、积极服务于社会的企业形象，提高××公司的美誉度。

三、综合分析

（1）企业概况。

（2）产品简况——××牙膏系全天然生物牙膏，内含丰富的天然生物活性物质丝肽及表皮生长因子，可直接为口腔黏膜吸收，能促进细胞新陈代谢，集洁齿、治疗、营养三功能为一体，有药物牙膏之功效，无药物牙膏之副作用。

（3）市场分析——××牙膏目前生产量为 800 万支，其中××市场占总销量的 32%；××公司现已陆续在××等数十个大中城市设立了销售网点。

（4）消费者分析——××牙膏系第三代产品，它的价格约高出其他牙膏一倍，其潜在消费者主要是城市居民中等收入和文化程度较高者。

四、基本活动程序

（1）选择 2002 年 3 月 18 日为"××牙膏直销日"；并落实该活动于同日在××等十大城市举行。

（2）2002 年前后，派人员与上述十大城市的大学联络，每校落实参加直销

113

活动的大学生 500~1200 名；其中，××等有条件的城市同时组织人数在 100~200 人的大学生自行车宣传队，每城市一支队伍。

（3）2002 年 3 月 18 日 9 时，各城市大学生自行车队沿拟定线路作"闹市行"，沿途向市民散发××牙膏宣传品；同时，参加直销活动的大学生走进千家万户进行宣传和直销活动。

（4）在直销活动结束后一个月内，××公司在××大学举办音乐会一场，并赠送公共关系书籍 500 本。

五、传播与沟通方案

（1）在活动进行前一天，在××市的《××报》与××市的《××报周末版》上刊登宣传广告。

（2）预先与××电视台、《××报》等媒体联系，争取在活动开始后陆续新闻报道。

（3）由进行宣传和直销的大学生向消费者宣传××牙膏的基本特性，并散发单页宣传品。

（4）由××大学选修公共关系理论与实务课程的数百名学生撰写该项活动的个案分析，并择优寄往《××公共关系报》、《××公共关系导报》等媒介。

六、经费预算

（1）印制宣传品 10 万份及制作宣传绶带 500 条，约 0.2 万美元。

（2）活动预告的报纸广告费及媒介报道安排费用 0.4 万美元。

（3）10 位销售活动监督、协助人员差旅费，以 90 美元/人计，共 900 美元。

（4）大学生宣传车队劳务费：××、××等城市车队队员共约 500 人，以 10 美元/人计，共 5000 美元。

（5）音乐会费用及赠书活动费用：音乐会一场 300 美元，500 本公共关系书籍 400 美元，共 700 美元。

七、预期效果

如果活动能安排妥当，达到预期目标，其效果肯定大于用这部分经费进行单纯的广告宣传所带来的效果。

资料来源：王培才：《公共关系理论与实务》（第 2 版），电子工业出版社，2009 年。

➡ **思考题：**

1. 结合案例，思考公共关系企划文书有哪些特点？

2. 应该如何书写公共关系文书？

一、品牌公共关系文书的特点

问题 11： 品牌公共关系文书有哪些特点？

品牌公共关系文书（以下简称"公关文书"）是为实现品牌企业公共关系目的、开展公共关系活动而制作使用的各种书面材料。公关文书与一般应用文书具有一定的共同点，但因为公共关系独特的职能使公共关系文书具有不同于其他应用文体的独特之处，甚至如广告、新闻、公文、计划、总结等，一旦纳入公关范畴，也就或多或少具有了新的特征。

1. 有的放矢

公关写作既不能无病呻吟，也不能无的放矢。公关文书只有存在目的时，才能进行写作。这样的公关文书才能真正解决问题，达到品牌企业或公关活动的预期目的。

2. 积极主动

社会组织或品牌企业是公共关系的主体，处于关系主导地位的社会组织的公关文书写作，必须在关系调节中积极主动。

公关文书写作的主动性，首先表现在内容上，它是为公共关系活动服务的，是为了解公共关系活动中存在的实际问题，对公共关系活动起着直接的作用。其次，在丰富多彩、瞬息万变的公共关系活动中，一切公关文书的写作都必须因人、因事、因时、因地而宜，不能僵化不知变通。

3. 实事求是

公共关系活动的一项主要工作就是传播信息，能否客观地、实事求是地传播信息，关系着品牌企业与公众利益。

公关文书写作要做到实事求是，首先，必须客观地掌握事实，杜绝主观随意性，力求事实的公正与真实。其次，公关文书在写作时对材料必须认真鉴别、反复核实、实事求是，不容许有任何虚构。

4. 针对性强

公关文书写作还有一个明显的特征就是针对性强，主要体现在以下几个方面：

（1）有明确的活动范围和工作对象。公关文书写作，无论是策划、信息咨询或大众传播文书，还是人际沟通及组织内部公务类文书，读者对象一般都有明确的范围或特定的公众。

（2）针对具体问题而写作。公关文书写作，总是针对公共关系活动或组织的存在与发展中的具体问题而进行的。

二、公共关系文书的写作要求

问题 12: 公共关系文书的写作主要有哪些要求?

1. 交互性

公关活动可以借助于写公函等形式,达到传递信息、安排工作,争取社会效益和经济效益。同时也要考虑反馈效应,在相互交往中,建立理解、信任、支持与合作。公关文书就是联络的纽带,架设友谊的桥梁。

2. 竞争性

开展公关活动,就是要善于利用文字等手段,在同行或同类产品中,发挥自己的优势去争取社会与公众的支持,树立自己的品牌公关形象,进而开拓并占领广大市场。在竞争中求得企业与品牌的生存与发展,使自己立于不败之地。

3. 时效性

作为传播、沟通的工具,公关文书必须公开、迅速、通畅地发挥作用。它的写作要快,传递要快,反馈也要快。要围绕品牌企业的重要任务和急需解决的问题及时地抓住时机开展工作,求得高速度、高效率。

4. 务实性

公关文书要为事而作,每种文书的起草都要明确写作目的和意图,从实际出发,提出和解决现实中的问题。

5. 可信性

公关文书的写作必须说真话、办实事,坦诚待人,信守承诺。

6. 简洁性

公关文书是处理公务的实用文体,为便于沟通、交往与传播,必须去芜求精,简明概括,切忌拖泥带水。

7. 规范性

为便于流通与管理,提高公文使用效率,公关文书的写作必须按习惯通用的格式与要求进行写作。

8. 艺术性

公关文书不仅要求内容的新与实,还要讲求一定的艺术性,对文面的设计也要求庄重大方、热烈,用词也要委婉、生动,而且富于艺术感染力。

三、品牌公共关系文书的类型

 问题 13：品牌公共关系文书有哪些类型？

1. 品牌公共关系企划书

品牌公共关系企划书是企业有系统、有计划地策划公关活动的一种书面材料。公关企划书通常要有明确的内容，有活动主题、活动目标、综合分析、活动程序、传播与沟通方案、经费预算等。

2. 品牌公共关系简报

品牌公共关系简报，是企业内部交流、汇报情况的文字材料或刊物。包括工作简报、信息简报、会议简报、动态简报等多种。另外，简讯、内部参考等都属于简报的范畴。写作时，应先制订编写计划，然后通过通讯系统或个人组织稿件，采用汇编、摘编、编写等方式，按版面要求设计报头、行文与报尾，把名称、期数、编印单位、日期、份数、按语、本文、发送单位等一一列清楚。简报多数为内部使用，要注意发送的范围与要求。简报的编发有定期和不定期两种。

简报具有以下特点：简明扼要，抓住事物的本质，抓住代表性的典型材料；迅速，像新闻一样快编、快写、快印、快发；真实，材料确凿，反复核实，表述讲究语法逻辑；新颖，立意要新，情况要新，抓新人、新事、新问题。

3. 公共关系新闻稿

品牌企业要宣传自己的形象，提高知名度，获得更多公众的认识、理解和支持，借助大众传播媒介和舆论导向是非常有效的手段。品牌企业将自己的各种信息编织进新闻稿，借助新闻传媒迅速传播开来。因此有人将公共关系新闻称为"不花钱的广告"。

新闻稿是企业公关部门（人员）撰写的以公众为宣传对象的文字作品，包括提供给媒介的消息和通讯。撰写新闻稿，是公关人员利用大众传播媒介对公众施加影响的重要手段，也是企业与新闻界保持密切联系的纽带和桥梁。

（1）消息。消息往往以鲜明的主题、简练的文字，迅速而及时地反映现实生活中新近发生的具有特定意义的事件，并因此而成为新闻媒介最经常使用的一种文体。

（2）通讯。通讯是新闻媒介传播信息的基本文体之一。它的特点是：通过对现实生活中有关事件和人物真实而详细的报道，更加生动、具体地传播品牌企业某一方面的信息，表现某一主题思想，从而给读者留下更为深刻的印象。

活动 5：某出版社举行了一个新书发布会，向读者宣传、推荐新书《×××》，请同学们想象发布会现场情景，结合本节所学内容，为发布会写一篇新闻稿，继续扩大新书影响。

 **考试链接**

1. 品牌公共关系文书写作有哪些类型。
2. 掌握品牌公共关系文书写作技巧。

阅读材料

宁波市政府的公关传播

当今社会城市之间的竞争日趋激烈，城市的品牌化发展已经成为一个不可避免的趋势。作为一个有着良好发展基础和潜力的城市，宁波市政府在推进城市品牌发展的公共关系传播活动上，做出了很多有益的探索和尝试。

首先，宁波市政府选取了网络媒介，利用政府门户网站主导宁波的城市品牌传播，将政府网站划分为公民站、企业站、政府站，尽量做到内容丰富翔实、信息全面、更新及时、服务于民。

其次，媒体作为公众获取信息、发布信息、交流信息的中介，必然是城市品牌开展公共关系最重要的工具。宁波地方媒体也作为不可忽视的群体，参与到宁波城市品牌的传播。两大媒体集团和新华社浙江分社主办的《现代金报》等，均成为宁波市对外展现自身形象的窗口。

最后，宁波市政府选择举办多种特色品牌节庆活动，有效地优化了宁波城市品牌传播的效果。

宁波市政府在开展一系列公共关系传播之前，找准了宁波的城市定位及城市发展理念，避免了城市公共关系传播活动绕弯路、走错路，取得了一定的效果。今后将尽可能地吸引公众的参与热情，贯彻"全员公关"的指导思想，更好地发展宁波的城市品牌形象。

资料来源：李淑瑛：《宁波城市品牌传播的公共关系策略》，《青年记者》，2009 年第 18 期。

 **案例分析**

中国国家形象宣传片在美首播——常引游人驻足观望

2011 年 1 月 17 日一早，一则醒目的中国国家形象宣传片在纽约曼哈顿的时报广场户外大屏幕不断播放。

这则宣传片以中国红为主色调，在短短 60 秒钟时间内，展示了包括邬丽华、吴宇森、宋祖英、刘欢、郎平、姚明、丁俊晖、袁隆平、吴敬琏、杨利伟在内的数十位杰出华人，以"智慧、美丽、勇敢、才能、财富"等诠释中国人形象。

中国国家形象系列宣传片的拍摄工作于 2010 年 7 月启动，此次在这块大屏幕上播出的为其中的《人物篇》。

这块大屏幕上，同时还有墨西哥旅游宣传片等其他广告穿插播放。因为色调强烈，形象突出，中国的宣传片播放时，常常引来游人驻足观望。

在接下来的 4 周时间内，每天从早 6 点至凌晨 2 点，这则宣传片会在时报广场这块大屏幕上每小时出现 15 次，预计 4 周总计播放将近万次。

因《纽约时报》得名、有着"世界十字路口"之称的纽约时报广场，也常被人称作时代广场，是全球观光客到纽约的必游之地，每天数以万计的人流穿梭其间。

与此同时，在华盛顿特区画廊广场的户外大屏幕，也正同步播放这则宣传片。

另外，浓缩为 30 秒的中国国家形象宣传片《人物篇》也于 17 日起，通过美国有线电视新闻网（CNN）的各个频道覆盖全球播放。预计，在今后四周内，这则宣传片在 CNN 各个频道将播放数百次。

如此大规模、高频度投放中国国家形象宣传片，被视为中国官方高调推出的重大公关行动，也是以外国民众为对象的中国公共外交的具体动作。与此同时，宣传片开播时间选择在中国国家主席胡锦涛对美进行国事访问的前一天，也颇具造势之意。

这则中国国家形象宣传片的主角中，既有因为体育与美国结缘的姚明、郎平，也有因好莱坞为美国观众认知的吴宇森等，此外还有被华尔街熟知的丁磊、李彦宏，但其中的更多人，例如像"杂交水稻之父"袁隆平等，尽管他们在各自领域成就卓越但却并不为美国及西方社会的普通民众所识。

纽约哥伦比亚大学的本科生艾伦认为，美国老百姓对中国的了解还太少，他们应该学着全面去了解中国。

有分析称，当西方观众看到这则中国国家形象宣传片的时候，他们会发现很多中国面孔对他们而言很陌生。不过，这或许也是中国希望提醒他们的："你们对中国的了解还太少。"

中国官方称，该宣传片除了登陆美国，还计划在欧洲、拉美、中东等地区以及在全球互联网上陆续展示。

资料来源：孙宇挺：《中国国家形象宣传片在美首播常引游人驻足观望》，中国新闻网，2011 年 1 月 19 日。

→ 问题讨论：

1. 结合材料，分析中国国家形象选择了什么公共关系传播媒介，收到了什么效果？

2. 中国国家形象的公关宣传给我们怎样的启示？

本章小结

1. 掌握品牌公共关系传播的基本要素

（1）公共关系传播者。

（2）公共关系传播内容。

（3）公共关系传播渠道。

（4）公共关系传播目标公众。

（5）公共关系传播效果。

2. 品牌公共关系传播的基本类型

（1）自我传播。

（2）人际传播。

（3）组织传播。

（4）大众传播。

（5）国际传播。

3. 公共关系传播媒介的五种基本类型

（1）人际传播。

（2）组织传播。

（3）大众传播。

（4）邮电传播。

（5）信息网络传播。

4. 品牌公共关系传播的实施技巧

（1）巧修饰。

（2）树典型。

（3）广引证。

（4）求新鲜。

（5）善换位。

（6）激发情感。

（7）唤起从众心理。

（8）正面宣传。

（9）正反对照。

5.品牌公共关系文书的特点

（1）有的放矢。

（2）积极主动。

（3）实事求是。

（4）针对性强。

深入学习与考试预备知识

★★★★

公共关系传播的4W法

公共关系传播作为一项社会活动，有其自身内在的规律可循。只有活动策划者抓住其内在规律和基本模式，才能完成自身所期待的目标。4W即为活动策划者准备的参考法则，是在策划公共关系传播前要明确的问题。

1. Why：危机为什么会出现？

当企业出现公共关系危机时，不只是企业自身，媒体及公众也会对危机的产生感到好奇。很多企业面对这种问题时采取避而不谈的态度，企图蒙混过关，殊不知这是最差的一种解决方式。公共关系危机的出现尤其要找自身的理由，抓住其理由不仅是对公众消费者的交代，也是企业今后发展的关键。

2. Who：传播的对象是谁？

公共关系传播行为中，传播对象是重要的组成部分。能否迅速把握市场情形，用最短的时间和最少的投入达到最令人满意的效果，在很大程度上取决于传播对象的确定。通常情况下，企业公共关系传播的对象无非包括直接消费者、新闻媒体、公众、竞争对手和企业自身。公众消费者自然是最直接的宣传对象，而和媒体关系的处理，和竞争对手之间关系的处理也是企业公共关系处理中重要的环节，应依据企业具体情况和公关主要目的做出具体分析。

3. What：传播什么立场？

传播何种立场，即为公共关系传播行为中企业文化的传播是战术策划公共关系活动的实施目标。

4. When：何时表达立场？

何时表达立场主要表现为两个方面：其一为企业进行正面公共关系传播的活动时，如何把握时机；其二则为企业面临公共关系危机时，应如何掌握时机表达立场。前者应根据不同企业的不同产品和目的做出判断，后者则应第一时间表达自身立场，以求能抓住更多的主动权，获得社会的谅解。

在进行公共关系传播前，还有各种需要考量的问题，要求策划者和实施者结合自身情况，做出具体分析。

知识扩展

公关写作中需要克服的几种弊病

1. 主题不明

提炼不出一个鲜明的主题，就很难引起新闻效应，不足以给读者留下印象。这就要求，一方面，企业的高层领导敢于表达企业的观点，敢于表述对行业的看法，敢于采取举措；另一方面，公关写作者应该善于提炼主题，及时发现新闻线索，横向加强和公司其他部门的联系，积极主动地报道企业事迹。

2. 没有亮点

通篇就像"流水账"，把一些文字想方设法堆积起来，并以为越长越好，却让读者不知所云。我们写的是消息，不是长篇报道，所以当务之急是找出众多特点之中的亮点，让读者接受并能留下印象。

3. 内容空洞

标题无彩，不讲技巧，语句不畅，言之无文；内容空洞，尽是大话、空话，泛泛而谈，难以吊起读者的"胃口"。

4. 苛求长短

长短并无定论，不可过于执著，可视具体情形而定。

答案

第一节：

（1）公共关系传播是指组织以大众传播媒介作为主要手段，以人际传播作为辅助手段，向社会公众宣传自身产品的一种行为。康乐氏公司在此次传播活动中准确找到了品牌形象宣传的定位，借助阳光健康的女博士生形象，向社会宣传了产品充满活力和高科技的双重内涵，成功地完成了品牌形象的提升。

（2）在公共关系传播行为中，首先要求组织找准自身的目标定位，确定适合自身的主题与受众群体，根据不同的宣传目的和目标群体选择不同的宣传媒介，运用多元化的宣传方式，并针对社会不同时期的不同需要，进行周密的策划。

第二节：

（1）联合碳化钙公司巧妙地抓住了鸽子飞进阁楼这一事件，将个体行为上升为社会行为，采取了个人传播、组织传播、大众传播等多种方式，以主流媒体作为媒介，将企业自身与社会公益事件这样的正面宣传联系在一起，扩大了社会关注度，提升了自身好感度。

（2）联合碳化钙公司的成功传播行为启示我们，应善于抓住一切机遇，使之成为有益于企业文化和正面形象宣传的方式。能够善用公共关系传播，会使企业的宣传推广工作和好感度提升工作效率，收到事半功倍的效果。

第三节：

（1）宣伟公司在策划"泰坦尼克号"VCD在中国推广上遵循了公共关系传播的艺术化原则，创造性地运用了各种传播的技术与方法，巧妙地向公众传播公共关系信息，将泰坦尼克号的服饰、菜肴等元素适当地做出还原，给观众以身临其境的质感，从而更加有效地影响公众、赢得公众，取得最佳的公共关系传播效果。

（2）本题为开放性试题，学生可结合理论知识自由发挥。

第四节：

（1）爱德曼公司本次的策划工作，为宝洁赢得了极高的市场关注度和好评度，提升了企业的形象，宣传了产品优势及企业文化，是一次成功的公共关系处理行为。

（2）参见本节第三部分"公共关系传播效果的改善"，体会如何更好地达成公关效果。

第五节：

（1）品牌公关文书是为实现品牌企业公共关系目的，开展公共关系活动而制作使用的各种书面材料。具有有的放矢、积极主动、实事求是、针对性强等特点。

（2）书写公关文书应注意书写形式及书写内容。形式上可参考公函等交互性强的书写方式，内容上则要着重展现出产品的竞争性，以期占领市场取得优势。另外，书写公关文书时也应注意文书的时效性及务实性，用词简练规范，必要时兼顾语言的艺术性，以更好地达成目标。

案例分析：

（1）采用大众传播的媒介进行公共关系传播。通过信息传播者的专业化操作，国家宣传片可以为美国大众看到，满足大众对于发展的中国的了解需求；信息传播活动效率高。

（2）此次国家宣传片的成功体现了强大的品牌公共关系文书策划意识，在文书写作中要有的放矢、实事求是、积极主动、有较强的针对性才能更好地体现出品牌宣传的效果。

第六章

品牌公共关系心理

学习目标
★★★★

知识要求 通过本章的学习，掌握：

● 什么是公共关系心理，为什么要熟悉公关心理

● 如何科学认识公众心理，有哪些技巧

● 公关人员应如何与公众进行沟通，如何影响公众心理

● 如何形成集体意识和组织成员的公众意识

技能要求 通过本章的学习，能够：

● 对公共关系心理进行初步了解

● 掌握认识公众心理的技巧，有效认识公众的心理

● 成功与公众沟通，并有效影响公众心理

● 帮助形成集体意识和成员的公众意识

学习指导
★★★★

1. 本章内容包括：品牌公共关系心理基础知识；公众心理；品牌公共关系活动心理；组织心理等。

2. 学习方法：独立思考，理论与实践相结合，在与同学们的互动中熟悉本章要点。

3. 建议学时：8 学时。

第一节 品牌公共关系心理概述

 引导案例

请留心你家的后窗

20世纪50年代，好莱坞影片《后窗》曾风靡香港，该片描写了一个脑部受伤的新闻记者，在家养伤时闲极无聊，便买来一架望远镜，每日坐在屋子里从对面楼层的后窗窥视住户的家庭隐私，从而卷入了一场谋杀案。影片上映后，香港人竞相观看，形成了"后窗热"。这时，香港的一家生产百叶窗的企业成功地抓住了这一事件。他们在报上连续刊登题目为《请留心你家的后窗》的销售广告，其生意一下子兴隆起来。

资料来源：节勇：《请留心你家的后窗》，《番禺日报》，2008年7月3日。

 思考题：

1. 结合案例，分析香港生产百叶窗公司设计的广告是如何抓住公众的心理的？

2. 公共关系心理对企业的业绩会产生哪些影响？

一、公共关系心理的概念

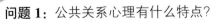

关键术语：公共关系心理

公共关系心理学的研究内容和对象是公共关系心理。所谓公共关系心理，指的是和公共关系行为以及公共关系活动相关的心理现象。

公共关系心理是以行为涉及的领域和活动进行的范围作为划分依据的，所以既可以研究不同年龄、不同性别、不同角色等各种不同的人的心理，也可以研究各种心理过程和心理特征、心理倾向。只要这些心理与公共关系行为和公共关系活动的研究相关，都可以作为研究的范围。

问题1：公共关系心理有什么特点？

公共关系心理学的研究范围与其他心理学的研究范围可以有重合部分，但又存在着显著区别，其区别主要在于研究的具体对象和核心问题不同。作为特

定的公共关系领域中的心理现象，公共关系心理本身具有四个特点：

1. 公共关系心理的可预知性

心理是人的大脑和神经系统的活动，它是不可见的，但又是能够被认知的。人的一举一动、一言一行，都是其心理活动的具体反映。公共关系心理的可预知性的特点主要表现在公共关系是一种主动的行为和活动，所以对公共关系心理的认知，尤其是对公众心理的认知带有主动性。公共关系活动的过程从心理学的角度来分析就是寻求沟通、理解、支持的过程。能否达到互相沟通、互相理解和互相支持的目标，首要的因素是看能否准确地认知和把握公众心理。同样，根据公众心理和公共关系活动的要求，有意识地调整和改变自身的心理，当然也需要以认识自身的心理为前提条件。

2. 公共关系心理的情感性

公共关系活动是情感色彩非常强烈的活动。公共关系的主体是为和公众建立良好的关系而开展的公共关系活动，它要提高自身知名度，树立并改善自身形象，即扩大自己的影响，获得公众的好感。这显然不是别的，而是情感工作。做情感工作需要用真情来感染、感化公众——这是开展公共关系活动的要义所在。公共关系活动的情感性，决定了公共关系心理的情感性。

3. 公共关系心理的自利性

公共关系活动具有自利性，因此公共关系心理也具有自利性。这种自利性不是指狭隘的个人主义的自利，而是指公共关系主客体双方维护自身利益的自然要求。因为，公共关系主体要提高的是自身的知名度，而不是客体的知名度；它要建立并逐步完善的是自身的形象，而不是客体的形象。而公共关系客体在双方进行的公共关系活动中并不是完全被动的，客体可以把自己看做公共关系的主体，以主体的形象出现。公共关系活动作为双方的活动的前提条件是维护各自的自身利益。维护自身利益的心理贯穿于公共关系活动的始终，渗透并作用于公共关系心理的全过程，因而导致公共关系心理的自利的特点。

4. 公共关系心理的广泛性

公共关系心理学是以公共关系行为所涉及的领域即公共关系领域作为分科依据的，所以它和其他分支心理学的研究对象一样，具有广泛性，而且，公共关系心理的广泛性比同类其他分支心理学的研究对象更加显著和突出。以它同管理心理学、宣传心理学和商业心理学为例来进行比较，就会发现公共关系兼有管理和宣传两项职能，因而公共关系心理兼容管理心理和宣传心理。还有，因为公共关系不仅仅是商业领域内的公共关系，所以公共关系心理的外延比商业心理的外延覆盖面也更为广阔。随着改革开放的不断深入与发展，人们对公共关系的地位、职能、作用的认识将愈加深化，自觉地开展各项公共关系活动将逐渐成为越来越多的组织机构的需求，公共关系心理的广泛性也将得到进一步的展现。

二、公共关系心理学的研究内容

问题 2：公共关系心理学主要研究哪些内容？

作为公共关系学科群中一门相对独立的学科，公共关系心理学的研究内容具体包括三个方面：

1. 公共关系的客体即公众的心理

研究公众的心理，事实上就是研究人的心理。公众的心理又不完全等同于人的心理。人的心理是客观现实的反映，而公共关系活动只是客观现实的一部分内容，不完全等于客观现实。客观现实的多样化导致了人的心理的多样化，而公共关系心理学研究的只是公共关系活动中人的心理现象和变化。

如何把握公众心理研究范围的尺度是有一定难度的。失之过宽不能如实反映出公众心理的特殊性，失之过严则不能正确反映人的心理的普遍性。因此，如何准确把握公众心理研究的范围，应该进行进一步的探索和研究。

2. 公共关系的过程即公共关系活动中的心理

公共关系的过程是由一系列的活动组成的，这些活动表现为公共关系过程中的具体环节。公共关系过程中四个基本环节包括：熟悉情况，准确把握动态的活动环节；确定目标，详细制定计划的活动环节；落实任务，广泛开展传播的活动环节；检查评估，深刻总结经验的活动环节。

一个过程的结束意味着另一个过程的开始，公共关系的全过程是周而复始、无穷无尽的。综观公共关系全过程，其主要特点和规律是：公共关系过程是主体主动展开公共关系活动的过程，没有主体主动影响客体的活动，也就没有公共关系的过程；公共关系过程是在内外环境的共同作用下，有环境因素参与的过程，主体的作用只有在同内外环境的作用协调一致的基础上，才能对客体产生有效的影响；公共关系过程是主体和客体相互依存、相互影响、相互沟通甚至相互斗争的过程，客体在公共关系活动中发挥着能动的反作用，主体充分地认知客体、并反过来充分地被客体所认知是公共关系活动取得理想结果的重要保证。

所谓"内外环境"，外环境指社会环境，内环境指心理环境。公共关系主体要主动地对客体施加影响，要和客体的心理环境协调一致，要充分地认知客体并被客体所认知。这些表明，从心理学的角度看，公共关系过程是一个主客体心理互动的过程。所以研究主客体双方在公共关系活动中的心理变化，就成为公共关系心理学研究的核心内容所在。

3. 公共关系的主体即组织团体的心理

组织团体是公共关系的主体，或者说，公共关系的主体是组织团体，这种提法是比较含糊的。所以，应该先对这个概念作具体分析。

（1）组织团体并不一定都是公共关系主体，只有在特定条件下，即当该组织团体为了在社会上树立自身良好形象或维护自身的合法利益，而主动地运用各种手段（主要是传播的手段）对公众施加影响时，组织团体才能称为公共关系主体。

（2）公共关系主体并不一定是组织团体，当组织中的某些人打着公共关系的幌子谋取私利的时候，这些人已经不再是他们原来代表的组织团体的主体地位，个人成为实际意义上的公共关系主体。对于这种现象，在研究过程中应当充分重视。

组织团体的成员在代表组织积极、主动地开展公共关系活动时，一方面是在树立组织的形象，另一方面也在树立自己的形象；一方面在为组织出力，另一方面在为自己出力。如果个人能自觉地把树立组织的形象、为组织出力自始至终放在首位，这是最好不过的；但当面对公共关系活动中两种形象、两方利益并存的诱惑以及法律、政策上的缺失，腐朽思想的蔓延侵袭等时，不是所有人都能正确对待这个问题的。个人取代组织团体的主体地位，不是极其个别的现象，也不应自欺欺人地否认这种特殊的公共关系现象的存在。

公共关系的主体是组织团体——现阶段，学界还找不到一个比"组织团体"更加确切的词语，所以只能对它作一些概念上的阐释。但公共关系的主体是主动开展公共关系的人，这是显而易见的。既然是"人"在主动地开展公共关系，当然就要研究人的心理，也就是公共关系主体的心理。

三、公共关系心理学的研究任务

问题 3：公共关系心理学的研究任务是什么？

公共关系心理学的研究任务，分为理论任务和实践任务。理论任务是创建并完善有中国特色的公共关系心理学。实践任务是积极创造有利于开展公共关系的条件，为公共关系活动的进一步开展提供心理依据和有效方法。就当今现实来看，实践的任务是公共关系心理学研究的首要任务。

1. 提高企业内部有效管理的水平

任何企业内部都存在管理，有效的管理是一个企业存在并积极发挥整体功能的前提条件。研究管理的学科主要有两类：一类是研究物的管理，一类是研究人的管理。公共关系心理学并不单单研究管理，但其研究内容涉及管理。因为，当一个组织作为公共关系主体而存在，要提高自身知名度、并在公众中树立良好形象时，组织内部的管理情况如何是一个十分重要的参考因素。

公共关系心理学的研究与企业内部的管理是密切联系的。一个组织的管理模式不仅直接表现为组织同内部公众的关系，甚至会影响组织与外部公众的关系。运用公共关系心理学的理论和方法来处理企业与外部公众的关系，也会对组织的管理模式产生积极的、正面的影响。公共关系心理学的研究应该把主动推进组织的管理模式的发展作为主要任务，积极地为提高组织内部有效管理的水平而努力。

2. 提高公共关系人员的专业素养

公共关系活动是依靠人进行的，所以人员的专业素养直接影响到公共关系活动的开展及效果。人的素养包括政治品质、道德品质、认知水平、实际能力、个人气质、性格习惯、个性倾向，等等。公共关系人员的专业素养，也就是和公共关系相关的各种素养。要提高素养，就要不断加强学习和实践。

如何有效、顺利地开展公共关系活动，需要认识到公共关系活动中的规律，并加以具体利用。认识规律、利用规律都需要不断学习。实践是认识的来源，但人们不可能事事都经过实践以获得认知，不可能在实践中自觉地获得正确的认知。通过实践获得直接经验是学习，通过教师和书本获得间接经验也是学习。正在从事公共关系活动以及欲投身公共关系活动的人，必须加强自己理论上的学习，才能更好、更快、更全面地认识和把握公共关系领域中的规律。

公共关系心理学是研究公共关系领域人的心理现象和心理规律的学科。研究公共关系心理学有助于人们认识并掌握公共关系领域的规律，提高公共关系人员的专业素养。公共关系是一项充满主动性、创造性的工作，其成败很大程度上取决于从事公共关系工作的人，取决于公共关系人员的专业素养。

因此，公共关系心理学的研究要把提高公共关系人员的专业素养作为一项重要的任务。

3. 推动公共关系活动的顺利开展

公共关系心理学研究的根本任务是为公共关系活动的顺利开展提供保证。这种保证是以提供心理依据和科学研究的方法来实现的。公共关系人员心理素质的提高，公共关系人员对公众心理的认识的提高，最终都要通过公共关系活动的实践来接受检验。所以，提高自身的素质、认清公众的心理并运用一般心理规律来开展公共关系活动，这是一个整体活动。公共关系心理学在这一整体活动中有着特殊的功能。

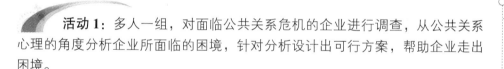

活动 1：多人一组，对面临公共关系危机的企业进行调查，从公共关系心理的角度分析企业所面临的困境，针对分析设计出可行方案，帮助企业走出困境。

考试链接

1. 公共关系心理有哪些特点？
2. 公共关系心理学的研究内容是什么？
3. 公共关系心理学的主要研究任务是什么？

第二节　公众心理

引导案例

丑陋玩具风靡全美

美国艾士隆公司董事长布希耐有一次在郊外散步，偶然看到几个儿童在玩一只脏脏并且丑陋的昆虫，并对其爱不释手。布希耐突发异想：市面上销售的玩具一般都是形象优美的，假若生产一些丑陋玩具，又将如何？于是，他让自己的公司研制一套"丑陋玩具"，并迅速推向市场。结果一炮打响，"丑陋玩具"给艾士隆公司带来了巨大收益，并使同行们也受到了启发，于是"丑陋玩具"接踵而来。如"疯球"就是一串小球上面，印上许多丑陋不堪的面孔。又如橡皮做的"粗鲁陋夫"，长着枯黄的头发、绿色的皮肤和一双鼓胀且带血丝的眼睛，眨眼时发出非常难听的声音。这些丑陋玩具的售价虽然超过正常玩具，却一直畅销不衰，而且在美国掀起了一场行销"丑陋玩具"的热潮。

资料来源：节勇：《丑陋玩具风靡全美》，《番禺日报》，2008 年 6 月 26 日。

思考题：

1. 阅读案例，思考在公共关系活动中，布希耐是如何实现组织和公众之间沟通的顺畅，从而使公共关系活动的效果更圆满的。

2. 阅读案例，从公众心理的角度，谈谈你对公共关系创意方法的认识。

131

一、公众心理的理解

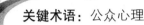

关键术语：公众心理

所谓公众心理是指公众在活动中表现的对一定对象的认识与态度。

公众心理是由组成公众的各个个体心理组成的，离开个体心理，公众心理不可能凭空存在，但公众心理又不等于个体心理的机械相加。公众心理既有公众个体心理，又有公众群体心理。

问题 4：如何认识公众心理的结构？

公众心理是非常复杂的，它由多种成分组成。在公关活动中要把握公众的心理，首先必须弄清公众心理的构成。公众心理主要包括以下几种成分：

1. 公众个体心理

公众的个体心理又包括心理过程和个性两大部分。心理过程由认识过程、情感过程和意志过程所组成。认识过程包括主体对一定对象的感觉、知觉、记忆、思维、想象等过程及注意这一些特殊的心理现象。情感过程是因一定对象能否满足主体的需要而产生的一种态度的体验，能满足主体需要的事物引起主体积极乐观的情感或情感体验，而不能满足或干扰阻碍满足主体需要的事物则引起主体消极悲观的情绪或情感体验。意志过程是自觉地确定目的，并根据目的来支配与调节自己的行动，克服困难，从而实现预定目的的心理过程。公关活动中，只有抓住公众个体的心理过程，才能引起公众的注意，使公关活动有所收获。

个性是公众个体心理的重要内容，它包括个性倾向性和个性心理特征两大部分。个性倾向性是推动个体从事活动的动力系统，主要包括需要、动机、兴趣、爱好、理想、信念和世界观等。一个人追求什么、向往什么，取决于他的个性倾向性。公关活动必须注意到公众的个性倾向性，如果不管公众的需要、动机、兴趣、爱好，盲目地进行公关活动，势必效果不好，甚至会失败。个性心理特征表现个体典型的心理活动和行为，它主要包括能力、气质和性格三个方面。比如，在感知的心理活动方面，有的人观察敏锐、精细，有的人则粗枝大叶，这就表现出个体间能力上的差异；有的人情绪稳定，情绪不易表露于外，情感体验深刻，而有的人则情绪容易激动，情绪外露，情感体验肤浅；有的人谦虚、自卑、大公无私、勤俭节约，而有的人骄傲、自负、自私自利、挥霍浪费。这就表现出个体间气质上的差异和性格上的不同。

在处理公共关系时，也要分析公众的个体心理，要区别不同对象，因人而异，有的放矢，对症下药，这样才能建立良好融洽的公共关系。我们不注意个体心理的差异，特别是个性倾向性和个性心理特征，则容易造成人际关系紧张。我们在日常生活中常见的"臭味相投"、"一见如故"、"人与群分"、"以柔克刚"等现象就是个体心理因素在公共关系中重要作用的具体体现。

2. 公众角色心理

公众在不同的社会情境中"扮演"着不同的角色，而不同的角色又具有不同的心理。角色心理中特别是角色认知、角色转换和角色行为等成分对公关的影响尤为突出。人首先要认清自己在特定场合中的角色是什么，认不清角色就"演"不好角色，缺乏相应的角色认知，就不知该怎样做，常常表现出行为不得体，这对公关起着消极的作用。

角色转换或称为角色换位，是指根据不同的情境从一个角色转变成另一个角色。社会生活是复杂的，角色转换也是非常必需的。如果只认清一种角色，而没有角色转换，人就根本不能适应现代社会生活。若能站在对方的立场，多替对方着想，体验对方的思想感情，就能迅速建立良好的公共关系。

角色行为是角色的实际行动表现，是按照角色要求去履行角色所承担的义务、责任及权利。角色是通过行为来表现的，我们可以根据公众的角色行为来判断他所"扮演"的角色，然后根据角色的不同来进行公关工作。

3. 公众群体心理

在很多情况下，公关工作面对的公众不是一个人，而是群体，群体存在着交互作用。个体心理与行为方式受群体心理的影响，特别是群体规范、群体凝聚力、群体决策、群体领导者等因素对公关起着非常重要的作用。在进行公关工作时，我们要重视这些因素，在进行公关活动时我们更不能忽视这些因素，否则公关工作就难以奏效。

公众心理的这三个方面是相互联系、相互影响和相互制约的。我们不能割裂它们的联系而孤立地看待任何一个部分。个体心理是角色心理与群体心理的基础，没有个体心理，角色心理与群体心理也不复存在，它显示了个体间心理的差异性，最具有稳定性与独立性。公众的角色心理是同类公众共同心理的抽象，它显示了同类角色与他类角色在心理上的区别，具有转换性与伸缩性。公众的群体心理是公众在交互作用中所产生的心理，显示了人类普遍的社会性和群体性，具有凝聚性和排他性。

二、如何掌握公众心理

问题 5：了解公众心理的方法和技巧有哪些？

有效认识公众的心理是组织成功实施公共关系计划或公共关系策划的重要前提和基础。熟练掌握认识公众心理的方法是公共关系人员应该具备的专业技能。常用的方法大致有观察法、实验法、心理换位法、参与实践法，等等。

1. 观察法

观察法是指在自然条件下有目的、有计划地对所要了解的对象进行仔细的观察，从而获得初步认识，为进一步研究提供直观、生动和具体的第一手资料的一种方法。观察法是人类认识事物最古老、运用最多的一种方法。间接观察法如果是通过对与被观察对象有关的实物的观察，来追溯和了解过去所发生过的事情，就称为对实物的观察法。

2. 实验法

实验法是有目的地严格控制或创设一定条件，引发某种心理现象，以供研究者进行研究的方法。

3. 心理换位法

心理学中的心理换位法就是通过"设身处地"的角色换位来了解、分析公众心理活动的方法，即在研究时把自己放在一定的背景、环境中去体验自己的心情，而后据此加以分析，由此来推断被研究对象的处境和心情。运用心理换位法认知公众的心理，就是要打破思维的定式，站在公众的角度上思考问题，通过充当公众的角色来体会公众的心态与思想，从而选取有针对性的最佳方案来处理问题，增加相互间的理解与沟通，防止误解和不良情绪的产生。

4. 参与实践法

参与实践法是指调查人员直接参与某一需要调查的对象环境，充当该种环境下的角色，从而细致、全面地体验、了解和分析调查对象的情况的方法。参与实践有助于帮助调查人员更加详细地了解所需调查的对象，"身临其境"地感受被调查对象的情况，了解和分析某种工作的心理因素及工作所需的各种心理品质和行为模式。这常常会带来惊人的发现，比如得出与传统认识相悖的结论或是找到出人意料的解决办法等。

活动 2：多人一组，调查当地公众对某一图书馆的看法，策划一场大型活动引导公众走入图书馆，接受各种文化的熏陶。

考试链接

1. 公众心理如何理解？

2. 公众心理由哪些部分组成？

3. 通过哪些方式可以了解公众心理？

第三节　品牌公共关系活动心理

引导案例

速溶咖啡为何卖不动

20世纪40年代初期，速溶咖啡首先在美国市场问世。它方便、省时，不会发生配料错误，而且价格低于新鲜咖啡。于是，厂家踌躇满志，以为该产品一定大受欢迎，广告制作者也觉得只要刻意宣传其价廉与方便，一定能拨动消费者的心弦而马到成功。结果，销售状况大大出乎他们的意料，速溶咖啡不受欢迎！公司请来消费心理学家调查其中奥秘。初期的调查结果是，速溶咖啡的味道比新鲜咖啡要差，但消费者又说不出速溶咖啡和新鲜咖啡在味道上到底有何区别。在进一步的调查研究之后，消费者拒绝购买速溶咖啡的深层原因被揭示出来了。原来，当时美国消费者的社会心态是，购买速溶咖啡的人被看做是懒汉，是一个生活无计划的、邋遢的和可能没有贤妻照顾的人；而购买新鲜咖啡的顾客，则被视为有经验的、勤俭的、讲究生活的、有家庭观念和喜欢烹调的人。有谁愿意被冠以懒汉的称号呢？有哪个家庭主妇愿意被他人看成是不能很好地照顾丈夫和家庭的妻子呢？广告制作者刻意宣扬的"方便"特征并没有与消费者的需求相契合，而是正好与消费者的精神需求相抵触。不难想象，这样的宣传越是卖力，则越是引起消费者的反感与厌恶，正可谓事与愿违。

在痛彻地认识到这一点后，广告制作者便改变策略，不再强调速溶咖啡方便的特点，而是着力宣传新鲜咖啡所具有的美味、芳香和质地醇厚等特点，速溶咖啡也同样具备。他们在杂志的整版广告上画了这样一幅图画：一杯美味的咖啡，它后面高高地堆着很大的褐色咖啡豆，并在速溶咖啡罐头上写上"100%的真正咖啡"的标签，很快消极印象被克服了，速溶咖啡成为西方咖啡

中最受欢迎的产品。

资料来源：总有骄阳：《速溶咖啡为何卖不动》，《公关世界·下半月》，2009年第3期。

思考题：

1. 结合案例，思考速溶咖啡起初为何卖不动？

2. 思考企业应该如何探知公众的心理并与之相应地改变销售策略？

一、品牌公共人员对公众心理的认知

问题6：品牌公关人员如何对公众心理进行认知？

总体说来，对公众心理的认知，包含以下四个方面：

1. 对公众个体心理的认识

（1）从公众容貌、发式、体形、肤色、服饰等外部总体形象和局部特征判断公众心理。相貌具有生物性、情绪性和社会性。体形、肤色，不仅具有审美的价值，而且在一定程度上能够反映个体的心理特点。发型、服饰既是表现自我的一种重要手段，也是对自我内在心理遮掩的一种方式。相貌、发型、体形、肤色、服饰，一般来说他们是相互映照、相互补充的，综合观察公众静态的外部特征，可以避免单项观察的不足，提高认知公众心理的准确性。

（2）从语言、动作了解公众心理。言语是说出来的话，动作是肢体或面部的活动，较之静态的外部特征，语言和动作更能体现公众的心理状态。言为心声，言语无疑是反映公众心理的重要途径之一，表情、手势、体姿等动作则是无声的言语，它们和有声的语言具有同等重要的地位。但引起大家注意的言语、表情、手势、体姿也往往具有欺骗性，必须仔细鉴别，鉴别的原则为：越是离脸部远、不自觉、不明确、不自然的动作越真实。

2. 对公众群体心理的认识

（1）对内部公众心理认知：企业内部的公众，是企业得以维持和发展的基本力量，企业内部的凝聚力和向心力是企业得以维持和发展的基本保证。因此，认知企业内部公众心理问题，就是认知企业内部的凝聚力和向心力的问题。凝聚力是指内部成员相互之间的吸引力，向心力则是围绕圆心运动的运动力，两者之间是有区别的。

（2）对社区公众心理认知：社区公众指企业所在地的居民和各社会组织、各种群体中的人。社区公众最大的愿望就是生活方便，生活质量得到提高和外部条件得到改善，认知社区公众心理的意义在于力所能及地进行为社区公众做好事，扩大企业影响，树立企业良好形象，提高企业的地位和声誉。

（3）对媒介公众心理认知：媒介公众指任何与企业发生直接或间接关系的

团体和个人，这部分公众可以分为职业传播和义务正、反面宣传两类。对于职业新闻工作者，要了解其心理，应当采用档案分析法进行分类比较研究。对于义务宣传者，他们谈及某个企业时，其心理分为告知、炫耀、泄愤、关心四类。两类人传播效果互相连接。

（4）对政府公众心理的认知：政府公众是国家机关的工作人员，是国家法律、方针、政策的监护者，是最难对付的外部公众。其工作特点有三：一是管理内容和管理范围的社会性；二是和被管理对象无直接经济关系；三是工作绩效很难准确评估。鉴于此，对政府公众心理的认知，主要在于认知他们在执行政策时的原则性和灵活性，工作作风的果断性和细腻性，工作态度的积极性和消极性，物质利益的趋利性和避利性。

（5）对购买公众心理认知：购买公众和企业是交换者关系，遵循等价交换原则。从企业的角度来说，如何让购买公众感到满意，感到自己不吃亏，既是道德方面的要求，也是树立良好声誉、扩大交换业务的要求。从购买公众角度说，他具有三种权力，即知晓权、选择权和要求公平权。尊重和维护购买公众权力是认知和适应其心理的基本前提和首要任务。

3. 对公众心理变化的认知

（1）宏观环境引起的公众心理变化：宏观环境是指国际、国内社会大环境。宏观环境易于引起公众心理的变化。

（2）微观环境引起心理变化：微观环境指的是生活、工作环境引起心理变化。它可以分为两种情况，一是特定的微观环境如家庭、企业发生变故引起的心理变化；二是微观环境的迁移如工作环境的变化引起的心理变化。

（3）舆论导向引起心理变化：舆论是人们对普遍关心的社会事件的比较一致和公开谈论的看法，是支持或反对态度的言论表现形式。舆论的形成需要两个条件，一是发生能引起人们普遍关心的时间，二是能让人们迅速知道发生另外这样的事件。舆论导向能够引起人们心理的变化，但这种变化具有暂时性和不稳定性，作用大小也为可变量，因此，在公共活动中，应抵制错误舆论，坚持正确舆论导向及影响。

（4）思想教育引起的心理变化：思想教育，也称为思想政治道德教育，具有塑造人们心灵的功能，不仅能转变人们的思想，而且能调节人们的心理，提高认识水平能力。在实际工作中，应把思想教育与公共关系活动有机融合在一起。

（5）主体行为引起心理变化：在公共关系活动中，公共关系主体的行为是推动公众心理变化的最直接因素。主体的行为有的是自觉的，有的是不自觉的。自觉的行为犹如正确的舆论导向，有利于公共关系目标的实现，而不自觉的行为则有可能给企业带来不利的影响。因此，公共关系活动中，应该加强主体行为的自觉性。

4.克服认知公众心理的障碍

影响认知公众心理的障碍有三个方面的因素：对象因素、情境因素和主观因素。

（1）影响认知的对象因素：公众的个性是影响认知的对象因素中的主要因素，公众当时的心理状态和公众对暴露自己真实心理的后果的判断也是重要的影响因素。

（2）影响认知的情境因素：公众在不同的情境中会有不同的表现，情境不仅影响公众的心理和表现自己的心理，还影响人们正确地认知公众对象。

（3）影响认知的主观因素：认知者有没有认知公众心理的愿望和积极性，是影响认知的主观方面的首要因素；而认知者认知能力和认知者偏见，也会对公众心理的认知产生影响。

要克服认知过程中的障碍，关键是认知者要有认知公众的强烈愿望，要有克服各种困难和障碍的勇气和毅力。养成观察研究习惯，注意动态把握公众心理的变化；要有与人为善的真诚态度，努力赢得公众的信任；善于创设认知公众心理的情境，用于发表意见和显示才华；重视理论知识的学习，提高辨识能力；勤于自我反省，克服弱点；做好归类总结，争取突破。

二、和公众心理的沟通

问题 7：如何和公众心理进行沟通？

1.和公众的信息沟通

（1）信息沟通的含义：信息的沟通是指信息的交流与贯通，在公共关系活动中，企业为扩大组织的知名度和美誉度，用各种手段进行自我宣传，公众对企业的印象也会反馈到企业方面来，这就是一种信息的沟通。信息沟通的双方互相传递使对方感到有意义而有价值的消息，且保证对方能准确理解其真实意义，信息沟通的实质是一种心理沟通。

（2）信息沟通的模式：以一定的程式和方法进行信息沟通，即信息沟通的模式，它可以分为编码、选择通道和译码三个环节。信息发出者的影响力、对接收者的吸引力、编码技术性、信道传递的速度、干扰"噪音"的强弱、接收者状态和能力等，都会对信息沟通造成障碍。

（3）信息沟通的内容原则：信息沟通的内容要遵循有用、新颖、健康、真实的原则。这四条原则就内容来讲，也就是说信息沟通的内容要有针对性、趣

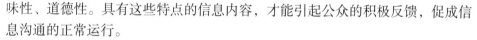

味性、道德性。具有这些特点的信息内容，才能引起公众的积极反馈，促成信息沟通的正常运行。

（4）信息沟通的网络：信息沟通的网络中要有链形、星形、根形、轮形四种。链形网络的特点在于封闭，适用于信息在亲密者之间传递；星形的特点在于主体与客体进行单线联系；根形特点在于上传下达；轮形的特点则在于开放，圈内成员间信息完全公开。

2. 和公众的意见沟通

意见：广义指主体对客体的认识、见解、看法、主张，狭义指不满、批评的看法和主张。

（1）意见沟通的界定：主观看法方面的沟通，比信息沟通更谨慎。

（2）意见沟通的功能：目标职能上，团体期望与公众意见一致，过程手段上是双方意见沟通，作用效果是意见畅通且方向一致是公关活动的重要标志，实现目标的基础，公关活动的目的。

（3）公众意见类别：内容为对人和事的意见，态度为指示性和征询性意见，性质为正确和不正确意见，性质为批评和建议性意见，形式为口头和书面意见。

（4）意见沟通过程：不通—互通—分歧—冲突—调停。原则为诚意、广泛、谦虚与和气。过程分析为，通道是最危险的信号，分歧是冲突的萌芽，冲突是关系破裂的前兆。

3. 和公众情感的沟通

（1）公众的情感和情绪。情绪是人们对客观事物所持的态度和体验。情绪一般由具体原因引起，具有情境性、外在性、短暂性、强度较大的特点。情感是积淀于人脑的习惯性体验，具有稳定必然、深刻性、含蓄性、较深沉的特点，是情绪的外在依据。情绪分类是与公共关系发生间接关系，其直接原因与公关活动无关，表现为时空关系；与公关有直接关系，由公关活动引起。

（2）公众情绪的体察。

心境（心情）：较平和、持久、容易发散的情绪。

激情（激动）：强烈、短暂、突发性情绪。

心境体察用于自身与公众心境良好时直接沟通，消除自身心境不良的消极影响，为公众心境不良沟通做好准备。

激情体察表现为：心态与事件的影响，渴望发生与最怕发生、毫无准备与恰恰相反的，激发爱憎，意外重大事故影响。注意点为用冷静和代替的方法。

（3）公众情感的满足：公众有自尊需要、友爱需要、理解需要、表现需要。

4.和特殊公众的沟通

（1）和身心异常者沟通：与生理异常者沟通时需给予更多的关心和帮助，注意自尊及群体沟通方法。与苛刻、过于认真、沉湎、自我否定的心理异常者沟通要忍让为怀，调整环境和经常关心。

（2）和品质不良者沟通：其产生原因为法律制度不完备、观念变更、群体利益联结。注意点为分析其程度、比重、原因和性质。

（3）和受挫折者沟通：主观感挫折并产生情绪反应者的特征为知觉障碍、愿望障碍、理智障碍和境遇障碍。沟通的条件为有接触沟通基础，受尊敬和信任，发问与倾听，个体对个体，深刻的见解和足够的时间及适宜的地点。

三、企业公关人员对公众心理的影响

问题8：企业公关人员如何对公众心理产生影响？

1.劝导

劝导即劝说引导，这是影响公众心理最主要、最直接的方式，具体可以分为以下几种类型：

（1）流泻式劝导：以告知为主要形式，无严格对象范围，无特别针对性，无精确效果预测，普及性劝导方法，知和导的影响，忽视公众个性，利弊共存。

（2）冲击式劝导：以说明为主要形式的专门性劝导方法，对象、意图明确，针对性强，冲击力大，转变和化解的影响，范围密封不可重复，与流泻式互补。

（3）浸润式劝导：以周围舆论影响公众的劝导方法，缓和持久，不形成表面对抗，潜移默化中影响心理，从众和同化影响，可用于正面引导，也可利用为欺骗。

（4）逆行式劝导：少数对多数或下级对上级的劝导方法，与浸润式对应，怀疑和醒悟的影响。

劝导方法的比较：共同点为主动、目标职能驱使，劝导形式实现目的，遵守共同规律、事实依据、语言逻辑等。

2.暗示

暗示：含蓄、间接方式向公众传递思想、观念意见、情感等广义信息，使公众在理解和无对抗状态下自然受影响的社会现象及影响公众心理的方法。

（1）暗示功效：启迪思考、批评教育、缓解气氛（让步、威胁、转换）、调节情绪、治疗疾病。

（2）暗示类型：性质为有意和无意暗示，方式为言语和非言语暗示，对象为个别和普遍暗示，结果为有效和无效暗示。

（3）暗示条件：暗示信息含义能被暗示对象理解，暗示信息含义要和暗示对象心理相容。

（4）暗示技巧：常用的暗示技巧有语言描述、议论、猜测、预言、保证、推理、感恩等。

3. 感染

（1）感染：以一定方式引起人们和自己相同或相似的感情共鸣，是感情的传递和传染。其特点为传递感情信息，引起相同或相似的感情共鸣，作为者无强加性和介入者自愿性。

（2）感染的作用机制：感染之源为认知、自我表现、生存的动力因素，压抑、选择、伪装、升华、暴露的阻止结果。感染之果为模仿心理与参与心理。

（3）感染的表现形式：间接感染（影响面广），直接感染（即时性、情境性、互动性）。

（4）增强感染的力量：感染者素质和榜样力量，感染与被感染者关系，被感染者个体心理、角色心理、群体心理、心理倾向差异、心理定式作用等特征。

4. 诱引

（1）诱引心理学含义：中性词，外部因素诱发引导内部意向的方法，包括外部压力促进内部斗争，有引力和压力两种形式。

（2）兴趣方面的诱引：正当兴趣关心支持，有意义的工作进行兴趣诱引，利用刺激某个媒介进行兴趣诱引（利益、竞赛、专家指导、新闻媒介）。

（3）需要方面的诱引：

公众需要满足：反复出现的需要、比较合理的需要、必需的刚性需要、能够做到的特殊需要。

公众需要激发：积极参加活动，主动关心发展，显示才干和能力，和组织共同获利。

如何激发需要：条件基础为信任感、公平感、安全感，方法为奖励，肯定勉励，合理需要满足，得当，时效、惩罚原因公开，个人与众人平等，自罚，给予希望但慎用，与奖励结合。

（4）其他方面诱引：公众价值观，自我意识，情绪情感。其特点为主动行为有意识影响，准确认知公众心理基础针对性，特定目标影响特定心理，正确性质前提，不强求，不排斥，外部环境参与，外因促内因转变。

活动3：多人一组，分头调查肯德基和麦当劳是如何根据中国公众的心理和习惯，不断调整经营策略，从而获得良好收益的，完成书面调查报告，并与同学们交流。

考试链接

1. 品牌公共关系人员通过哪些方式可以了解公众心理？

2. 品牌公共关系人员该如何与公众进行交流？

3. 怎样才能成功地影响公众心理？

第四节　组织心理

引导案例

惠普之道

　　惠普公司的创始人比尔·休利特说："惠普之道就是那种关怀和尊重每个个人和承认他们个人成就的传统。个人的价值和尊严是惠普之道的一个极重要的因素，所以多年以前我们就废除了考勤制，近来我们又搞了弹性工作时间制。这既是为了让员工能按自己个人生活需要调整工作时间，也是为了对他们表示信任。我们的另一做法就是那种随随便便、不拘礼仪的方式，彼此直呼其名，不冠头衔，不带姓氏。我还能举出好些其他例子，可是不论哪一个例子，都不能单独概括出惠普之道的全部实质。归根到底，那是一种精神、一种观点，人们感到自己是集体事业的一部分，而这个集体就是惠普。"

　　惠普公司以人为中心的这个方向早就开始了，早在20世纪40年代，休利特和帕卡德就决定公司不能办成"要用人时就雇，不用时就辞"的企业。

　　惠普公司这种重视人的宗旨不但源远流长，而且还不断地自我更新。公司的目标总是一再重新修订，又重新印发给每位员工，但其开头总是"组织之成就系每位同仁共同努力之结果"，同时强调惠普对有革新精神的人所承担的责任："本公司全体同仁均须为干练而富有创新精神者……身居显要管理职位者，不仅本人应满怀热情，并应挑选具有激励其部属积极性能力者充任。"这些观念一直是驱使惠普公司获得成功的动力。

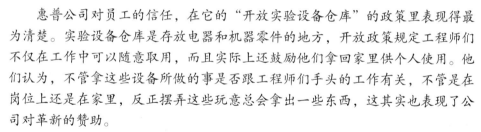

惠普公司对员工的信任，在它的"开放实验设备仓库"的政策里表现得最为清楚。实验设备仓库是存放电器和机器零件的地方，开放政策规定工程师们不仅在工作中可以随意取用，而且实际上还鼓励他们拿回家里供个人使用。他们认为，不管拿这些设备所做的事是否跟工程师们手头的工作有关，不管是在岗位上还是在家里，反正摆弄这些玩意总会拿出一些东西，这其实也表现了公司对革新的赞助。

"周游式"管理方法也是惠普之道的一个信条，公司让管理人员走出办公室到第一线与生产者、用户、销售人员直接面谈，这种管理方法促成了非正式沟通的渠道。惠普的交流是多层次、多形式的，"饮咖啡聊天"就是颇受员工欢迎的一种方式，这种聊天每星期都有，人人参加，而问题也就这样不拘形式地以非正规方式解决了。

资料来源：向阳：《惠普之道》，《中国高新区》，2008年第6期。

思考题：

1. 为什么员工关系是组织最重要的内部公众关系？
2. 你认为建立良好的员工关系应从哪些方面入手？

一、组织集体的集体意识

关键术语：组织集体的集体意识

作为组织集体的集体意识，不是个别组织成员的集体意识，而是组织成员集体的集体意识。只有当集体意识成为组织成员集体的意识的时候，组织在这一方面才有了良好的心理氛围。

问题9：组织集体的集体意识是如何形成的？

组织集体的集体意识至少应该具有如下三个特点：其一，集体成员对集体具有认同感、归属感；其二，集体成员对集体具有责任感、奉献精神；其三，集体成员具有共同的集体荣誉感。可见，有了集体的集体意识，组织才可能具有凝聚力、向心力，才可能产生高昂的士气、成为有战斗力的集体。在这样的集体中，组织成员心情舒畅、精神振奋、充满活力和朝气，充分体现集体的温暖，同时也为组织的发展提供基础。

为了在组织中培养和巩固集体的集体意识，应当在以下几个方面引起特别的重视：

1. 正确处理集体和个人的关系

集体意识强调集体利益，这不等于说可以不顾个人利益。集体利益是集体成员的共同利益、整体利益，它包括个体的利益，但不能代替个体的利益。所以在集体利益所包括的个人利益之外，实际上还有相对独立于集体利益的个人利益。这种相对独立于集体利益的个人利益能够得到关心和照顾，才能使集体中的个体更加感到集体的温暖，从而巩固和加强集体的集体意识。应当在维护集体利益的前提下尽可能满足不同个体的不同需要、重视公平原则、重视思想政治工作的作用。

2. 正确处理合作和竞争的关系

集体成员之间的合作，事实上是集体同其他集体的竞争：一方面是比哪一个集体内部合作更好，另一方面是比哪一个集体更具有竞争力。因此内部的合作就是外部的竞争。只有认识到内部合作的竞争意义，这种合作才具有更强的自觉性和竞争性。此外，在集体内部也不是只有合作没有竞争，没有竞争既没有活力，事实上也不可能。集体当中有竞争，这种竞争是合作基础上的竞争，是作为合作的特殊形式的竞争，它应该起到促进合作的作用。

3. 正确处理先进和后进的关系

集体当中总有先进和后进；要使先进更先进，使后进变先进、先进带后进，才能形成和巩固集体的集体意识。要在集体中形成"先进光荣"、"先进有功"、"先进有赏"的舆论，还要注意在集体中和后进分子中养成分析后进原因的习惯、先进帮后进和后进赶先进的风气，要提倡先进和后进互相学习，要用集体主义精神来推动先进和后进的互相学习。这样才能巩固和发展集体的集体意识。

4. 正确处理领导和群众的关系

集体中的成员关系是平等的，又是不平等的。由于集体是以组织的形式存在的，集体内部必然存在领导和被领导的关系、管理和被管理的关系。领导要处处为群众着想，既考虑集体利益和社会利益，又考虑个体特殊的个别利益，自觉地接受群众的监督，必然有利于集体的集体意识的形成。

二、组织集体的主人翁意识

问题 10：何谓组织集体的主人翁意识？它是如何表现出来的？

1. 主人翁意识的含义

主人翁意识是自我意识内容在特定环境条件下的表现。自我意识是指个体对自身状况的认识和态度，而主人翁意识则是指个体对自身处于特定环境条件下的主人翁地位的认识和态度。显然，主人翁意识和主人翁地位是联系在一起的。

2. 主人翁地位和主人翁意识的表现方式

组织成员在宏观领域中主人翁地位的表现方式有以下四种：

（1）财产所有权。主人必须拥有财产所有权，否则，"主人"就是名不副实的。

（2）经营权。主人应当拥有企业经营权，他可以自己经营，也可以委托代理人代行经营，经营的收入绝大多数归主人所有。

（3）管理权。主人拥有对财产的管理权，可以自行管理，也可以委托他人代行管理，但最终的收益绝大多数归主人所有。

（4）监督权。主人拥有管理权，但也可以委托代理，在委托代理时就具有监督权。

组织成员在微观领域中的主人翁地位和主人翁意识的表现形式：

①没有主人翁地位，也没有主人翁意识。

②没有主人翁地位，但具有虚幻的"主人翁"意识。

③具有虚幻的主人翁地位，没有主人翁意识。

④具有虚幻的主人翁地位，也具有虚幻的主人翁意识。

⑤具有真实的主人翁地位，但主人翁意识不强。

⑥具有真实的主人翁地位，也具有强烈的主人翁意识。

虚幻的主人翁意识来自于片面的宣传，根源在于混淆了宏观与微观领域中的主人翁地位的区别。由于在微观领域中没有真实的主人翁地位，这种虚幻的主人翁意识也是极不可靠的。因此，为了让人民群众成为事实上的主人，真正产生浓厚的主人翁意识，一方面，在宏观上要明确；另一方面，在微观上要落实。

三、组织成员的公众意识

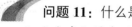 **问题 11：** 什么是组织成员的公众意识？

1. 公众意识的含义

公众意识是指公关主体对公众的客观存在及主动对公众发生影响作用的意识。在公众意识的概念里，包括两层含义：

（1）公众意识是对公众的客观存在的意识。对公众客观存在的意识，实际上就是指对公众地位、作用的认识。公众存在于每一个组织的内部和外部，只有深刻地认识到公众的地位和作用，才能认识这些公众。公众的地位和作用概括来说包括三个方面：公众特别是内部公众，是实现组织目标和组织整体利益的主要依靠力量。公众特别是内部公众，是树立良好形象的决定性因素。公众，不管是外部公众还是内部公众，在对组织产生意见的情况下是一种现实威胁。内部公众对组织产生意见，涣散组织的向心力；外部公众对组织产生意见，对组织的生存和发展造成强大压力，甚至是障碍。

（2）公众意识是公关主体主动对公众发生影响作用的意识。既然公众在组织的生存和发展问题上具有重要地位，发挥着重要作用，所以，就应当充分发挥公关主体主动影响公众的作用。公关主体影响公众表现在六个方面：

①公关主体是有改变事物的主观能动性的人，它既能够认识公众的地位和作用，也能够对公众施加影响作用。

②公关主体具有自觉性、积极性，能够充分发挥自己的潜能。

③公关主体为了维护自身的利益，自觉地、有目的地开展影响公众的活动。

④公关主体有了解公众意愿的意识。

⑤公关主体有争取公众理解和支持公关活动的意识。

⑥公关主体有依据公众心理开展公关活动的意识。

2. 公众意识的能动性

公众意识的能动性主要表现在三个方面：

（1）了解公众意愿。在开展公关活动时，要想推动公众，必须先了解公众的意愿。了解民意基本的方法是抽样调查法。较常用的抽样方法有以下几种：

①间隔随机抽样。比如，需要从5万人中抽出100人，可按职工名册顺序，以每500人为一单位，在每个单位中任意抽取一人，共可抽得100人。这种抽样方法主要考虑样本在整体中分布均匀，并以此作为代表。

②分层随机抽样。这是研究人员首先按照一个有意义的标准将调查对象划分为不同的层次，然后按层次抽样。这样做主要是考虑本层次的代表性，而不考虑数量上的均匀分布。

③分群随机抽样。通常对于数量广大而分布散乱的一般公众，可按区域或其他标准划分为若干群，以这些群为单位，抽样做调查。

④系统抽样。如果调查对象是一个严密系统，可按其系统内部的结构单位或功能单位等进行抽样。无论按哪种标准确定样本，都要进入具体的调查。

调查的具体方式一般有以下几种：

①面谈法。这是直接与调查对象交谈的方法，可以同单个调查对象谈，也可采取开座谈会的方式同时与多个调查对象谈。这种方法的优点是，可以详细地说明调查的目的和意义，可以把要提的问题解释清楚，不致发生误解。如果能在交谈中营造和谐的气氛，可以使调查对象很好地合作，从而可以发现存在于深层次的问题。

②电话采访法。电话采访法具有速度快，范围广，节省人力、财力等优

点。有些人不大喜欢与陌生人交谈，用电话采访较好。但电话采访突然性大，被调查人没有时间多考虑，所以一般应提些简单的问题，采访时间不宜太长。

③通信法。设计一份调查问题表，邮寄给调查对象，请对方作出答案并寄回。这种方法的优点是范围广、费用低，而且允许调查对象对提出的问题慢慢思考，但返回率低。无论用哪种方式，调查人员在调查过程中都必须注意礼貌，注意方式，不要引起对方的反感。在面谈或电话访问时，调查人要有高度的敏感性，注意捕捉信息，发现问题。通过这些方法的调查，可以把握公众的思想动向，有利于有效地开展公关活动。

（2）争取公众理解和支持。争取公众理解和支持既是公众意识主观能动性的一个方面，也是组织公关活动的一个重要任务。一个组织与其相关公众之间的关系，与人际关系有些类似。两者之间如果彼此尊重、互相理解，就能够和睦相处、携手共进。反之，就会给组织带来很大危害，同时也损害公众与社会的利益。争取公众的理解和支持具有两方面的意义：一是可预防组织与公众之间发生纠纷；二是纠纷一旦发生，通过与公众充分的交流、沟通，使组织与公众之间相互理解，从而化解矛盾，并得到更广泛、更真诚的支持。

（3）依据公众心理开展公关活动。企业在开展公关活动之前，应根据自身产品特征和宣传目的，确定公关活动的客体，这是把握公众心理的前提。此外，还要求企业正确地认识公共心理的形同性、公共心理的广泛性和对信息接收的易感性，采用暗示、模仿、感染等方式，达到影响公共行为，提高自身知足度和认知度的效果。不止企业，政府在实际工作中，将公众最关心、意见最大、最迫切需要解决的问题作为办实事的重点，并限期解决，即能得到人民的一致拥护和支持。

活动 4：多人一组，假设你们是某企业公关部门的人员，企业领导要求你们策划一场集体活动，增强企业的向心力和凝聚力。请根据本节所学知识，写出策划方案，并与同学们交流。

考试链接

1. 组织集体的主人翁意识该如何理解？
2. 组织成员的公众意识有何特点及其重要意义？

阅读材料

10万美元寻找新主人

美国某保险柜公司研制出了新的产品，但是为宣传手段大费脑筋。经过公共关系传播人员不懈的思考后，该公司为宣传其新型保险柜的卓越的安保功能，采用了一个十分有新意的宣传手段，即在当地报纸上登出一则这样的广告：

"10万美元寻找主人！本公司展厅保险柜里存放有10万美元，在不弄响警报器的前提下，各路豪杰可用任何手段拿出享用！"

此广告刊登后，轰动全城。形形色色的人前往一试身手：有工人、学生、工程师、警察和侦探，甚至还有不露声色的小偷，但无一人能够得手。城内各大报纸连续几天都在报道此事，造成了极大的影响，提高了该公司的知名度，而这家公司保险柜的声誉也随之大增。

资料来源：节勇：《10万美元寻找新主人》，《番禺日报》，2008年5月。

案例分析

"炉边谈话"见奇效

美国前总统富兰克林·罗斯福堪称公共关系的行家里手，他亲自"导演"和"主演"的一出出有分量的重头戏，在政府公共关系史上留下了不少令人拍案叫绝的杰作。"炉边谈话"即其中一例。

罗斯福总统入主白宫之日，正是德、日、意法西斯羽翼渐丰之时，他以政治家的敏锐洞察力预感到世界战争阴云即将来临。但是，美国卷入第一次世界大战的教训像梦魇一样缠绕在美国人的心头，"不介入战争"的孤立主义呼声席卷全国。鉴于此，罗斯福总统以"炉边谈话"的巧妙形式，开始了有步骤地引导公众舆论的工作。

入主白宫的第八天，他就借助广播这个当时最先进且最普及的传媒工具，一改过去播音主持人正襟危坐的"传道"式的刻板风格，以围坐在壁炉边与家人、朋友聊天的形式，用平和轻松的语调及时把大政方针传达给听众。他将"炉边谈话"看做是对美国公众进行宣传的极好形式，看成是潜移默化地实施舆论导向的极佳载体。此后，这一由总统主持的节目一直延续了12年，且收听率极高。

欧战爆发的当天晚上，罗斯福即发表了"炉边谈话"。为了安抚国人，他首先说道："我希望美国将不会介入这场战争，我认为它不会介入。我向你们保证，并再次保证，你们的政府将为实现这个目标作出一切努力。"但在讲话中他又委婉地暗示："美国的安全，现在和将来都是同西半球及其邻近海域的安全联系在一起的。总有一天，美国应为受到创伤的人类提供尽可能的帮助。""二战"伊始，德国法西斯入侵势头强劲，法国投降，英国军事力量损失惨重。为了说明战争局势的严重性，总统再次发表"炉边谈话"，警告国民英国战事吃紧，美国已难隔岸观火，号召人们丢掉同纳粹和平共处的幻想，准备斗争。总统的呼吁逐渐赢得了公众的支持，并先后两次修改中立法以适应形势需要。

"珍珠港事件"使美国人彻底清醒，在总统发表了题为《我们将打赢这场战争，我们还将赢得战后的和平》的"炉边谈话"后，"美国参战"成为美国社会的共同呼声。美国上下同仇敌忾，积极投入了反法西斯战争。罗斯福总统的良苦用心终于得到了预期的回报。

这则案例告诉我们：政府在行政决策的制定和执行过程中，要充分考虑公众的利益和要求。公众舆论是公众利益和意愿的自发性外在体现。所以，必须关注与公众具体行为为指向密切相关的公众舆论。"兵马"未到，舆论先行。只有事先有计划地实施舆论引导，消除公众舆论的盲目性，变逆意公众为顺意公众，创造一个良性的舆论环境，才能为最终取得满意的效果奠定坚实的基础。

资料来源：曾琳智：《新编公关案例教程》，复旦大学出版社，2006年。

问题讨论：

1. 试从公关心理学的角度，分析罗斯福"炉边谈话"的高明之处。
2. 罗斯福"炉边谈话"的公关策略给我们怎样的启示？

149

本章小结

1. 公共关系心理的特点
（1）可预知性。
（2）情感性。
（3）自利性。
（4）广泛性。
2. 公共关系心理学的主要研究内容
（1）公众的心理。
（2）公共关系活动中的心理。
（3）组织团体的心理。

3. 了解公众心理的方法和技巧

（1）观察法。

（2）实验法。

（3）心理换位法。

（4）参与实践法。

4. 企业公关人员对公众心理产生影响的方式

（1）劝导。

（2）暗示。

（3）感染。

（4）诱引。

深入学习与考试预备知识

美国亨氏集团与母亲座谈会

　　美国亨氏集团决定与我国合资在广州建立婴幼儿食品厂，却苦于无法决定用什么样的产品来打开中国市场。最后亨氏集团决定采用母亲座谈会的方式听取公众意见，掌握消费者心理。

　　根据母亲座谈会上母亲们提出的意见和对中国儿童食物中微量元素成分的研究分析，亨氏集团生产出了更适合中国儿童生长发育现状的产品，普遍地受到了中国母亲的青睐，从而打开了中国市场，走入了千千万万的中国家庭。

　　可见对公众心理的掌握对于企业产品的定位有着重要的意义。对于产品目标群体的调查研究，充分听取公众的意见，有助于了解消费者的需求，为自己的产品找到科学依据。如亨氏集团根据中国母亲的意见，权衡各类食品对婴儿哺养的利弊，既为自身品牌做了宣传，同时也赢得了中国母亲的好感，可谓把握住了公众心理，赢在了起跑线上。

知识扩展

讲故事在劝服过程中的妙用

　　说服是艰难的，因为人们习惯于坚持己见，对于那些自信、自负的人，对于那些冥顽不化的人，更是如此。但是说服又是必需的，而且要做到让人心悦诚服，于是在说服对方时要寻求技巧，讲故事不约而同地受到钟爱。

通过讲故事说服别人是一种技巧。把讲故事说服法运用到炉火纯青的地步，把它的作用发挥到极致，可并不是件容易的事情。最基本的应该做到以下两点：

1. 要了解对方，具有针对性

一般地说，讲故事说服是在需要委婉说服，或对方顽固不化时才加以采用。富有针对性地选择故事，组织语言，从而让对方喜闻乐见，醍醐灌顶，茅塞顿开。

2. 要娓娓道来，放松对方心理

坚持自己的人，往往有强烈的防卫心理，知道你要说服他，就持抵触情绪，根本不愿耐心听下去。所以既要精心经营你的故事，还要懂得从远处说开来，对说服的对象只字不提，从对方感兴趣的内容展开话题，让对方形成放松、愉悦的心理，倾听你的话语，并不知不觉为你的话语所感染。

答案

第一节：

（1）香港的百叶窗公司抓住了电影《后窗》所引发的社会效应，利用主流媒体作为媒介，对大众的情感兴趣和需要进行诱引，迎合了大众的即时心理，从而赢得了广泛的好感和关注，取得了成功。

（2）公共关系心理具有情感性、广泛性及可预知性。由此，把握住大众的情感心理，就能及时地掌握市场的需要和走向，甚至可以由企业直接影响大众的心理，使之对自身产品产生青睐，从而提高企业业绩，创造出更好的成绩。

第二节：

（1）布希耐的成功源于他对公众心理准确的把握。在经过对公共关系心理，对公众情感和需要的观察与分析后，做出正确的策划，使之迎合大众的需要，实现利益的最大化。

（2）本题为开放性试题，由学生结合理论谈谈自身的认识。

第三节：

（1）速溶咖啡在上市之初，着力于宣传自身便捷而省力的优点，踩中了公共关系心理中的"抵触懒汉"情结，使大众心理上的对其产生了不好的印象，甚至影响到了对其味觉的感触，严重影响了销量。

（2）企业在对公共关系心理进行探知，与公众进行信息交流时，应坚持遵循有用、新颖、健康、真实的原则。对探知过程中所产生的障碍要尽力排解，通过多重媒介与公众进行交流，尽可能全面地了解影响公共关系心理的各种因素，以期完善地掌握公共关系心理。

第四节：

（1）员工关系是组织内部最重要的公共关系。只有正确地培养员工的集体意识、主人翁意识和社会意识，才能更好地处理组织内部各种集体与个人的利益关系、各种竞争关系、各种先进与后进的关系等，才能营造出和谐的企业人文环境，而这些都是企业能否顺利成长的关键。

（2）企业可通过各类员工培训，各种员工活动的组织，营造出和谐的人文环境，并努力提升管理层素质，保证企业范围内公正公开的管理机制，并与员工进行及时有效的沟通交流，了解员工的想法与意见建议，从而做出正确的策略调整。

案例分析：

（1）在很多情况下，公关工作面对的公众不是一个人，而是群体，群体存在着交互作用。个体心理与行为方式受群体心理的影响，特别是群体规范、群体凝聚力、群体决策、群体领导者等因素对公关起着非常重要的作用。罗斯福"炉边谈话"的高明之处就在于利用广播这一群体性传播工具对群众心理进行影响，达到了安抚民众的效果。

（2）作为公关主体需要具有自觉性、积极性，充分发挥自己的潜能。为了维护自身的利益，在充分了解公众意愿的意识的前提下，自觉地、有目的地开展影响公众的活动，争取公众理解和支持公关活动，依据公众心理开展公关活动。

第七章

品牌公共关系礼仪

学习目标

知识要求 通过本章的学习，掌握：

● 品牌公共关系礼仪的含义与作用
● 品牌公共关系人员常用礼仪
● 品牌公共关系的危机管理

技能要求 通过本章的学习，能够：

● 了解品牌公共关系礼仪的重要性
● 熟悉品牌公共关系人员常用的礼仪
● 积极预防公共关系危机的发生
● 妥善处理公共关系危机

学习指导

1. 本章内容包括：品牌公共关系礼仪的含义与作用以及应遵循的原则；公关礼仪人员应该具有的素质和修养；品牌公共关系人员常用礼仪；公共关系危机处理的原则和处理程序等。

2. 学习方法：本章理论与实践并重，在模拟、实践中熟悉所学知识，并能运用到现实工作中去。

3. 建议学时：6 学时。

第一节　品牌公共关系礼仪的含义与作用

引导案例

小处不可随便

　　传说有人把于右任先生写的"不可随处小便"重新组合装裱，于是就有了"小处不可随便"的典故。其实"小处不可随便"是中国人自古以来的一条处世原则。古语道："战战栗栗，日谨一日。人不踬于山，或踬于垤。"告诫人们时时提防被小土堆绊倒，这或许是"小处不可随便"的最古老的典故。

　　不仅是中国，外国人也有差不多的观念。针眼大的窟窿斗大的风，小处随便的人往往不受欢迎，在某些特殊的场合甚至会造成致命的后果。这方面最典型的例子大概是18世纪的法国公爵奥古斯丁。1786年，法国国王路易十六的王后玛丽·安东尼到巴黎戏剧院看戏，全场起立鼓掌。放荡不羁的奥古斯丁为了引起王后的注意，面向王后吹了两声很响的口哨。当时吹口哨被视为严重的调戏行为，国王大怒，把奥古斯丁投入监狱。而奥古斯丁入狱后似乎就被遗忘了，既不审讯，也不判刑，就这样被日复一日地关着。后因时局变化，也曾有过两次出狱的机会，但阴差阳错，终究还是无人问津。直到1863年，老态龙钟的奥古斯丁才被释放，当时的他已经72岁。两声口哨换来50年的牢狱之灾，实在是天大的代价。

　　与此相反，一滴水可以折射太阳的光辉，小处端正的人往往能取得人们的信任。法国有个银行大王，名字叫恰科。但他年纪轻时并不顺利，52次应聘均遭拒绝。第53次他又来到了那家最好的银行，直接找到董事长，希望通过面试，让董事长了解和接纳自己，可是没谈上几句就又被拒绝了。恰科既有些失意，又有些气愤，但表情还能保持平静，礼貌地说完再见，转过身，低头往外走去。忽然，他看见地上有一枚大头针，横在离门口不远的地方。他知道大头针虽小，弄不好也能对人造成伤害，就弯腰把它捡了起来。第二天，他出乎意料地接到了这家银行的录用通知。原来，他捡大头针的举动被董事长看见了。从这个不经意的小小动作中，董事长发现了他品格中闪光的东西。这样精细的人，是很适合做银行职员的。于是，董事长改变主意决定聘用他。恰科也因此

得到了施展才华的机会，走向了成功之路。

资料来源：萧岸：《小处不可随便》，《家庭护士》2003 年第 2 期。

思考题：

1. 请结合案例中的故事说明"小处不可随便"的重要意义。

2. 公共关系礼仪的重要原则有哪些？

一、品牌公共关系礼仪的概念与重要性

关键术语：品牌公共关系礼仪

品牌公共关系礼仪，它是指企业公关人员在公共活动中应当遵循的尊重他人，讲究礼节的规范。"礼"，泛指社会道德或行为准则，也是表示敬意的通称。"仪"一般指仪式、仪典。"礼仪"，泛指人际交往中惯用的行为规范和方式。

问题 1：公关活动中为何要遵守公关礼仪？

公关礼仪是人们在现代社会交往中各种符合公关精神、准则、规范的交往方式、行为方式、社会活动、典礼程序以及与之相适应的标志、服饰等的总称。公关礼仪由公关礼貌、公关礼节、公关仪式三要素组成。公关礼貌，是指在交往中所表现出的敬重和友好的行为，如守时、尊重妇女、面带微笑等。公关礼节，是礼貌在语言、行为、仪表等方面的具体规定，如拜访客人的礼节、致意的礼节。公关仪式，是一种具有固定性质的礼貌、礼节，如奠基仪式、庆典仪式、迎宾仪式等。

在日常生活和工作中，礼仪能够调节人际关系，建立起相互尊重、彼此信任、友好合作的关系，进而有利于各种事业的发展。

1. 有利于培养和提高个人修养

公关人员的修养就是公关人员个人的素质和个人的表现。细节体现教养，展示素质。作为从事公共关系活动的人员，应该从我做起，在每一件小事上都注重礼仪修养，做到"内慧外秀"，才能树立起良好的个人形象。

2. 有利于建立和维持良好的人际沟通

企业在从事经营活动的过程中，难免困难障碍，如处理不当，不仅公众对公关人员会产生不好的印象，而且还会影响企业的形象。如公关人员能够自觉主动地遵守礼仪规范，按照礼仪规范约束自己，就容易使其与公众之间的感情得以沟通。

155

3. 有利于塑造和提升企业的形象

品牌公共关系礼仪的基本目的就是塑造和提升企业及个人良好的形象。所谓个人形象就是公关人员个人在公众观念中的印象和总体评价。良好的礼仪修养是公关人员必备的素养，是做好公关工作的前提。知礼、守礼才能保证与人正常交往，良好交往才能赢得人们的尊敬，塑造一个良好的个人形象，同时也塑造良好的企业形象，从而更好地开展公关工作。否则，不仅损害个人形象，也损害组织形象。企业竞争，是员工素质的竞争，进一步讲就是企业形象的竞争。

二、品牌公共关系礼仪的原则与特点

问题 2：品牌公共关系礼仪应该遵循哪些原则和特点？

（一）公关礼仪的原则

1. 诚实守信的原则

子曰："言而无信，不知其可。"与公众交往，公关人员要讲究：一是守时，与人约会决不拖延迟到；二是守信，即与人约定的事情，要说到做到，"言必信，行必果"。故在社交场合，讲诚信，重承诺。

2. 真诚待人的原则

真诚是待人真心真意的友善表现，对人对事的一种实事求是的态度。真诚首先表现为不对人说谎、不虚伪、不骗人、不侮辱人，相信他人，尊重他人，所谓心底无私天地宽，只有真诚的奉献，才有丰硕的收获，只有真诚尊重方能使双方心心相印，友谊地久天长。

3. 平等热情的原则

在公共关系活动中，公关人员的表现要不骄狂，不我行我素，不自以为是，不厚此薄彼，更不傲视一切，目中无人，以貌取人，或以职业、地位、权势压人，而应该时时处处平等谦虚待人，唯有此，才能结交更多的朋友。热情的原则是指活动中把握分寸，根据具体情况、具体情境而行使相应的礼仪。如在与人交往时，既要彬彬有礼，热情大方，又不能低三下四、轻浮谄谀，要自尊不要自负，要坦诚但不能粗鲁，要信人但不要轻信，要活泼但不能轻浮。

4. 自信勇敢的原则

自信是公共关系活动中一份很可贵的心理素质，一个有充分信心的人，才能在交往中落落大方、不卑不亢，遇强者不自惭，遇到磨难不气馁，遇到侮辱勇于挺身反抗，遇到弱者愿意伸出援助之手。

（二）公关礼仪的特点

1. 普遍性

古今中外，大到民族国家，小到企业个人，礼仪无所不在，无时不有。礼仪是人类在共同生活的历史上产生的行为规范，全体社会成员均离不开一定的礼仪规范的约束。公关人员更要时刻遵守礼仪规范，以便形成与公众更好的沟通。

2. 继承性

在社会发展过程中，历代的礼仪都是继往开来的，每一种礼仪都有其历史的渊源，一脉相承，并在继承中得到"扬弃"。社会不断发展，礼仪作为人类生产生活的一个有机组成部分虽不可能是一成不变的，但是礼仪习惯和礼仪制度的变化又不是剧烈的、飞跃式的，而是在延续、继承的前提下的一种缓慢重叠。

3. 差异性

不同的民族、国家，由于不同的自然环境、地理条件、生活习惯，会产生不同的礼貌、礼节和礼仪。有道是"十里不同风，百里不同俗"。各个民族、各个地域、各有千秋。各个品牌企业，也都会在企业的不同文化氛围中，形成自己各自的礼仪规范。

4. 时代性

礼仪文化不会一成不变，礼仪是不断革新、与时俱进的，是随着时代的发展而发展的。任何礼仪都有鲜明的时代特色，礼仪文化是一个时代的写照。当今时代，我国的礼仪还要与国际接轨，与各国的礼仪互相交融。

5. 公德性

企业的礼仪要受社会公德的制约。社会公德是指在一定社会范围内，长期以来逐渐形成的一种被大多数社会成员认可施行的思想和行为规范，是人们评价善、美、恶、丑的习惯性标准，具有约定俗成的本质属性。企业礼仪不能违背这些社会公德。

6. 多元性

由于礼仪的五彩缤纷，企业礼仪的好坏的标准也应多元化。如"四个不同"（时代、国情、场合、对象不同，礼仪也有所不同），还有"入乡随俗"、"双方认可即礼仪"。不过，都有一个相对统一的标准：凡是有利于社会文明进步的言行或习俗，都是符合礼仪规范的。

三、品牌公共关系礼仪人员的素质要求

问题 3：品牌公关礼仪人员应该具有哪些素质和修养？

（一）公关礼仪人员应具备的素质

1. 文化知识

公关礼仪人员要经过相当的文化教育，并非仅仅是一个"好人"、"知礼之人"就够了，而应该有一定的文化涵养和较广博的知识。文化涵养是思维的基础，也是掌握公关技巧的基础；广博的知识是从搞好公关礼仪工作所需知识范围来说的，包括语文写作知识、新闻编辑知识、广告知识、美学知识、心理学知识、传播知识、营销知识、管理学知识、礼宾知识，同时要懂一门外语。

2. 性格类型

经心理学家分析，有的性格类型不适合做公关工作。内向型性格的人顾虑多、过于谨慎、缺乏实际行动、不善交际、适应环境比较困难，一般来说，这种人不适宜做公关礼仪工作。外向型性格与内向型相对，感情外露、自由奔放、当机立断、不拘小节、独立性强、善交际、活动能力强。一般来讲，这种人通过纠正某些性格问题，如不拘小节等，可能成为一个较好的公关人员。

3. 容貌气度

容貌漂亮、气质不凡、风度翩翩、服饰美观的人，往往给人以好感，增强人际吸引力，是人在初次交往中就产生的第一良好印象。第一印象，是以后交往的依据。如果对某人第一印象好，就说明对方对他产生了一定的吸引力，他就会有进一步接近的欲望，从而继续交往，增进关系。容貌天生漂亮，可遇不可求，但可以做到端庄，并转化为一种高贵脱俗的气质，这就需要有内在的文化涵养，有才能和智慧。搞好公关礼仪工作的人，尽可能地有较好的外貌和身材，但这不一定做得到人人都有；而不凡的气质、翩翩的风度、美观得体的仪表则要求人人具有。

（二）公关礼仪人员应具备的修养

1. 真心诚意

公关人员与公众交往时，待人要诚心诚意。待人真诚的人，容易得到别人的信任。缺乏诚意的人，即使在礼仪形式上做得无可指摘，最终还是得不到他人的信任，使交往难以为继。

2. 热情周到

公共关系人员对人要热情、周到。热情会使人感到亲切、温暖，从而缩短他人与你的感情距离，愿意与你接近、交往。周到使人觉得贴心、可靠，从而对你产生信任，把事情交代给你感到心里踏实。

3. 温和亲切

公关人员，待人应温和亲切，待人有耐心，不严厉、不急躁、不粗暴。乐意听取他人的意见，有事与他人商量，容易同他人建立亲近的关系。但温和不能唯唯诺诺，过分顺从，缺乏个性和主见，这样会令人轻视，不利于交际。

4. 宽大包容

对对方的误解、无礼、冒犯，公关人员要有气量，宽大为怀；要允许不同观点的存在，也要原谅他人对你的利益的无意侵害。你谅解了他人的过失，允许别人与你的不同，才有利于化解矛盾，赢得他人的敬重，有利于大局。

5. 大方自然

公共关系人员需要代表企业与社会各界人士联络沟通，参加各种社交活动，所以要讲究姿态和风度，既稳重端庄，又落落大方，举止自然。讲话、表演、道歉、走路等都要大方，表现出自信和成熟，使人感到你所代表的组织值得敬重。

6. 幽默风趣

公关人员应当争取交往中的主动位置。言谈幽默风趣，使他人觉得因为有了你而兴奋、活泼，并使人从你身上得到启发和鼓励。这样，你就会成为交往中的一个核心，他人乐于与你在一起，围在你的周围，有利于你开展有关工作。

159

7. 有礼有节

公关人员不能做事大大咧咧，行为没有拘束，不拘小节。如进入他人会议室，推开门就往里闯；展览会上随便触摸展览品；当众掏鼻孔、剔牙齿等，反映出一个人的行为修养较差。在注重礼仪的社会交往场合，不注意小节的人是不受欢迎的。作为一个公关人员，注意小节，彬彬有礼，是最起码的交往行为修养。

总之，开展公共关系工作，应具备一些素质优良的公关人员。良好的公关礼仪修养，是公关人员优良素质的体现，也是搞好公关礼仪的基础。

活动1：多人一组，与当地知名企业的公共关系人员广泛接触，请他们谈一谈礼仪规范在他们工作中的重要性以及他们是如何做的，回来做总结并与同学们交流。

考试链接

1. 品牌公共关系礼仪的概念与特点。

2. 品牌公共关系礼仪的原则。

3. 对品牌公共关系礼仪人员有何素质要求？

第二节　品牌公共关系人员常用礼仪

引导案例

程冰如遭遇尴尬

2002 年，著名表演家艺术程冰如在香港遭遇了着装带给他的窘境。那次境遇让程冰如改变了一成不变的老观念：穿衣服确实不能忽视场合。当时，正在香港的某影星获悉程冰如也到了香港，邀请他出席胞兄的画展，并嘱咐他一定去帮忙"捧场"。程冰如到展厅的时间不早不晚，展厅里的人熙熙攘攘，程冰如深深地感到人们的装束无不得体异常，只有自己的一身打扮实在有失体面。

程冰如回忆起当时的情景还感慨不已："我身边的几位老总穿得都很到位：精制西装，风度翩翩，头发抹得光亮整齐，整齐得能看得出梳子在头发上划过的一绺绺痕迹。那位明星一头短发，上衣的两个大尖领，像两把刀一样锋利地伸向两肩，腴白的脖子上是金光闪闪的小珠子项链。胡慧中身穿明艳的晚礼服，勾住了所有在场者的视线。个头高大的香港影星邓光荣，一身黑礼服，黑色套头衫，显得那么帅气，那么干练。我呢，尽管西服料子不错，也合体，只是在香港穿了一个星期没离身，裤线早没了，上衣的兜盖不知怎么的反了向了，兜口老是张着，领带呢，恰巧又忘了戴。"程冰如说最发憷的是头和脚。头发乱，因为他从来不抹油，习惯于早上起床后用梳子随便扒两下就算。"当时，根根头发都各自为政地在头上横躺竖卧，尤其是脑后'旋儿'旁边的那一绺，高高地矗着，不照镜子都能'心知肚明'。脚下一双皮鞋更显得寒酸，因为我穿着它已经走了整整一个星期，所以皮鞋不亮不说，整个都走了形，像两个大鲶鱼头套在脚上。"

程冰如说他感到了一种不自在，一种被环境隔离开来的不自在。更不自在的是很多人都认识他，知道他是内地著名的相声艺术家，这个握手，那个交谈，问这问那，他则答非所问，因为脑子里老想着头上"旋儿"边的那一绺站立着的头发……

从那以后，程冰如非常注意在不同时间、不同场合、不同环境的服饰穿着和饰物的搭配，使得自己的形象更完美。

资料来源：赵景卓：《现代礼仪》，中国物资出版社，1998年。

➡️ **思考题：**

1. 结合本案例谈谈你对着装原则的理解。

2. 公共关系人员应如何选择服饰？

一、公共关系礼仪人员的仪容和服饰礼仪

问题 4： 公共关系人员在仪容服饰方面应注意哪些礼仪？

公共关系人员的仪容和服饰是构成其魅力的一个部分，它不仅反映其主体的审美能力，也反映其文化、道德、礼仪水平，因此公共关系人员与各种人打交道，在各种场合露面，应重视自己的仪容仪态。仪容礼仪指一个人在容貌、举止方面保持美好的礼节规范和要求，主要包括卫生礼仪、举止礼仪和服饰礼仪等。

（一）卫生

公关人员要始终保持身体各部位干净；保持衣服清洁整齐。还应注意修面、剪鼻毛、剪指甲、剃胡子或整发型等。

（二）举止

举止礼仪是指公共人员在社交活动中各种表情与姿态行为的规范，包括人的站姿、走姿、坐姿、面部表情等。

1. 站姿

公关人员良好的站姿应该是直立，头端，肩平，挺胸，收腹，梗颈。优美而典雅的站姿，是发展人的不同质感动态美的起点和基础。

2. 走姿

公关人员在行走时步履应自然、轻盈、敏捷、稳健，它是以优雅、端庄的站姿为基础的。

3. 坐姿

坐姿是指人们就座时和坐定之后的一系列动作和姿势。公关人员的坐姿应当高贵、文雅、舒适自然，其基本要求是：腰背挺直，手臂放松，双腿并拢，目视于人。

4. 面部表情

在人千变万化的面部表情中，眼神和微笑最具有礼仪功能。公关人员在与公众打交道时，面部表情的基本要求就是热情、友好、诚实、稳重、和蔼。

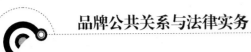

（三）服饰

服饰是社会风尚的象征，是个性美的展现。透过服饰的选择，能够体现出人与服饰、精神与形体的和谐，体现出人的性格特点、文化修养、审美能力和情感需求，也体现出人的地位、财富、成功与否及职业特征。公关人员的服饰选择应得到高度重视。

二、公共关系礼仪人员的见面礼仪

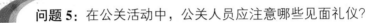

问题 5：在公关活动中，公关人员应注意哪些见面礼仪？

见面是人与人交往的第一步，公关人员给公众的第一印象就是在见面及见面时留下的。见面礼仪包括：介绍、称呼、握手、致意等几个重要细节。

1. 介绍

在公共关系活动中，介绍就是向对方说明自己的有关情况，使自己得到对方的了解，也可以通过对方的介绍认识对方。通过符合礼仪的介绍可以使原本陌生的人之间解除警惕和畏惧，建立必要的了解和信任。

2. 称呼

合理地称呼对方，既是对他人的尊重，又反映了公共关系人员的礼仪修养。目前在国际上通用的称呼方式主要有以下几种：

（1）一般称。这是最简单、最普遍的称呼，特别是面对陌生公众时最常用的称呼方式。如"先生"、"小姐"、"夫人"、"太太"、"女士"等。

（2）职务称。如"张主任"、"孙校长"等。

（3）职业称。如"蔡老师"、"于医生"等。

（4）姓名称。如同学、好朋友之间，直呼其名，显得更亲密。

（5）亲属称。如"王阿姨"、"陈叔叔"等。

不同国家、民族及其语言、风俗习惯不同，反映在称呼方面，也有不同的礼节。

3. 握手

握手既是见面的一种礼节，又是一种祝贺、感谢或相互鼓励的表示。

（1）正确的姿态是：距离对方约一步左右，两足并立，上身微微前倾，面带微笑，伸出右手握住对方的右手。

（2）握手的顺序主要根据握手人双方所处的社会地位、年龄、性别和各种条件来确定。

4. 致意

致意是一种不出声的问候，故向他人致意时一定要使对方看到、看清，才会使自己的友善之意被对方接受。主要适用于已经相识的友人之间在大庭广众中相互致意。致意的基本规则是男士应先向女士致意，晚辈应先向长辈致意，未婚者应先向已婚者致意，职位低者应先向职位高者致意。

三、公共关系礼仪人员的交谈礼仪

问题 6： 公关人员在与人交谈的时候，应该讲究的交谈礼仪有哪些？

交谈礼仪包括听和说两个方面。

（一）聆听礼仪

认真聆听对方的谈话，是对讲话者的一种尊重，在一定程度上可以满足对方的需要，同时可以使人们的交往、交谈更有效，彼此之间的关系更融洽。

1. 如何聆听

公关人员在交谈中聆听对方谈话要用心，用整个身心，要站在对方的立场去听、去反应、去认识、去理解、去记忆。这种听话的方式，既能使听者集中注意力全神贯注地听，又能较好地理解说话者的原意，使对方受到尊敬和鼓舞，愿意讲真话、说实话，并发展彼此友好的往来关系。

2. 如何达到好的聆听效果

（1）选择一个安静的环境进行交谈，尽量减少外界噪音对谈话的干扰。

（2）设法使交谈轻松自如，不要使对方感到拘束，同时消除心理上的障碍。

（3）注意谈话者的神态、表情等非语言传播手段，这些往往会透露出话外之意。

（二）说话的礼仪

交谈主要是在两个人之间进行，为了礼貌，任何人都应该保持谦虚，三思后言，必须顾及对方的情感和情绪，防止"祸从口出"，无意伤人，引起不必要的麻烦和矛盾。说话的艺术与人的知识修养、道德修养、审美修养、礼仪修养以及社会阅历、气质风度等有直接关系。谦虚慎言，自我克制，不仅能满足对方的表现欲，还可以为自己提供机会，使自己显得更成熟、更稳重、更有涵养。

切忌说话时把话说得太满、太绝、太俗、太硬、太横。说话时应注意的事项：

（1）免谈隐私。话题应尽量避开个人隐私和一些不宜在友好交谈中出现的事情。

（2）话题适宜。话题应尽量符合交谈双方的年龄、职业、思想、性格、心理等特点。

（3）兴味盎然。应尽量寻找双方都感兴趣的话题，使谈话富有创新性和吸引力，始终在趣味盎然的氛围中进行。

（4）注意共鸣。再好的谈资也要看对象、分场合。对牛弹琴，丝毫引不起对方的共鸣，谈话也很难进行。

（5）适度幽默。幽默是智慧、爱心和灵感的结晶，是一个人良好修养的表现。幽默能表现说话者的风度、素养，使人在忍俊不禁之中，借助轻松活泼的气氛赢得对方的好感，完成公共关系任务。

（6）自然轻松。说话时语调平静、音幅适中，音质柔和饱满，表情轻松自然，面带微笑，会给人以客气、礼貌的感觉。

（7）不卑不亢。公共关系交往中，有求必应是每个人都在追求的理想目标。但为了长远、有效、脚踏实地地发展公共关系或人际关系，公共关系人员应建立起随时说"不"的自信。

四、公共关系礼仪人员的待客礼仪

问题 7：公共关系活动中，公关人员接待客人应注意哪些礼仪？

接待工作是公关人员日常工作的一项重要内容，要做好这项工作就要注意把握两个方面。

（一）接待礼仪

公关部经常需要接待各种来访者，商量、讨论某件事宜，倾听他们的投诉，回答他们的咨询，解决他们的问题。对于来访者，首先应笑脸相迎，热情招待；其次委婉而迅速地了解清楚来访者的身份、来访目的和具体要求，以便决定接待的规格、程序和方式。

（二）迎送礼仪

公关接待工作的"善始善终"往往表现在车站、机场、码头的迎送环节上。迎送工作的有关事项如下：

1. 掌握基本资料

准确记住客人的名字、相貌特征，弄清楚客人的身份、来访目的、与本企业的关系性质和程度，到来的时间，乘何种交通工具，以及其他背景材料。

2. 确定规格

根据客人的身份，结合本企业的具体情况，确定迎送规格。对较重要的客人，应安排身份相当、专业对口的人士出面迎送；对于一般客人，由公关部派人员迎送即可。

3. 做好准备工作

与有关交通部门联系，核实客人的班机或车船班次、时间；安排好迎送车辆；预先为客人准备好客房及膳食；如果对所迎接的客人不熟悉，需要准备一块迎客牌子，写上"欢迎×××先生（小姐、女士）"以及本组织的名称；如需要，可准备好鲜花等。

4. 严格遵守时间

无论迎送，均需要提前 15 分钟赶到车站或机场迎候客人，要考虑到中途交通与天气原因，绝不能让客人在那里等你。如送行时客人需办理托运或登机手续，可由公关部派人员提前前往代办。

5. 妥善安置

迎接客人抵达住地后，尽可能妥善安排，使客人感到宾至如归。如，向客人提供活动的日程计划表、本地地图和旅游指南；向客人介绍餐厅用膳时间及主要的接待安排，了解客人的健康情况及特殊需要（如回程机、车、船票）；到达后不要马上安排活动，迎接人员不必久留，以便让客人更衣、休息和处理个人事务；分手前应该约好下次见面的时间及联系方法等。

五、公共关系礼仪人员的宴请礼仪

问题 8：宴请客人时，公关人员应注意哪些礼仪？

为了表示欢迎、答谢，为融洽气氛，联络感情，公关部门常常要设宴招待客人，根据宴请目的，确定规格、种类。

（一）宴请的种类

宴请的种类和形式较多，但以宴会、招待会、茶会、工作餐为主。

1. 宴会

宴会为正餐，分国宴、正式宴会、便宴和家宴四种。按照举行的时间来分，宴会分为早宴、午宴、晚宴。一般情况下，晚宴和家宴最为隆重。

2. 招待会

招待会是指各种形式灵活的，只准备有食品和酒水饮料、不备正餐的宴请形式。常见的有冷餐会、酒会两种形式。

（1）冷餐会，即自助餐。其特点是不排座位，菜肴以冷食为主，也可有热菜，供客人自取，客人可以自由活动，也可以多次取食，酒水可以放在桌上，也可由侍者端送。

（2）酒会，又称鸡尾酒会。这种宴请形式活泼，便于广泛接触交谈。招待品以酒水为主，略备小吃。不设座椅，仅设桌、几以便客人随意走动。酒会举行的时间亦较灵活，中午、下午或晚上均可。

3. 茶会

这是一种简单的招待形式。举行的时间多在上午 10 时或下午 4 时左右，以茶或咖啡招待客人。茶会通常设在客厅，而不用餐厅。厅内设茶几、座椅，不排座次。茶会对茶叶和茶具的选用应有所讲究，一般用陶瓷器皿，而不用玻璃杯。

4. 工作餐

这是现代公关交往中经常采用的一种非正式宴请形式，利用进餐时间，边吃边谈问题。宴请的菜肴、程序从简，甚至采用快餐形式或由参加者各自付费。

(二) 宴请活动的组织工作

成功的宴请需要成功地组织。一般来说，宴请的组织工作主要包括：

1. 确定宴请的目的、名义与对象、范围、形式

(1) 宴请目的。宴请的目的多种多样，既可以为某人，也可以为某件事。如为某人某团赴约谈判；为某展览、展销、订货会的开幕、闭幕；为某工程的破土与竣工等。总之，目的需要明确。

(2) 名义与对象。对象主要是依据主客双方的身份，即主宾双方身份要对等。

166

(3) 范围。邀请范围是指请哪方面人士，哪一级别，请多少人；主人一方请什么人作陪，这要考虑宴请的性质、主宾身份、惯例等多方面因素，不能只顾一面。邀请范围确定后，就可草拟具体邀请名单。

(4) 形式。采用何种形式，很大程度上取决于习惯做法，根据习惯和需要选择宴请形式。目前，无论是国际或国内，礼宾工作都在简化。宴请的范围趋向偏小，形式更加简便，更注重实际效率和效果。酒会、冷餐会被广泛采用。

2. 确定宴请的时间、地点

宴请的时间对主、宾双方都应适宜。宴请时应先征求对方的意见。正式的隆重的宴请活动安排在高级宾馆大厦内举行。其他可按宴请的性质、规模大小、形式，主人意愿及实际可能而定。

3. 发出邀请及请柬格式

(1) 发出邀请。各种宴请活动，一般都发请柬，这既是礼貌，也是提醒客人作备忘之用。请柬一般提前一到两周发出，以便被邀人及早安排。

(2) 请柬格式要求。请柬的内容包括活动形式、举行的时间、地点、主人的姓名。请柬行文不加标点，所提到的人名、单位名、节目名等都应用全称。中文请柬行文中不提被邀请人姓名，其姓名写在请柬封面上。请柬可以印刷也

可以手写，但手写字迹要美观清晰。请柬信封上被邀请人的姓名、职务书写要准确。

4. 订菜

宴请的酒菜根据宴请形式和规格及规定的预算标准而定，宴请的菜肴一般都较丰盛。中餐宴会菜肴的道数，并不一定以主宾身份的高低而定。

5. 席位安排

正式宴会一般均安排席位，也可只安排部分人的席位，其他人只安排桌次或自由入座，无论哪种坐法，都要在入席前通知到每个入席者，现场还要有人引导。

6. 现场布置

宴会厅、休息厅的布置取决于活动的形式、性质。官方的和其他正式的活动场所的布置应严肃、庄重、大方。酒会一般摆小圆桌或茶几，以便放花瓶、烟灰缸、干果、小吃等，也只在四周设些椅子供妇女和年迈体弱者用。

7. 餐具的准备

根据宴会的人数、菜道数的多少准备足够的餐具。餐桌上一切用品都要十分清洁卫生。桌布、餐巾都浆洗洁净熨平。各种器皿、筷子、刀叉等都要预先洗净擦亮，如果是宴会，还应备好每道菜撤换用的菜盘。

8. 宴请程序及现场工作

主人一般在门口迎接客人。与客人握手后，由工作人员引到休息厅，无休息厅可直接入宴会厅，但不入座。休息厅内应有相应身份的人员照料，由招待人员送饮料。主宾到达后，由主人陪同进入休息厅与其他客人见面。如其他客人尚未到齐，可由其他迎宾人员代表主人在门口迎接。主人陪同主宾进入宴会厅，全体客人就座，宴会即开始。吃完水果，主人与主宾起立，宴会即告结束。主宾告辞，主人送至门口，主宾离去后，原迎宾人员顺序排列，与其他客人握别。

活动2：多人一组，策划一个向品牌企业反馈产品使用意见的活动，并与企业的公共关系人员广泛接触，观察他们的为人处世之道，文明礼仪习惯，回来做总结并与同学们交流。

考试链接

1. 掌握品牌公共关系礼仪人员的服饰礼仪要求。

2. 品牌公共关系礼仪人员应如何待客交谈？

3. 公共关系活动中应如何宴客？

167

第三节 品牌公共关系的危机管理

王老吉夏枯草事件

2009 年 4 月 13 日，杭州消费者起诉王老吉，称自己的胃溃疡是由于饮用王老吉所致。5 月 11 日，国家疾控中心营养与食品安全所常务副所长严卫星给红罐王老吉定了性：王老吉中的有些成分和原料，不在食品安全法已经规定的既是食品又是药品的名单之列，王老吉卷入"添加门"，危机风波骤然掀起。

危机之后的第二天，广东食品协会就紧急召开记者招待会，称王老吉凉茶中含有夏枯草配方是合法的，不存在添加物违规问题。事发仅 4 天，卫生部也发布声明确认王老吉凉茶在 2005 年已备案，并认可夏枯草的安全性。

由于王老吉的巨大知名度与品牌影响力，"添加门"事件发生之后，迅速点燃了众多媒体的兴奋点，在客观报道的同时，各种各样的谣言与攻击也铺天盖地而来，让王老吉一时间背负着巨大的舆论压力。

王老吉这次事件平息得这么快，最重要的原因就在于其政府公关出色。当企业知名度及影响力很大时，任何一点失误都可能成为受攻击或广泛报道的根源，所以企业必须做到以下三点：严格遵守行业法则，减少危机漏洞；营销宣传有度，避免过分夸大授人话柄；积极建立品牌美誉度。

资料来源：谢砚：《王老吉夏枯草事件》，《南方企业家》，2009 年第 7 期。

➡ **思考题：**

1. 结合案例，思考王老吉在危急关头是如何处理问题的。

2. 当公共关系出现危机时，应如何应对？

一、品牌公共关系危机的产生

问题 9： 品牌公共关系危机产生的原因有哪些？

品牌公共关系危机产生的原因可以分为内部原因和外部原因。

（一）内部原因

1. 企业决策失误

经营决策失误是造成企业公关危机的重要原因。经营决策失误情况繁多，主要体现为方向的失误、时机的失误、策略的失误等，各种失误的出现都可能导致危机的出现。

2. 员工素质低

企业员工的素质是指企业内部所有普通工作人员的素质和领导者素质。这两类员工的素质低下都有引发危机的可能，特别是如果领导者自身素质低下，导致企业危机的可能性就更大。再者，如果员工的素质低下，当企业公关危机出现时，员工也难以自觉有效地处理危机。

3. 危机意识淡薄

企业缺乏危机意识，不能居安思危，难以做到防患于未然，取得一点点成就就沾沾自喜，目中无人，不思进取，最终只能自取灭亡。

4. 法制观念淡薄

有的企业法律观念淡薄，置国家法律于不顾，为利益的最大化而为所欲为，甚至不惜铤而走险，随意践踏公众作为人的起码权利，最终酿成危机。

5. 处理纠纷不当

在企业与外部公众的交往过程中，由于各自利益的不同有可能引起摩擦和纠纷，企业如果处理得当，摩擦和纠纷可能就会消弭于无形；反之，就会引发危机。

（二）外部环境原因

1. 自然灾害

自然灾害是突然的、不可预测的，通常也是剧烈的，破坏力极大。它是不以人的意志为转移的，它往往给企业带来意想不到的沉重打击。

2. 恶性竞争

恶性竞争作为企业公共关系危机的一个外部因素，是指本企业受到外部其他企业的不正当竞争，使本企业面临严重的经营危机和信用危机，从而发展为企业公关危机。

3. 政策环境不利

国家的经济政策和发展环境是企业难以控制的外部因素，它对企业的经营和发展产生着重大影响和制约作用。如果政策对企业发展不利，那么企业就可能在经营活动中遭遇很大风险，出现严重问题，陷入困境，出现一种公共关系危机是完全可能的。

4. 社会公众误解

公众对组织的了解并不是全面的，公众可能会因为各种原因对企业形成误解。尤其是当企业在产品质量、原料配方、生产工艺、营销方式、竞争策略等方面有了其一时不能适应的变化时，会因为主观判断，草率下结论，更容易弄出一些危机事件来，形成极为不利的舆论环境。

5. 传媒的变革

当今社会，人类已进入网络时代，信息传播快速，影响范围迅速扩散。企业如果不重视公众，任何一个顾客的不满或牢骚都有可能给企业带来高破坏力。

总之，除了上述列举的危机发生的原因之外，还有下列原因：谣言、大众传媒泄露组织秘密、恐怖破坏活动、企业内部人员的贪污腐化等。企业只有在广泛收集有关信息的基础上，对造成企业危机的公共关系危机的原因进行深入分析，才能拿出充分的依据，为公共关系危机的管理奠定坚实的基础，"把握症结，对症下药"应成为企业牢记的信条。

二、品牌公共关系危机的预防

问题 10： 如何预防公共关系危机的发生？

预防是企业危机管理的重要组成部分，任何企业都应该重视公关危机的预防工作。这是危机公关中最艰难、也最有价值的部分。

（一）树立全员忧患意识、危机意识

公共关系危机预防的前提，是在企业内部树立全员忧患意识、危机意识，树立居安思危、未雨绸缪、防患于未然的思想。要让全体员工时刻感受着危机的存在，并时刻提防着危机的发生，只有这样，才能有效地防止危机发生，而危机一旦来临也能从容应对。

（二）建立漏洞审查制度，防微杜渐

建立漏洞审查制度即在企业经营管理中，加强对小问题的监管，发现问题及时解决，发现漏洞及时填堵，注意从组织内部的管理入手，让危机没有可乘之机，防患于未然。

（三）确保企业内部信息畅通，及时反馈

企业内信息通畅，确保企业内信息的及时反馈，确保企业内各个部门和人员责权清晰，确保企业内有危机反应机构和专门的授权。如此，一旦发生任何危机先兆均能得到及时的关注和妥善的处理，而不至于引发真正的危机。

（四）保持良好媒介关系

媒介公众是组织外部公众中非常特殊、十分重要的一个组成部分。在现代社会中，新闻界是影响社会舆论的权威性机构，具有舆论导向性。建立起与媒介长久的、融洽的、互信的关系，对危机管理非常重要。

（五）建立危机预警系统

组织应建立一套危机预警机制，组建危机管理小组，将危机预防工作落到日常工作的实处。建立起高度灵敏、准确的信息监控系统，定期或不定期开展自我诊断，重视与各类公众的信息沟通，时常进行危机预案演习。

（六）储备充分的人力资源

企业的资源储备关键是人力资源的储备。企业内部的人力资源储备主要集中在建立企业自身的精英队伍；而外部人力资源的储备则在于行业专家、学者、媒介精英、政府官员和专业人士等。由于危机处理对于参与人员的素质要求很高，在危机发生时能从人才资源库中找到合适的人员，无疑能够更好地应对公关危机。

三、公共关系危机的处理

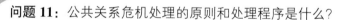

问题 11： 公共关系危机处理的原则和处理程序是什么？

企业公共关系部门在处理危机事件、实施危机公关时，必须按照一定的处理原则，妥善地加以处理，用稳妥的方法赢得公众的谅解和信任，尽快恢复企业的信誉和形象。

（一）危机公关中应当遵循的基本原则

1.积极主动原则

任何危机发生后，都不可回避和被动性应付，而是积极负责地直面危机，有效控制局势，主动投入调查、了解、分析、判断、决策的工作中去，寻求最佳的解决方案，争取专家的帮助和公众的支持与谅解，这是危机公关的起码态度。

2.统一及时原则

危机公关的目的在于处理突发性事件，尽最大可能地控制事态的恶化和蔓延，危机处理必须冷静、有序、果断、指挥协调统一、宣传解释统一、行动步骤统一，而不可失控、失序、失真，必须迅速做出反应，力求在最短的时间内挽回组织的损失，维护组织的形象。

3.实事求是原则

危机爆发后，必须主动向公众讲明事实的全部真相，勇于承担责任，做到不推卸、不埋怨，不寻找客观理由，不必遮遮掩掩，怨天尤人。否则会增加公众的好奇、猜测乃至反感，延长危机影响的时间，增强危机的伤害力，不利于控制危机局面。

4. 人道主义原则

危机事件带来的不良社会影响不可能在一朝一夕消失殆尽，因此还要做好危机事件后的善后工作，包括对公众损失的补偿、对社会的歉意、对自身问题的检讨，等等。

5. 灵活创新原则

所有针对不同情况下的危机情况要具体问题具体分析，只有根据具体情况，才能进行有针对性、灵活性的处理。危机处理既要充分借鉴成功的处理经验，也要根据危机的实际情况，尤其要借助新技术、新信息和新思维，进行大胆创新。

6. 全员参与原则

企业发生危机之时，企业员工不应是危机处理的旁观者，而应是参与者。员工参与危机处理，不仅可以减轻企业震荡，而且能够发挥其宣传作用，减轻企业内外压力。

（二）公共关系危机管理的程序

危机是一种客观存在的现象，它会不时地出现在企业面前。既然如此，学会如何对危机进行处理就会显得更为迫切需要。公共关系危机管理的程序一般有下面几个环节：

1. 制订危机应变方案

企业公关危机一旦出现，企业就应对其做出反应，迅速了解危机事件详情，成立临时危机公关机构，制订详细周密的危机应变方案。

迅速了解危机详情。当危机发生时，企业负责人首要的是保持冷静，迅速召集企业高层听取关于危机事件的报告。一线员工或亲历员工应及时报告危机情况，报告要力求准确、全面、详细、客观，不能对危机事件的重要细节隐而不报，并且必须站在客观的立场进行报告，避免有意无意地为自己或为公司开脱责任，隐瞒一些可能涉及自己或公司责任的事实或情节，从而影响企业高层对危机事件全面正确的评估。当最高负责人和高层人员听完汇报之后，必须在最短的时间内对危机事件的发展趋势、对企业可能带来的影响和后果、企业能够和可以采取的应对措施以及对危机事件的处理方针、人员、资源保障等重大事情作出初步的评估和决策。

成立临时危机公关领导小组。临时危机公关领导小组是危机处理的领导部门和办事机构。一般由企业的主要领导负责，公关人员和有关部门负责人参加。成立这样一个小组，对于保证危机事态能够顺利和有效地进行处理是十分必要的。危机处理的领导小组主要有三方面作用：一是内外通知和联络；二是为媒介准备材料；三是成立公共信息中心，加强对外界公众的传播沟通。

制订危机应变方案。处理危机的领导小组成立之后，首要的工作便是根据现有的资料和情报以及企业拥有或可支配的资源来制订危机应变处理方案。方案必须体现出危机处理目标、程序、组织、人员及分工、后勤保障和行动时间表以及各个阶段要实现的目标。其中还须包括社会资源的调动和支配，费用控制和实施责任人及其目标。方案制订完成并获通过后，领导小组便立即开始进行物质资源调配和准备，而核心小组成员则要立即奔赴危机事件现场，展开全面的危机处理行动。

2. 积极应对和处置危机

积极应对和处理危机的关键，是要遵循正确的工作程序，融积极性与规范性于一体，确保有效地处理危机。

主动承担义务，积极进行处理。危机发生后，企业应积极主动，表现出高度的责任感和负责任的精神。

迅速隔离危机，防止危机扩散。在公共关系工作中，危机险境的隔离应重点做好公众的隔离和财产的隔离，对于伤员更是要进行无条件地隔离救治，这也是危机过后有可能迅速恢复企业形象的基础。

控制危机蔓延，缩小影响范围。在严重的恶性事件爆发后的一段时间内，危机不会自行消失；相反，它还可能进一步恶化，迅速蔓延开来，甚至还要引起其他危机的出现。因此必须采取措施，控制危机范围的扩大，使其不致影响别的事务。

查明危机事件真相，及时通报消息。企业出现危机事件后，应及时组织人员，深入公众，了解危机事件的各个方面，收集关于危机事件的综合信息，并形成基本的调查报告，为处理危机提供基本依据。

重视处理态度，高层直面危机。"精诚所至，金石为开"，态度真诚，能取得事半功倍的效果。

分析研究，确定对策。企业危机处理人员提交危机事件的专题调查报告之后，应及时会同有关职能部门，进行分析、决策，针对不同公众确立相应的对策，制订消除危机事件影响的公关方案。

及时与媒体联系，发布信息。

3. 汇报处理结果，总结经验教训

危机事件最终解决，并不意味着危机处理的过程结束。对企业来讲，最为重要的一个危机处理环节便是总结经验教训。这个环节之所以如此重要是因为企业可以从这个环节中发现企业经营管理中存在的问题，并且有针对性地进行改进和提高。同时企业还可以从中总结经验，并对之进行发扬光大。

四、品牌危机公关方略的实施

问题 12： 品牌如何有效利用传媒实施危机公关方略？

（一）企业管理高层人物出面

危机公关传播的主角应该按照危机的影响程度和范围来确定。一般是选择与危机影响相适应的管理层出面是比较合理的，往往越是高层人物出面对于危机的消除益处越明显。

（二）分清主次，搞准向谁传播

企业一定要搞清楚危机传播的对象，开展有针对性、高效率的传播，使传播效应发挥到最大。危机发生后，最关注企业应对举措的是受害者、新闻媒体、竞争对手、社会公众。受害者，对于企业给予一个明确说法的期望值最高，因为企业的态度将直接关系到他们的利益保障。新闻媒体，在社会中的地位和作用日趋重要，他们对于企业的评判往往会左右着社会舆论，他们的舆论口舌将关系着企业的声誉和品牌形象。竞争对手，危机的来临给其一个难得的市场进攻的机会，可能会利用一切机会来借机提高自己的影响而诋毁对手。

（三）准确选择公关传播的时机

危机公关的传播原则应该是迅速而准确的，这就有了两种时间选择：危机发生的第一时间和危机真相大白的时候。危机发生后，企业要很快地作出自己的判断，给危机事件定性，确定企业公关的原则立场、方案与程序；及时对危机事件的受害者予以安抚，避免事态的恶化；同时在最短时间内把企业已经掌握的危机概况和企业危机管理举措向新闻媒体做简短说明，阐明企业立场与态度，争取媒体的信任与支持。要避免一个误区：在真相出来之前，尽量避免接见媒体。

（四）尽可能选择广泛的传播渠道

危机信息的传播不外乎以下几种渠道：广播电视、报纸杂志、互联网、人际口传，也即大众传播媒介和人际传播。人际传播也许企业无法控制，但大众传播媒介企业完全可以通过公关活动加以影响。

（五）高姿态承担责任是传播的主要内容

危机发生后，公众都在等待企业的表态——是否高姿态的承认错误、是否愿意承担责任、是否愿意改进等，这些应该成为企业危机公关传播的核心内容。实际上，危机公关正是通过这些积极的努力来赢得消费者的谅解与信任

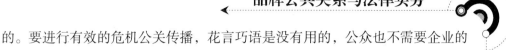

的。要进行有效的危机公关传播，花言巧语是没有用的，公众也不需要企业的什么花样表演，此时需要的是企业真诚的行动，行动是最关键的。

活动 3：多人一组，对 2010 年市场经济运行活动中，各品牌企业出现的危机进行盘点，找出各企业危机出现的原因，并对企业的应对进行分析评论，写出总结报告并与同学们交流。

考试链接

1. 品牌公共关系危机为何会产生？
2. 品牌公共关系的危机管理的重要性。
3. 出现品牌公共关系危机时，应如何应对？

阅读材料

礼仪是企业的外在形象

现已 50 岁有余的杨女士原来是做涉外接待工作的，她发现在 20 世纪 80 年代初的时候，外国人到中国来，很多人喜欢买旗袍。虽然买回去，也未必能穿得了，但是她们还是会买的。可是到了 90 年代以后，买旗袍的外国人就越来越少了。杨女士询问其中原因，得到的答案是，旗袍都是负责礼仪接待的人员穿的，会被认为是工作人员的服装。而自己如果穿得跟她们一样，觉得有失身份。这固然是一种定位上的不准确，却也反映出公众心中对企业形象印象越来越深的趋势。

杨女士在做接待的 30 年中，总结出一些从小事评断企业形象的经验。比如，到一个企业里去，首先应看那里的环境是否足够肃静。既然是一个企业，那么员工就不能像在大杂院似的大声喧哗。其次，要观察企业内部的一些配套的设施是不是完善。大到写字间、休息室是否整洁，小到招待客人的酒水杯、茶杯是否干净，乃至卫生间的干净整洁程度，其实都是形象的重要方面，都是企业管理水平高低的一个最直接的体现。杨女士认为，一个企业，哪怕外边再怎么富丽堂皇，如果内部的卫生间脏乱不堪，甚至臭不可闻，也将给公司形象带来致命的打击。

礼仪是公关的一个分支。公共关系塑造的是组织的形象，礼仪就是员工通过自身素质的提高展现企业整体形象的方式。公共关系中的礼仪实际上是一个组织的对外交往与对内沟通中的个人的形象规范，尤其是对外交往环节。衣、食、住、行、访、谈、送这七个环节，其实也就是我们一般公关交往中所经常遇到的。公共关系人员礼仪的周正，对企业外在文化形象的塑造有着极其重要的影响，这就要求公共关系人员牢牢把握对外交往七个环节中的规范，不断提高自身素质。

资料来源：金正昆：《礼仪是企业的外在形象》，《公关礼仪》，2005 年 8 月。

 **案例分析**

国内厂商联合公关 "阜阳奶粉事件"

20 世纪 90 年代中期，经济类传媒的兴起，让企业曝光率陡然增多，传媒的扩大效应，使发生在企业中的一件看似平常的小事，也会产生 "蝴蝶效应"，造成灾难性的后果。

和外国企业相比，国内大多数企业面对媒体信奉 "沉默是金"。2005 年初，禽流感来临，不少国内企业面对媒体采取 "鸵鸟政策"，既不主动找媒体表态，也拒绝传媒采访，满心希望越不被注意越好，然而越回避，消费者的信心越下跌。经过了几番锤炼的中国企业，在这次 "阜阳奶粉事件" 中，终于采取了主动出击，利用传媒，集体表达立场之策，收效甚好。

阜阳劣质奶粉事件被曝光后，人们对国产奶粉信心指数急剧下跌，洋奶粉厂家，表面置身事外，一言不发，暗地却偷偷加大了广告投放量。中国奶粉行业协会却始终处于 "失语" 状态，国内奶粉企业只好联合自救——4 月 28 日，国内 13 家奶粉生产巨头齐聚合肥，召开 "中国乳业危机公关峰会"，签订了《中国乳业安徽宣言》，共同倡议发表 "诚信自律宣言"，通过媒体向全社会表态：做诚信企业，售诚信商品，不制假、不掺假。

随后一些厂家如伊利、南山、圣元，纷纷向阜阳 "劣质奶粉" 受害家庭捐赠奶粉，一来显示企业的公民心，二来表明自己的奶粉值得信赖。随后一段时期，各大奶粉厂商都主动加大了媒体正面宣传力度，增加广告投放量来挽回人们对国产奶粉的信心。

联想控股有限公司公关外联部副总经理张涛告诉记者，危机发生原因不同，导火索不同，所以危机公关没有一定之规，但企业进行危机公关时却有一些基本的原则和步骤。首先是要快速反应，成立危机处理小组；其次是要敢于公开、公正地面对媒体。在和媒体打交道时，态度要公开，不要表现出高度防卫，而且要注意统一新闻口径，确立组织的唯一信息发布人。和媒体沟通顺畅后，危机处理小组的任务才是去找出导致风险的原因并寻找扭转的契机。

人民日报社主任记者许卫东强调说："企业在处理危机时，和媒体打交道的第一个原则就是'赶紧说真话'！另外企业新闻发言人在接受媒体采访时，为了避免被断章取义，要注意回答问题不要过长，不要回答没有问到的问题，尽量避免一些口头语的出现，不要说'无可奉告'，要让媒体感觉自己对危机的处理是积极、主动和务实的。"

资料来源：曾琳智：《新编公关案例教程》，复旦大学出版社，2006 年。

问题讨论：

1. 结合所学危机公关的知识，分析国内厂商联合危机公关的益处。

2. 国内厂商联合公关"阜阳奶粉事件"给我们带来什么样的启示？

本章小结

1. 公关活动中遵守公关礼仪的重要性

（1）有利于培养和提高个人修养。

（2）有利于建立和维持良好的人际沟通。

（3）有利于塑造和提升企业的形象。

2. 品牌公共关系礼仪应该遵循的原则

（1）诚实守信。

（2）真诚待人。

（3）平等热情。

（4）自信勇敢。

3. 品牌公共关系人员常用礼仪

（1）仪容服饰。

（2）见面。

（3）交谈。

（4）待客。

（5）宴请。

4. 公共关系危机的预防

（1）树立全员忧患意识、危机意识。

（2）建立漏洞审查制度，防微杜渐。

（3）确保企业内部信息畅通，及时反馈。

（4）保持良好媒介关系。

（5）建立危机预警系统。

（6）储备充分人力资源。

深入学习与考试预备知识

商务礼仪的立足之本

微观上来讲，商务礼仪有三个基本特征：规范性、对象性及技巧性。规范性是指商务礼仪行为中有着固有的一套标准做法，是有规则可遵循的行为活动，如将客人介绍给公司董事长、其他领导时的先后顺序等；对象性是指针对不同的待客对象有着不同的礼仪要求，如外事交往中要顾及外国宾客的忌口问题；技巧性则意味着在商务礼仪的基本原则下，可以使用一定的技巧，完善自身的表达，以求收到更好的效果。如向客人询问饮料问题，应该采用封闭式询问"请问您喝咖啡还是茶…"，而不要问开放式问题"需要什么饮料？"

明确了商务礼仪的基本特征，还要清楚的是，商务礼仪最为强调重视的是人际关系的处理，是向交际对方表现尊重和友好的过程。而这种人际关系的处理，首先应该掌握"3A 原则"。

"3A 之 Accept"——接受。商务礼仪中接受的概念可以理解为宽以待人，即不要打断对方的谈话、不要随意地补充或更正对方，要接受对方的观点，不能让客人难堪或下不了台。

178

"3A 之 Appreciate"——重视对方。重视对方，即不能揪住对方的缺点使客人难堪，反之应尽可能地认同对方，适当地表达自己的认可。对有行政职务或技术职称的客人应呼其职务，采用尊称。

"3A 之 Admire"——赞美。赞美是公共关系礼仪中一门相对较难以掌握的技术。商务语言的特点是少说多听，要给客人以谦恭虚心的感觉，而适当的赞美则要从实际出发，夸到点子上，不能给对方以虚假做作的感觉。这就要求公共关系礼仪人员善于发现并欣赏对方的长处，磨练公关技巧。

知识扩展

危机公关技巧：承认错误

企业发展过程中的危机随时存在。有些危机是政策环境的影响，甚至是竞争对手刻意而为的，而有一些则是企业自身造成的。总的来说，企业危机是指那些能够潜在地给企业的声誉或信用造成负面影响的事件或活动。伴随着企业危机的出现，各种"危机管理"、"危机公关"的理论和观点也层出不穷。但无论多么先进的管理理论都不能脱离一个基本的事实：尊重客户！及时承认自己的错误。欲盖弥彰的结果只会更糟。

"让客户满意是我们的宗旨"不能只是挂在墙上的一句标语，或者印在宣传资料上的口号。口碑永远是最好最有效的宣传方式，它胜过千万元广告费。但做口碑不是"杀人灭口"，那样只能有碑无口。这个简单道理每个企业都懂，但至今仍然有很多企业并不重视。消费者不是因为别人说了你不好而不接受你，而是因为你确实不好，却不让别人说出来而不选择你。处理危机最终靠的不是手段，而是对消费者的真诚。

答案

第一节：

（1）"小处不可随便"中蕴涵着深刻的公共关系处理礼仪，在处理社会关系的过程中，言谈举止、一言一行都代表着对他人的态度，是尊重和礼仪的表现。奥古斯丁公爵因为想博取王后注意的口哨声虽然可能是冲动下的随性之举，却代表了对王室的不敬，因一时冲动获 50 年牢狱之灾，是为不可"小处"随便的典型佐证。而恰克因对于细节的注意而获得了成功的机遇，则充分证明了，在公共关系处理中"小事"的重要意义。

（2）在公共关系礼仪行为中，应坚持四项基本原则：诚实守信原则、真诚待人原则、平等热情原则以及自信勇敢原则。做到守时守信，实事求是，尊重他人，落落大方而不骄不狂，方能获得成功。

第二节：

（1）本题由学生自由发挥，结合材料发表自己的观点。

（2）服饰是社会风尚的象征，既可以展现员工的个性美，也可以表现企业的文化内涵。公关人员应对服饰的选择高度重视，选择能体现自身职业特征的服饰。另外，服饰的搭配应根据场合目的的不同有所变化，在得体的基础上展现自身的个性。

第三节：

（1）王老吉的公共关系出现危机后，企业第一时间抓住了事件的根本源头，即大众最关心的问题予以澄清，并利用主流媒体作为媒介宣传报道，重塑企业的正面形象。

（2）当企业面临公共关系危机时，应坚持六点基本原则：①积极主动的原则，即不可被动地应付回避，应以积极的态度投入到事件的解决中去；②统一及时的原则，公共关系危机多为突发事件，要求企业能在最短的时间里拿出最有效、最统一的解决方案；③实事求是的原则，即不能向公众掩饰事件真相，应勇于承担责任和影响，避免公众反感的升级；④人道主义原则，即当因企业原因出现社会损失时要做好善后工作，勇于承担责任；⑤灵活创新原则，即做到不同的危机情况能具体问题具体分析；⑥全员参与原则，即企业作为一个整体，当遇到公共关系危机时应同心协力，共同渡过难关。

案例分析：

（1）国内厂商联合渡过公关危机，体现出乳制品企业承担责任和改变现状的决心，有助于取信于公众，利用企业间的相互约束监督，提升公众的信赖度，挽救企业形象。

（2）"阜阳奶粉事件"启示我们，企业在面对公共关系危机时，一定要积极主动地解决事件，被动的应对只能产生负面的效果；一定要秉持着诚实守信的原则，不对公众隐瞒事实；当产生不好的社会影响时，要勇于承担社会责任，努力改变自身缺点，争取公众的谅解。

第八章

品牌公共关系实务

学习目标

知识要求 通过本章的学习，掌握：

● 什么是新闻发布会，它有何特点
● 如何组织庆典活动，它有哪些类型
● 展览会有何特点，具有哪些类型
● 公益赞助有何重要性，展开公益赞助的原则是什么
● 什么是品牌公关广告，它与商品广告有何区别

181

技能要求 通过本章的学习，能够：

● 熟悉品牌公共关系各方面的实务
● 熟练组织各类新闻发布会和各种庆典活动
● 根据企业的特点，积极有效参加展览会
● 熟练策划开展各种赞助公益活动
● 根据企业要求，策划撰写各类公益广告

学习指导

1. 本章内容包括：新闻发布会；庆典活动；展览会；赞助活动；公关广告等。

2. 学习方法：先学理论，掌握理论之后，去观摩、实践，在观摩和实践中熟悉、运用理论。

3. 建议学时：8 学时。

第一节　新闻发布会

海蒂饮料进山西

　　1993 年 11 月 10 日，山西大正建设实业公司在太原的山西现代化体育场高档歌舞厅举行了"海蒂饮料进山西"新闻发布会。海蒂饮料是一种保健型天然饮料，由中国医学科学院药物研究所研制，中美合资福建东方保健品有限公司生产。采用纯天然高级食品为原料精制而成，富含 18 种人体必需的氨基酸，多种维生素和稀有元素硒及其他营养成分，具有营养滋补、益气养神、抗衰防老、解酒益肝等独特功效。随着生活水平的提高，人们保健养生观念逐渐增强，大正建设实业公司将此饮料引进山西市场，的确是一件好事，它对于增加饮料家族类型、活跃饮料市场，增强人们的健康观念，通过新闻发布，迅速、及时、广泛地将此消息告知山西公众很有意义。新闻发布会的组织者们精心策划，认真准备，严密组织，主要做了以下工作：

　　（1）他们把省、市主要电台、电视台、报纸杂志社的记者们作为邀请对象，也把国家级的一些新闻机构驻太原办事处或记者站的记者作为邀请对象，提前发出了邀请信或请柬。

　　（2）布置了会场，在原豪华高档的舞厅风格上进一步设计处理，突出了自然、轻松、欢快的格调。

　　（3）安排了礼仪服务，包括迎宾、签名等，准备了水果，并把新闻发布会上的主角"海蒂饮料"作为会议上的招待饮品，加深记者对饮料的感受。

　　（4）确定了大正建设实业公司刘总经理为主要新闻发言人，公关部王小姐为主持人，规定的议程为：总经理致词，介绍了引进"海蒂饮料"的意义和过程；福建东方保健品有限公司的代表董副总经理讲话；中国医学科学院药物研究所专家作饮料保健功能科学报告；观看饮料研制和功效及厂家情况介绍等内容的录像；答记者问。

　　（5）准备了招待午宴和联谊舞会，一方面加深情感沟通和信息交流；另一方面使代表们能更好地体验饮料功能特别是解酒功效。

　　（6）为感谢记者的到来，准备了纪念品"海蒂饮料"。新闻发布会顺利地召开并取得了成功。通过新闻发布会，传播了组织的商品信息，初步打开了商品市场，塑造了组织形象，密切了组织同新闻界及记者的关系。

资料来源：曾琳智：《新编公关案例教程》，复旦大学出版社，2006年。

思考题：

1. 此次新闻发布会的召开对海蒂饮料打开山西市场有什么作用？
2. 结合此案例谈谈新闻媒体的介入对商品推销有什么影响。

一、新闻发布会的概念与特点

关键术语：新闻发布会

新闻发布会又称记者招待会，是品牌企业直接向新闻界发布有关企业信息，解释企业重大事件而举办的活动。它是企业向公众广泛传播各类信息的重要工具，是企业谋求新闻界对某一事件客观报道的行之有效的手段，也是企业搞好与新闻界关系的最重要方式之一。

问题1：新闻发布会有哪些特点？

一个组织在发展过程中难免会遇到许多错综复杂的问题，会发生许多重大的事件，如受到了公众的批评，同其他社会组织发生了不可澄清的法律纠纷，组织作出了一项重要决策，等等。这就需要通过新闻发布会来与公众沟通信息，以取得公众的谅解与支持。

新闻发布会具有以下特点：

1. 宣传面广

即新闻发布会是企业的一项重要信息传播和宣传活动。新闻发布会是新闻发布的主体即企业，利用发布会机会使新闻记者了解企业信息，并产生兴趣，通过新闻媒介，以新闻报道、新闻特写等形式将这些重要信息传播出去。

2. 正规隆重

即采用新闻发布会来传递信息，形式正规、隆重，而且能增加信息传递的深度和广度。

3. 沟通活跃

采用新闻发布会的形式传播信息，能使信息发布的主体与记者面对面沟通，记者能够把公众关心的问题传达给信息发布主体，主体能够给予及时解答，从而能够实现更好的沟通，触及的问题较深。

4. 传播迅速

新闻发布会的信息传播的媒介主要是报纸、刊物和各种杂志，它们发布信息速度快，扩散面广，社会影响大。

5. 成本较高

即召开新闻发布会要占用记者和组织者较多的时间，需要动用一定的人、财、物，有较高的成本。

二、新闻发布会的策划

问题 2：在公共关系活动中如何策划新闻发布会？

企业是否能通过新闻发布会将信息成功地传递出去，并借此树立自己的形象，提高自身的知名度、美誉度，关键在于新闻发布会的策划。新闻发布会的策划应立足于规范性，重点在于活动的严密、紧凑、主题突出，并在规范性的基础上体现其独特性。具体来讲，新闻发布会的策划应注意以下几方面：

1. 精心评估新闻发布会的必要性

具有举办新闻发布会价值的事件一般有：企业遇到紧急事件如起火、爆炸等严重事故；企业受到公众和新闻界的公开批评；对社会产生重大影响的新技术、新产品的开发和投产；企业对社会所做的重大益事；组织的重大庆祝日或纪念日；等等。举行新闻发布会必须有充分的理由和明确的目的。也就是说，在新闻发布会举行前，企业必须对所发布的消息是否重要、是否具有广泛传播的新闻价值以及新闻发布的紧迫性和最佳时机进行研究和分析。

2. 选择新闻发布会的举办时机

作为企业与新闻界建立和保持联系的一种比较正式的形式，与向新闻界提供新闻稿来比较，召开新闻发布会不仅具有更为隆重、更高规格的特点，更重要的是记者可以在会上就自己感兴趣的问题和自认为最佳的角度进行采访，也可以促使双方的联系和合作更加紧密和默契，因此选择新闻发布会的举办时机就非常重要。

3. 新闻发布活动的策划要规范、严密、富有新意

新闻发布会的举办要涉及企业、公众，尤其是媒体等多方面的人士，因而活动的策划要严密、规范，并富有新意。既要有规可循，又不拘于以往的形式，在活动的设计安排上要有适当创意，以增强活动的效果。

4. 新闻发布会的策划要以提升企业形象为旨归

举办新闻发布会是组织向社会公众展示自身实力、提高组织形象的最佳时机，会议的工作人员要注重个体形象，充分利用自己的人格力量增强信息的可信度，引导公众的顺向心理，使公众对组织产生较好的整体印象。

三、新闻发布会的安排、举办

　问题 3：在公共关系活动中如何具体安排、举办新闻发布会？

1. 新闻发布会前的筹备

（1）确定新闻发布会的主题。企业要从新闻媒介和社会公众的角度出发，确定会议的主题和信息发布的最佳时机。

（2）确定邀请记者等对象的范围。邀请的记者覆盖面要广，各方新闻机构都要照顾到，不仅要有报纸、杂志记者，还要有电台、电视台的记者，不仅要有文字记者，还应有摄影记者。

（3）选择确定发布会举办的地点和时间。举办新闻发布会，在地点选择上主要考虑要给记者创造各种方便采访的条件。会议的时间要尽量避免节假日、重大社会活动和其他重大新闻发布的日子，以免记者不能参加。

（4）选择确定发布会的主持人和发言人。主持人和发言人必须对提问头脑清醒，反应机敏，有较高的文化修养和口头表达能力。

（5）准备发布会的发言稿和报道提纲。全面认真收集有关资料，写出准确、生动的发言稿。并写出新闻报道提纲，在会上发给记者作为采访报道的参考。

（6）准备各式的宣传辅助材料。宣传辅助材料要围绕主题准备，尽量做到全面、详细、具体和形象。形式应多样，有口头的、文字的、实物的、照片和模型等。

（7）组织参观和宴请的准备。发布会前后，可配合主题组织记者进行参观活动，请记者作进一步的深入来访，这样常常会产生具有重大价值的新闻报道。

（8）编制会议费用预算。应根据所举行新闻发布会的规格和规模制订费用预算，并留有余地，以备急用。费用项目一般有：场租费、会议布置费、印刷品、邮电费、交通费、住宿费、音响器材、相片费、茶点或餐费、礼品、文具用品等。

（9）做好接待工作。组织人员要提前布置好会场，横标、发言人席、记者座位，周围环境要精心设计、安排，营造一种轻松、自然、和谐的会场气氛。

2. 会议程序

举办新闻发布会，会议程序要安排得详细、紧凑，避免出现冷场和混乱局面。一般来说，新闻发布会应包括以下程序：

（1）接待、签到。应设立签到处，安排足够的工作人员，并派专人引导记者前往会场。参加会议的人要在签到簿上签上自己的姓名、单位、职业、联系电话等。

（2）分发资料。会议工作人员应将写有姓名和新闻机构名称的标牌发给与会记者，并将会前准备的资料，有礼貌地发给到会的每一位。

（3）介绍会议内容。会议开始时要由会议主持人说明举办新闻发布会的原因、所要公布的信息或事件发生的简单经过。

（4）主持人讲话。主持人要充分发挥主持和组织作用，以庄重的言谈和感染力，活跃整个会场气氛，并引导记者踊跃提问。当记者的提问离会议主题太远时，要善于巧妙地将话题引向主题。会议出现紧张空气时，能够及时调节缓和，不要随便延长预定会议时间。

（5）回答记者提问。要准确、流利自如地回答记者提出的各种问题，不要随便打断记者的提问，也不要以各种动作、表情和语言对记者表示不满。对于保密的东西或不好回答的东西不要回避，而要婉转、幽默地进行反问或回答，以确保所发布的消息必须准确无误。

（6）参观和其他安排。会议结束后还应由专人陪同记者参观考察，给记者创造实地采访、摄影、录像等机会，增加记者对会议主题的感性认识。如果有条件，社会组织还可举行茶会和酒会，以便个别记者能够单独提问，并能融洽和新闻界的关系。

3. 会议效果检测

新闻发布会结束后，企业要检验会议的效果是否达到了预期目的。要求做好以下工作：

（1）整理记录材料。尽快整理出新闻发布会的记录材料，对会议的组织、布置、主持和回答问题等方面的工作做总结，从中认真汲取经验和不足，并将总结材料归档备查。

（2）搜集记者报道。搜集到会记者在报刊、电台上的报道，进行归类分析，检查是否达到了会议的预定目标，是否有由于失误而造成的谬误。对检查出的问题要分析原因，设法弥补失误。

（3）统计分析报道。对照会议签到簿，看与会记者是否都发了稿件，并对记者所发稿件的内容及倾向做分析，以此作为以后举办新闻发布会邀请记者范围的参考依据。

（4）收集与会人员意见。收集与会记者以及其他与会代表对招待会的反应，检查招待会接待、安排、提供方便等方面的工作是否有欠妥之处，以便改进今后工作。

（5）及时做好应对策略。若出现不利于本企业的报道，应采取良好的应对策略；若是不正确或歪曲事实的报道，应立即采取行动，说明真相，向报道机构提出更正要求；若报道的虽然是正确事实，但不利于本企业，这种情况完全是企业内部错误造成的，对此应通过该报道机构表示虚心接受并致歉意，以挽回企业声誉。

 活动 1：多人一组，模拟组织一次新闻发布会，向各位来宾展示小组历次活动的成果，在组织过程中不断查找和记录问题，并现场及时做好应对，事后总结并与同学们交流。

 **考试链接**

1. 理解新闻发布会的概念及特点。
2. 能够成功地策划一场新闻发布会。

第二节　组织庆典活动

引导案例

IBM 公司的"金环庆典"活动

美国 IBM 公司每年都要举行一次规模隆重的庆功会，对那些在一年中作出过突出贡献的销售人员进行表彰。这种活动常常是在风光旖旎的地方，如百慕大或马霍卡岛等地进行。对 3% 的作出了突出贡献的人所进行的表彰，被称作"金环庆典"。在庆典中，IBM 公司的最高层管理人员始终在场，并主持盛大、庄重的颁奖酒宴，然后放映由公司自己制作的表现那些作出了突出贡献的销售人员工作情况、家庭生活，乃至业余爱好的影片。在被邀请参加庆典的人中，不仅有股东代表、工人代表、社会名流，还有那些作出了突出贡献的销售人员的家属和亲友。整个庆典活动，自始至终都被录制成电视（或电影）片，然后被拿到 IBM 公司的每一个单位去放映。

IBM 公司每年一度的"金环庆典"活动，一方面是为了表彰有功人员，另一方面也是同企业员工联络感情、增进友情的一种手段。在这种庆典活动中，公司的主管同那些常年忙碌、难得一见的销售人员聚集在一起，彼此毫无拘束地谈天说地。在交流中，无形加深了心灵的沟通，尤其是公司主管那些表示关心的语言，常常能使那些在第一线工作的销售人员"受宠若惊"。正是在这个过程中，销售人员更增强了对企业的"亲密感"和责任感。那么IBM公司的庆功会在公司内部究竟都有哪些重大意义？这种活动对其他公司有何借鉴呢？

通过分析我们不难得到结论：IBM公司的"金环庆典"活动属于企业内部的公共关系活动，它对企业公共关系的发展有着极其重要的现实意义。

第一，它可以增强企业内部的凝聚力与向心力，显现企业文化的氛围。通过"庆典"活动，让对企业有功的人员亲身感受到企业高层主管对他们工作、学习、家庭及个人发展的关心，感受到企业大家庭的温暖。这是一种企业文化的氛围，是企业发展的基石。它可以使公司内部更多地联络感情、增进友情，协调企业内部的人际关系。

第二，它可以使员工家庭和睦、健康。为企业作出突出贡献的销售人员的家属、亲友也被企业邀请参加庆典活动，这会使这些受表彰者的家属更多地了解自己的亲人在工作中的表现，使其家属在以后的工作中更多地支持亲人们的工作，使之多一份理解与关爱，从而保证这些家庭的和谐气氛。

第三，它可以使企业员工的积极性更高，使企业形象更好。在这样的庆典活动中，接受表扬者会产生一种继续奋发向上，为企业多作贡献的决心，同时也会鼓励更多的员工努力工作。在这种企业氛围中，员工们会处处为企业着想，在工作中表现出良好的员工形象，进而展示出企业的风格。

第四，它可以使企业的社会效益和经济效益得到同步增长。企业员工热爱自己的企业，以企业为荣，会自觉地为企业树立良好的形象。这样会使企业在社会公众心目中拥有良好的形象，如人们会认定IBM公司是一个有文化的公司、关爱社会的公司，而社会效益的提高会最终转化为企业经济效益的提高。人们认定，拥有良好形象的企业，一定会生产出优质的产品和提供优质的服务，进而愿意购买这样企业的产品。

其他企业应借鉴IBM的这种做法，更多地开展企业内部的公共关系活动，以增强企业员工与领导、员工与员工之间的感情联系，创造出良好的内部公共关系氛围。

联络感情、增进友情，除了可以举办像IBM公司这样的庆典活动之外，还可以采用诸如组织全体员工开展文体活动，利用各种有意义的事件（如厂庆日、新产品投产和新设施的剪彩等）和有意义的节日（如新年、元旦、国庆节、五一节以及员工的生日等）举办各种形式的工作聚餐会、周末文化沙龙、知识竞赛以及其他联谊活动。

资料来源：曾琳智：《新编公关案例教程》，复旦大学出版社，2006年。

思考题：

1. IBM 公司"金环庆典"活动的目的是什么？是否收到了预期的效果？

2. 你认为当今企业还可通过哪些庆典活动加强与公众的沟通？

一、庆典活动的概念与类型

 关键术语：庆典活动

庆典活动，是企业围绕重要节日或自身重大事件举行庆祝的一种公共关系专题活动。庆典活动一般有节庆活动、开幕庆典、闭幕庆典、周年庆典和特别庆典等五种。

问题 4：企业的庆典活动有哪些类型？

1. 节庆活动

节庆活动是指企业在民族和国家重要节日时举行或参与的共庆活动。节庆活动一般可分为两种，一种是企业利用节日为社会公众举办的各种娱乐、联谊活动、免费或优惠提供服务的活动；另一种是组织积极参与当地社区举办的集体庆祝或联欢活动。

2. 开幕庆典

开幕庆典指企业第一次与公众见面，展现企业形象和风貌的各种庆典活动。企业举行一个热烈、隆重、特色鲜明的开幕典礼，会迅速提高企业的知名度，帮助企业自身塑造良好的形象，给社会公众留下深刻而美好的记忆。

3. 闭幕庆典

闭幕庆典是企业重要活动的闭幕式或者活动结束时的庆祝仪式。闭幕庆典是重要活动的尾声，重视的程度和隆重的程度较弱，多强调活动的有始有终，圆满结束，体现系统性特点和体现塑造组织形象、欢迎再次相聚等象征意义。

4. 周年庆典

企业周年庆典指企业在发展过程中的各种内容的周年纪念活动，包括企业"生日"纪念、企业之间友好关系周年纪念、某项技术发明或某种产品和问世的周年纪念和其他内容的周年纪念活动。

5. 特别庆典

特别庆典是企业为了提高知名度和声誉，利用某些具有特殊纪念意义的事件或者为了某种特定目的，策划组织的庆典活动。

189

二、庆典活动的策划

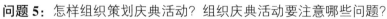

问题 5：怎样组织策划庆典活动？组织庆典活动要注意哪些问题？

1. 庆典活动的组织策划

庆典活动要取得成功并收到预期效果，必须对庆典活动进行认真的策划和严密的组织。以下六个环节是需要加以重视的：

（1）制订庆典活动方案。每一个庆典活动，必须制订一个活动方案，包括典礼的名称、规格规模、邀请范围、时间地点、典礼形式、基本程序、主持人、筹备工作、经费安排等。

（2）确定参加活动的对象。庆典活动要邀请有关领导、知名人士、行业及社区公众代表、新闻记者参加。应邀人员一般是各界代表、与活动主题相关的有关人士。一旦确定人员，应当及早发出邀请，并准确掌握来宾的情况。

（3）安排庆典活动程序。合理安排庆典程序，一般包括：重要来宾留言、题字；主持人宣布活动开始；奏国歌或奏乐，介绍重要来宾；领导人致词和来宾代表讲话；剪彩、参观活动等。有时还安排座谈、宴请、文艺节目等活动。

（4）现场布置和物质准备。庆典现场的布置，根据庆典内容确定。一般包括音响、音像设备，会场、舞台或现场的横幅、标语、彩旗、鲜花、气球等设置。需要剪彩的，还要准备缎带、剪刀、手套、托盘。

（5）安排接待工作。要有专门的礼宾接待人员。重要来宾的接待，要由有关负责人亲自完成。要安排专门的接待室，以便正式开始前让来宾休息、交谈。要有专人引导入场、签到、留言、剪彩等。

（6）后勤保障和安全保卫工作。要做好庆典活动的后勤保障工作，包括茶水供应、纪念品发放、现场秩序维护和安全保卫工作。

2. 组织庆典应注意的问题

庆典活动的策划组织，要注意以下问题：

（1）适时。选择好时机，可以为典礼增色不少，增强活动的效果。如企业庆典活动通常要把企业时机、市场时机结合起来考虑，使庆典活动与市场时机相契合。

（2）适度。庆典活动是一种礼仪性活动。要有精品意识，典礼过多、过滥，会影响庆典活动的质量和效果。典礼的规模、形式还要和单位、项目情况大体相符。

（3）隆重。典礼是一种热烈庄重的仪式，需要一定的隆重程度。这样既可以鼓舞人心，又可以扩大影响。在现场布置、形式选择、程序安排等环节下工夫，努力营造隆重热烈的气氛。

（4）节俭。庆典活动既要隆重热烈，又要简朴务实。从规模、规格上要严格控制，邀请人员的级别、数目要适当，不能一味追求"高、大、全"。在项目、程序上尽量从简，可以省去的一些环节，就应当坚决省去。典礼也要奉行"少花钱，多办事"的原则，不能摆排场，讲阔气，铺张浪费。

三、公共人员在庆典活动中的文明礼仪

**问题 6：** 在庆典活动中，公关人员要注意哪些文明礼仪要求？

礼仪性和程序性是庆典活动的最大特点，因此企业的文明形象和礼仪规范都是非常重要的。

1. 精心策划准备

庆典活动要精心策划，环环相扣，如来宾接待、现场布置、程序设计、安全保卫及计费开支等，都要一一到位，责任到人。具体要做到以下几点：一是要及早确定出席名单，这是庆典活动是否成功的前提条件；二是要做好来宾的接待工作。企业庆典的来宾一般是有关领导和协作单位人员，主人应安排身份相当的人员迎送和陪同，仪式举行中要安排专人引导和招待。

2. 遵守礼仪规范

一是贵宾的位次安排要符合礼规。对在主席台或中心的领导要安排有序，其原则是前排高于后排、中间高于两侧、前高后低、左高右低。二是着装整洁，符合身份。组织者要确定与庆典的规格协调的统一的着装要求，主席台上的主持人、剪彩者、揭幕者等重要人员容貌可适当修饰。三是恪守诺言，遵守时间。庆典的时间要求得很严，应准时开始，准时结束。

3. 致词注重礼仪

庆典仪式的讲话，一是要简明扼要、开门见山，符合主题、切合实际，不易太长；二是讲话、致词的人不宜太多，讲话者要口齿清楚，适度激扬；三是听话者要以礼相待，洗耳恭听。

4. 场地布置礼仪

一是要根据庆典的规模、性质及本机关的情况选择合适的地点；二是要在现场烘托喜庆气氛，可适度地张灯结彩、张贴标语，主会场要悬挂庆典内容的大型横幅，也可在主席台摆放花卉，营造庆典氛围。

5. 程序严谨合理

庆典的程序不宜太多，依照常规一般的程序有以下几项：一是请来宾就座、介绍嘉宾；二是宣布庆典正式开始；三是单位负责人致词；四是请嘉宾讲

话；五是根据实际情况，邀请嘉宾参观或观看文艺演出。

6. 节俭务实为要

各种庆典活动都要以节俭务实为要，简化高效是庆典仪式发展的趋势。一是不要贪大求全，其规模要与规格相适应；二是本着节俭的原则，合理使用器材、设备等物品；三是组织活动的人员要精干，新闻报道内容和形式要适度、真实。

活动 2：多人一组，找机会参加一次当地企业举行的庆典活动，亲身感受庆典的热闹气氛，并积极查找和发现组织活动的不足之处，回来总结并与同学们交流。

考试链接

1. 庆典活动分哪些类型？
2. 掌握策划庆典活动的步骤方法。
3. 能够做到庆典活动要求的礼仪规范。

第三节　展览会

引导案例

化展位死角为神奇

美国实业界巨子华诺密克参加一年一度在芝加哥举行的美国商品展览会。一次，他的运气仿佛不佳，根据抽签的结果，他的展位被分配到了一个极为偏僻的角落。这个地方是很少有人光顾的，被称为"死角"。替他设计展位的装饰工程师萨蒙逊劝他放弃这个展览，别花那些冤枉钱了，等待明年再来参展。

但华诺密克却不以为然，反而对萨蒙逊说："任何机会都不会从天而降！现在，摆在我们面前的难题，将是促使我们创造机会的动力。萨蒙逊先生，多谢你这样关心我，但我希望你将关心我的热情用到设计工作上去，为我设计出一个美观而富有东方色彩的展位。"

萨蒙逊先生开始冥思苦想，终于不孚众望，设计出一个古阿拉伯宫殿式的展位，展位前面的大路变成了一个人工做成的大沙漠，当人们从这儿经过时，仿佛置身于阿拉伯世界一样。

华诺密克满意极了，他吩咐后勤主管让新雇来的那些男女职员一律穿上阿拉伯国家的服饰，特别要求女职员都要用黑面纱把面孔下部遮住，只露出两只眼睛，并且立即派人从阿拉伯地区买来六只双峰骆驼来做运输货物之用。同时，他还派人做了一大批气球，准备在展览会上使用。

华诺密克的阿拉伯式展位一经做成，就引起了人们的种种猜想，不少人在互相询问"那个家伙想干什么"。更想不到的是，一些记者把这种独特造型拍了照片并进行了报道，这更引起了人们的兴趣。

开展后，展览会上空飞起了无数色彩斑斓的气球。气球升空不久后，便自动爆破，变成一片片胶片撒落下来。有人好奇地捡起一看，只见上面写着："当你捡到这枚小小的胶片时，你的好运气开始了，我们衷心祝贺你！请你拿上这枚胶片到华诺密克的阿拉伯式展位前，换取一份阿拉伯的纪念品，谢谢你。"这下，华诺密克的展位前人头攒动，人们纷纷跑过去争相领取纪念品，反而冷落了处于黄金地段的展位。45 天后，展览会结束了，华诺密克公司共做成了 2000 多宗买卖，其中有 500 多宗的买卖超过了 100 万美元，大大出乎华诺密克最初的预料。

资料来源：祝师基：《化展位死角为神奇》，《羊城晚报》，2010 年 12 月 30 日。

 思考题：

1. 华诺密克在该展览会有哪些创新之处，收到了怎样的效果？

2. 企业应该如何有效组织展览会？

一、展览会的概念与特点

 关键术语： 展览会

展览会是企业通过实物、文字、图表等形式展览和推广产品，宣传企业形象的专题活动。

展览会所运用的实物、图表、动人的解说、优美的音乐和造型艺术相结合的方式，比一般的文字和口头宣传更有效，更引人入胜，更能产生吸引力，不仅能加深公众的印象，而且能提高组织和产品在公众心目中的可信度。

问题 7： 展览会有哪些特点？

作为企业在特定的环境条件下开展的一种专题活动，展览会具有以下几个特点：

1. 传播方式的复合、多元

展览会通常要同时使用多种传播媒介进行交叉混合立体传播，包括：文字、图像媒介，如印刷宣传材料、组织或产品介绍材料、展品的文字注释、各种幻灯、照片、录像等；实物、模型媒介，如展品、模型、实物演示、展台及展厅布置；声音、视觉媒介，如讲解、交换、广播录音或现场广播等；参与展览会的各种服务人员、礼仪人员。

2. 传播效果直观、生动

展览会一般以展出实物为主，并以专人讲演和示范产品的使用方法等方式进行现场的示范表演。这种直观形象、声情并茂的传播方式，能吸引大批公众前来参观，使参观者对展品留下较深刻的印象。

3. 与公众沟通的双向、高效

通过展览会，企业与公众有了更为直接的接触、相互交流的机会，通过听取意见、相互交流、深入讨论，企业能够在让公众了解自己的同时，也在了解公众对展品、企业的意见，并根据公众反馈的信息及时改进工作。这种直接双向沟通的交流针对性强，收效较大。

4. 活动方式的广泛关注性和新闻性

展览会是一种大型活动，是新闻报道的好题材，往往成为新闻媒介追踪的对象。展览会一般都预先做广告、搞宣传，开幕时，还要请政府官员、知名人士前来庆贺。参展单位可以利用展览会制造新闻、扩大影响，并利用这一机会搞好与新闻界的关系。

二、展览会的类型

问题 8：展览会主要有哪些类型？

根据划分依据的不同，展览会可划分出几种不同的类型：

1. 按展览的内容可分为专题性展览会和综合性展览会

专题性展览会是企业围绕某一产品举办的展览会，要求主题突出，内容集中，有一定的深度。综合性的展览会全面介绍一个企业品牌的情况，要求纵览全局，内容全面，有一定的整体性和概括性，既要突出重点，又要照顾一般，力求给观众以完整的印象。

2. 按展览的性质可分为宣传展览会与贸易展览会

宣传展览会只展不销，目的是宣传一种观念、思想、成就等，通常通过展出照片、资料、图表和有关实物达到宣传的效果。贸易展览会的特点是既"展"且"销"，展出实物产品，目的是打开产品的营销局面，提高产品的市场占有率，促进商品的销售。

3. 按展览的规模可分为大型展览会、小型展览会及迷你展览会

大型展览会一般规模大，参展项目多，需要较复杂的程序和较高的布展技巧。小型展览会规模较小，多由企业独家举办，展出自己的商品，展览会的地点常常选择在各类建筑的门厅、图书馆等。迷你展览主要指橱窗里展览和流动展览。橱窗展览是通过创意和艺术设计，对商店橱窗里展示的商品或模型进行组合设计来吸引消费者注意。流动展览是发挥人们的创造才能，利用各种交通运输车辆来进行的展览。

4. 按展览举办场地可分为露天展览会和室内展览会

露天展览会宜安排大型机械展览、农副产品展览和花卉等展览，其最大特点是布置工作较为简单，所花费用较少，但弊端在于受天气条件影响大。大多数展览会在室内举行，举办时间较灵活，长短皆宜，且显得较为隆重，而且不易受天气影响。但室内展览会的设计布置较为复杂，花费较大。

三、展览会的策划

问题 9：展览会的策划和组织应该明确哪些问题？

1. 策划展览会应该遵循的原则

（1）市场需求的原则。准确把握市场需求，科学分析市场需求，是展览会策划工作的前提。展览会是否有市场需求，可从三个方面判断：一是展览会有无客商参展、观众参观；二是展览会能否形成参展规模和参观规模；三是展览会能否制度化举办。

（2）投入产出的原则。项目预算是展览策划工作中不可或缺的内容。做展览会绝非无本生意，做新项目花的本钱比做老项目要多许多。因此，策划展览项目必须算账，即需要投入多少钱，可以赚回多少钱。

（3）资源配置的原则。展览会需从两方面配置资源：在外部，要考虑主办单位、展馆、合作单位等公共关系资源的配置情况；在内部，要考虑资金、人力、办公设施等资源的配置情况。

（4）可操作性的原则。按照营运展览项目的要求，拟定组织工作方案，以利于从实际操作角度评估策划工作的可行性。凡不具操作性的展览项目，策划工作就没有意义。

（5）规避风险的原则。上述四方面的策划工作不到位，都会产生风险。

2. 展览会的基本组织注意事项

（1）明确展览会的主题。展览的主题和目的，是展览会的灵魂和统帅，只有明确了这一主题和目的，才能精心确定内容，制作展览的实物、图表、照片、文字等，使之更有针对性。

（2）确定参展单位、参展项目。参展单位、参展项目是展览会活动的主体。在展览会的策划阶段，主办单位或承办单位可以通过广告、新闻发布或者邀请等形式联系可能的参展单位，并将参展时间、地点、项目、类型、收费标准要求和举办条件等情况告知联系的单位，一方面通过采取各种公关技能吸引参展单位，另一方面为可能的参展单位提供决策所需的资料。

（3）明确参观者的类型。在策划阶段，展览会必须综合考虑所针对的公众类型，参观者的类型将影响到信息传播手段的复杂性和多样性。如果参观者对展出项目有较深的了解和研究，就需要邀请这方面的专家做展览会的讲解人，需要把介绍的资料打磨得更加专业化；如果参观者只是一般消费者，则应采用通俗易懂的语言进行直观的普及性宣传。

（4）确定展览时间、地点。展览会时间的选择一般按企业需要而定。地点的选择，则首先要考虑的是方便参观者因素，如交通要方便，易寻找等；其次要考虑展览会地点周围环境是否与展览主题相得益彰；最后要考虑辅助设施是否容易配备和安置等。

（5）选定合适的工作人员。展览会工作人员的素质、展览技能和公关技能的掌握，对整个展览效果有重要影响。必须对展览会工作人员包括讲解员、接待员和服务员进行良好的训练和严格的挑选。同时对展览会相关内容如接待、介绍、服务、礼仪等公关技能进行专门培训。

（6）设立展览会的临时管理机构。一般来说，展览会应当设置以下职能机构：大会领导组、大会办公室、样品办公室、询问室、广播室、卫生保健室、贵宾接待室、保安处、会议室、谈判或签字室、停车场等。

（7）设立对外发布新闻的机构。展览会中会产生很多具有新闻价值的信息，需要展览会负责公共关系事务的人员挖掘，写成新闻稿发表，扩大展览会的影响范围和效果。专门的机构要负责制定新闻发布的计划和组织实施计划，并负责与新闻界进行联系的一切事务。

（8）准备各种书面宣传材料。从主办方和承办方来看，展览会的宣传材料主要有展览会背景资料、前言及结束语、参展品名目录、展览会平面图、展览会组织机构、日程安排和其他要求等。参展单位应提前做好准备。

（9）编制展览会费用预算。展览会的费用通常包括：场地费用、设计费用、工作人员费用、联络及交际费用、宣传费用、运输费用等，要根据展览所要达到的效果来考虑这些费用的标准。

四、展览会最终效果的检测

问题 10： 如何检测展览会的最终效果？

展览会后，需要对展览会的效果进行检测，了解公众对产品的反映，以及对企业的认识和对整个展览会兴办形式的看法等，检测是否达到展览的预期效果。检测方法主要有：

1. 开展问卷调查

展览会结束之后，企业可现场或根据签到簿上掌握的公众名单邮寄分发出问卷调查表，以了解展览会的实际效果。

2. 举办有奖测验活动

企业可根据展览内容，有重点、有选择地确定试题，答题方式以填空、选择、判断为主，当场解答，当场发奖。参观者踊跃应试，不仅能增强、活跃展览会气氛，而且能为测定展览效果提供统计的依据。

3. 借助记者采访

在展览会期间，企业可邀请一些新闻记者参加，让他们对公众进行采访，并做好录音或记录，以备测定效果之用。

4. 设置公众留言簿

企业在展览厅的出口处可设置公众留言簿，主动征求公众的意见，将其作为日后测定效果的依据。

5. 召开公众座谈会

企业还可以召开公众座谈会，随机地找一些公众进行座谈，了解他们对展览会的观后感，讨论一些主要问题，并提出自己的看法。

五、企业组织展览会应注意的问题

问题 11： 企业组织展览会应注意哪些问题？

企业举办展览会，一方面可以开展促销活动，宣传产品；另一方面可以开展公关活动，宣传组织、塑造形象。为提高展览效果，应注意以下问题：

（1）及时了解展览信息和其他相关信息，正确决策、充分准备、利用好展览会时机宣传组织和产品。

（2）预先接洽官方揭幕者或剪彩者，争取在正式开幕仪式举行时官方人员能参观组织展台，提高组织声望。

（3）积极同展览会的新闻发布机构或人员取得联系，预先提供组织关于展览的详细情况，借助展览的组织方对组织及产品进行宣传。

（4）参展者应重视视觉识别材料，有可能的话在展台或布展上搞特殊装修或对样品进行特殊安排，以增加其独特性和新鲜感。

（5）参展方公关人员应注意挖掘这种素材甚至可以制造独特新闻，来引起新闻界和社会公众的注意。大宗买卖成交或重要的参观者来访，或者是一种很有潜在价值的新产品将要展出，都是新闻媒介注意的重要题材。

（6）展览期间，组织重要人物出席或邀请知名度极高的社会名流来展台。参展者既可以直接邀请新闻记者，在展台旁组织记者招待会；也可以通过展览会新闻发布机构的新闻报道或信息发布进行宣传。

（7）参展者应审时度势，在展览期间抓住或制造任何一种机会来促进产品销售和塑造组织形象，如借助公益赞助等其他公关活动等。

（8）应争取记者给予报道展会情况，或者通过努力使本组织的展览成为有关的广播和电视节目构思的内容。

活动 3： 多人一组，参加一次当地举行的展览会，发掘展览会能引起你兴趣、给你留下深刻印象的展示，回来后与同学们交流。

考试链接

1. 明确展览会的特点和类型。

2. 能够策划一场展览会。

3. 如何检验一场展览会是否成功？

第四节 社会公益赞助

引导案例

公益赞助：中国企业如何不做无名英雄

黄双民是一家大型民营企业流沙集团的副总裁，主要负责集团对外的公共事务工作。由于老板一向为人低调，虽然流沙集团在行业中实力数一数二，但一直少在媒体上曝光，企业鲜为外界所熟知。在黄双民的劝导下，老板意识到对外宣传的重要性，开始有意识地通过公关的手段去打造企业的知名度与美誉度。

当时，省政府正在启动一个关于关注贫困百姓健康的社会项目，并广泛发动企业积极参与，黄双民认为这是一次非常难得的公益赞助机会，既可以迅速提高流沙集团的知名度，又有利于构建良好的政府关系，老板也认可了黄双民的想法。

在黄双民的主导下，公司投入200万元，与省内一家著名的医院合作（医院负责出技术），为贫困山区患白内障的患者免费做手术。由于是第一次操作这种公益赞助活动，黄双民不知道对整个过程的运作如何把握，在与医院签署了合作协议之后，基本全程交由医院去操作。

等活动结束后，黄双民才发现，虽然媒体对此次公益活动给予了高度的关注，也有很多新闻报道，但报道时基本只提到医院一方，对真正的投入方——流沙集团几乎只字不提，省里领导在活动结束时的总结中，也竟然没有提到此次活动的赞助者及主导者流沙集团，而只是提及活动的执行者——医院。

200万元的公益赞助虽然是做了一件社会大好事，但是对于流沙集团而言，却不是一次双赢的结果。对此结果，老板大发雷霆，黄双民陷入了苦恼之中，问题出在哪里？

流沙集团在公益赞助项目所遇到的问题，在中国的企业中并不是个案：面对政府的号召或者突如其来的自然灾难，许多企业不惜调动大量资金或物资捐献给社会，开始轰轰烈烈、场面感人，但赞助的过程结束了，企业发现自己的"义举"好像如风吹过——媒体在报道时轻描淡写，政府在总结中一笔带过，普通民众对此一无所知。

在一个商业化的社会中，企业进行公益赞助虽然不纯粹为了商业目标，但从企业利益的角度上，企业总是希望其公益赞助可以达到一个双赢的局面：社会因企业的行为而受益，而企业也因此受到更多关注或赢得消费者好感。令人遗憾的是，中国企业在公益赞助行为上，到最后总是变成了"无名英雄"或者效果不如意。

资料来源：林景新：《公益赞助：中国企业如何不做无名英雄》，《民营经济报》，2005年11月7日。

➡ **思考题：**

1. 流沙集团为什么要赞助这次活动？他们没达到目的的原因是什么？

2. 流沙集团的赞助活动属于哪种赞助活动？这种赞助活动应该如何策划？

一、社会公益赞助的概念与作用

关键术语：社会赞助活动

赞助活动是企业通过资助一定的实物或者承担部分、全部费用，赞助兴办文化、体育、社会福利事业和市政建设等，向社会表示其承担的责任和义务，以扩大企业影响，提高知名度和美誉度的公共关系活动形式。

问题 12：赞助活动有什么样的作用？

公益赞助行为虽然不能直接带来产品的销售，但长远地看，它会改变人们对企业的看法，间接地促进品牌的声誉、形象以及销售等。赞助活动由于其独特的效果被越来越多的企业所认可并被广泛应用。其主要作用有：

1. 树立企业的良好形象

企业在发展过程中，除了盈利及其他目标外，还必须自觉履行一定的社会责任和社会义务，以表明自己是社会的细胞，要为社会贡献一份力量。同时，也可以借此得到政府和社区的支持，获得生存和发展的可靠保障，从而有效地树立企业关心社会公益慈善事业的良好形象。

2. 增进与目标公众的情感和友谊

企业赞助举办与目标公众密切相关的活动，能够有效地培养其同目标公众的情感，增进彼此之间的友谊，加强双方的联系，使公众在内心深处认同企业，自觉地成为企业的顺意公众。

3. 展示企业的经济实力，增强企业的社会影响力

企业在赞助中，往往要投资大笔经费，尤其是一些重大社会事业，动辄上百万元，这对显示企业的雄厚资金、展示企业的实力形象是极其有益的，无形之中也可增强企业在公众中的影响力。

4. 增强广告的说服力和提高广告宣传效果

通过赞助活动来做广告，一方面可以通过赞助活动作为广告宣传的载体，在公众获益的过程中产生对组织的好感和心理倾向；另一方面可以通过赞助所获得的"冠名权"和优先宣传提高广告的效果。

二、品牌开展公益赞助的基本原则

问题 13：品牌开展公益赞助的基本原则是什么？

作为一种投资行为和宣传方式，企业的公益赞助活动，具有较强的政策性

与技巧性，在实际操作中必须遵循以下基本原则：

1. 维护公共利益原则

企业开展赞助活动的目的是树立良好的社会形象，表明企业积极承担社会责任和义务。因此，开展赞助活动必须着眼于社会公共效益，以获得公众的普遍好感。一般地说，企业要优先赞助社会慈善事业、福利事业、公共市政建设以及文化教育活动。

2. 合法原则

合法原则主要有两方面含义：第一，赞助的对象要合法，即遵守法律道德要求，符合社会利益和公众利益。否则，就会给公众以"助纣为虐"之感，不仅不利于实现赞助活动的目的，反而会损害企业形象。第二，赞助的方式要合法，即严格遵守政策法规。违背政策法规，利用赞助搞不正之风，也会破坏企业的形象。

3. 量力而行原则

企业在开展赞助活动时，应当量力而行，根据企业的经济实力和利润额，支出合理的赞助经费。赞助经费的数额，必须在企业能够承受的范围之内。

4. 相关原则

一般来说，企业赞助的活动对象应当与公众生活或企业的经营内容相关联，以获得直接的公共关系宣传效果。

三、品牌企业公益赞助的基本类型

问题 14： 品牌企业公益赞助的基本类型有哪些？

1. 赞助教育事业

百年大计，教育为本。教育是立国之本，发展教育事业是一个国家的基本战略方针。企业自觉地赞助文化教育事业，如出资建立图书馆与实验室、设立某项奖学金制度、资助贫困学生、捐资希望工程等，既可以促进学校教育事业的发展，又可以为企业树立一种关心社会教育事业的良好形象。

2. 赞助文化生活

文化生活是公众社会生活的主要内容之一。企业积极赞助文化生活、丰富公众的生活内容，不仅可以增进企业与公众的深厚感情，而且可以提高企业的文化品位和知名度。赞助文化生活的方式主要有：赞助拍摄与企业有关的影视片、资助文艺演出队伍、赞助文化演出活动等。

3. 赞助学术活动

企业赞助学术理论活动，如提供开会地点、资助会议的经费，设立学术研究基金等，既可以利用学术理论活动在公众中的影响提高企业知名度，又能直接得到理论工作者的科学诊断和积极建议，从而改进企业的生产与管理工作。

4. 赞助体育运动

由于体育比赛活动拥有众多的观众，而且往往是新闻媒介热衷报道的对象，对公众的吸引力大。因此，企业常常赞助体育运动，以增强对公众施加影响的广度和深度。赞助体育运动常见的形式有赞助体育训练经费或物品、赞助体育竞赛活动、设立体育竞赛奖励项目等。

5. 赞助社会福利事业

提供物质、经费帮助给各种需要社会照料与温暖的人，如孤寡老人、残疾病人、福利院儿童等，积极开展服务活动，既是企业向社会表明履行社会义务的重要手段，也是企业改善社区公众关系、政府公众关系的重要途径。

6. 赞助社会公益事业

企业出资参加市政公共建设，如修建马路、天桥、公园、候车棚、路标等，一方面可以为政府减轻建设压力，赢得政府公众的信赖；另一方面又能为广大市民公众带来方便，赢得市民公众的称赞。

7. 赞助传统节日庆典活动

企业利用自己的产品或服务项目赞助传统节日庆典活动，增加节日气氛，让公众在心情舒畅的气氛中享受企业的祝贺与便利，也能收到良好的公共关系效果。

8. 赞助建立奖励基金

有经济实力的企业组织，可资助或者组办某种职业奖励基金，通过冠名或者参与能获得很好的社会效益。

此外，还有公共宣传用品的制作、社会竞赛活动的开展等，公关人员都应认真研究，不断开发，以增强赞助活动的效果。

四、品牌企业赞助活动的策划

问题 15：品牌企业应当如何策划实施赞助活动？

赞助活动是一种操作性、技术性很强的公共关系专题活动，一次完整的、成功的赞助活动，需要做好以下工作：

1. 进行细致的调查研究

企业要开展赞助活动，进行调查研究是非常重要的一步。企业应从经营活动政策入手，分析企业的公共关系目标，确定赞助目的，并据此考核需要赞助的项目是否对社会、对公众有益，是否能对本企业产生有利影响，还应进行成

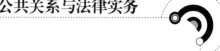

本核算和效益分析，保证社会和企业都能获益。

2. 制订具体的赞助计划

企业要在调查研究的基础上制订可行的赞助计划。赞助计划的内容对赞助的目的、赞助的对象、赞助的形式、赞助的费用预算、赞助的具体实施方案等都有所计划，并控制范围，防止赞助规模超过组织的承受能力，节制浪费现象，做到具体翔实、有的放矢。

3. 评估审核赞助项目

企业在进行一次具体赞助活动前，应由组织的高层领导或赞助委员会对提案和计划进行逐项的审核评定，确定其可行性、具体赞助方式、款额和时机。

4. 认真实施赞助方案

企业要派出专门的公共关系人员，去具体实施赞助方案。在实施过程中，公关人员要充分利用有效的公共关系技巧，尽可能扩大赞助活动的社会影响；同时，应采用广告和新闻传播等手段，辅助赞助活动，使赞助活动的效益达到最佳峰值。

5. 测定赞助效果

赞助活动结束后，企业应该对照计划，测定实际效果。检测过程包括检查、收集各个方面（如公众、新闻媒介、受赞助组织）对此次赞助的看法、评论，看是否达到预定目的，还有哪些差距，原因是什么，并把这些写成总结报告，归档储存，为以后的赞助活动提供参考。

总之，公益赞助活动是企业重要的公关活动之一，企业在操作时，必须注意其科学性。目前的赞助活动还可能出现以下问题：主体意识强，但盲目性大；赞助活动多，但科学性差；活动形式多，但创造性差。这一方面是因为企业对公关理论以及赞助技巧的掌握不够；另一方面同企业的现实环境有关。作为赞助方的企业公关人员要努力学习，灵活掌握赞助技巧，提高赞助创意能力，并且要坚决抵制赞助上的人情风，坦率而诚恳。只有这样，才能增强赞助活动的科学性和有效性，实现组织公益赞助的目的。

活动 4：多人一组，在学校里策划一个大型学生活动，选出部分同学作为外联人员与当地企业的公共人员接触，寻求他们对活动给予赞助，记录下寻求赞助的各个环节，活动之后与同学们交流。

考试链接

1. 社会公益赞助的重要意义。
2. 品牌进行社会公益赞助时应该明确的步骤方法。

第五节　品牌公共关系广告

回家

1993年母亲节前夕，北京印象广告公司在地铁车门上做了个广告。画面是夕阳的余晖中一位慈祥的母亲企盼着远方的儿女。红色标题为《回家》。广告的文词是："曾几何时，我们因为奔波事业，陶醉爱情，照顾子女，而冷落了终生操劳的母亲。回家，看看母亲最欣慰的笑容吧！哪怕只是打个电话。"

母爱是最为神圣的也是最为普遍的人情，试想在母亲节，看到广告画面母亲那孤独的形象，企盼儿女的神态，公众的心灵怎能不被深深地触动。特别是看了那情重如锤的广告词，必然怦然心动，或早早打点，探望母亲；或实在无奈，赶早打个电话。这真是赠人以言，重于金石珠玉。在这里，母爱被唤醒，而拥有母爱的公众对印象广告公司感激之余，也会把一份爱回报给广告公司。

资料来源：冯道常：《公关广告的情感诉求》，《现代交际》，1998年第2期。

思考题：

1. 上述案例中公关广告起到了怎样的效果？
2. 如何策划写作有影响力的公关广告？

一、公关广告的概念与特点

关键术语：公关广告

所谓公关广告，就是一种设法增进公众对企业的全面了解，提高企业的知名度和美誉度，从而赢得公众信任和合作的广告。运用公关广告，可以起到塑造企业形象、强化品牌形象、宣传企业宗旨、引导公众观念等作用。

问题16：企业的公关广告与商品广告有何区别？

我们日常生活中见得最多的是商品广告，这是一种以促销为目的的广告，主要宣传某种具体商品或服务。尽管公关广告和商品广告都是广告，但它们实际上是有区别的。

1. 广告目的不同

商品广告的目的是诱发消费者的购买动机，它直接宣传产品名称或性能，以促进产品或服务的销售。公关广告则不直接宣传产品，而是传播产品之外的各种与企业形象相关的信息。对于这两者的区别，人们形象地说：商品广告是要公众买我，公关广告是要公众爱我。

2. 宣传模式不同

商品广告是让公众先认识产品然后再认识企业，而公关广告则是让公众先认识企业再认识产品。这两者的模式如下所示：公共关系广告：公众——组织——产品；商品广告：公众——产品——组织。

3. 感情色彩不同

商品广告的商业色彩较浓，注重引导人们的购买行为；公关广告则商业色彩较少，重视与公众进行情感交流，引发公众好感，它融入了更多的对人性、对社会的关怀。

4. 广告主体不同

商品广告的主体是工商企业，而公关广告的主体则可以是工商企业，也可以是政府部门、非营利组织等各种类型的组织。

二、公关广告的类型

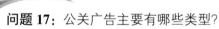

问题 17：公关广告主要有哪些类型？

1. 祝贺广告

节日、纪念日之际，社会组织向公众贺喜，或在兄弟单位开业庆典时表示祝贺，可以增加一份亲情；向公众表示与公众携手合作、献上爱心的心意。

2. 谢意广告

节日、纪念日之际，或社会组织举办某种活动圆满结束时，向消费者公众或社会各界公众表示衷心的感谢。社会组织的表达谢意之举，更加增进其与公众的情感交流，维系了与公众的关系，烘托了友谊的氛围。

3. 观念广告

观念广告是通过提倡或灌输某种观念和意见，试图引导或转变公众的看法，影响公众的态度和行为的一种广告。观念广告可以是宣传组织的宗旨、信念、文化或者是某项政策，也可以是传播社会潮流的某个倾向或热点。

4. 信誉广告

信誉广告是社会组织通过公众对其优质产品、优质服务的良好信誉以及在国内外评优获奖情况进行宣传的广告。此类权威机构的认定、消费者的认可和客观评价，对公众来说有着较高的可信度，也可以是社会组织直接向消费者征求意见的方式，表现其服务至上、信誉第一的宗旨。

5. 解释广告

在社会组织形象被歪曲、造成公众误解时，及时向公众解释事实真相，阐明态度，宣传其政策、方针，澄清混淆视听的传言，以矫正被损害的形象，维护声誉。

6. 致歉广告

社会组织就自身工作不足之处或自身过错向公众致歉，表示诚意，或以致歉的方式表达已获得的进展和进一步发展，以退为进，出奇制胜。

7. 倡议广告

以社会组织名义率先发起一项对社会有重要意义和影响的活动，或倡议一种新观念，显示其社会责任感、伦理道德观、创新精神等，显示其良好的社会风范，显示其率先开拓、领导潮流、敢为天下先的胆识，为公众所瞩目和称道。

三、公关广告的文体特征及写作原则

问题 18：公关广告有哪些文体特征？写作公关公告应注意哪些基本原则？

（一）公关广告的文体特征

1. 公关广告以服务公众为宗旨

公共关系的行为规范要求公关广告在"利己性"这一广告规则的大前提下，尽可能体现利他性，以服务于公众为宗旨，体现一种类似"社会福利事业"的精神，而商品广告则在"求实"的行为规范要求下，带有比较强烈的"利己性"倾向。

2. 公关广告目的含而不露

公关广告是公共关系实务活动的一部分，其功利目的与公共关系的总体目标和从事公关活动的组织发展目标紧密相连，因此，它在目标上与商品广告有明显的区别。公关广告是"推销社会组织"，其主要目标是唤起人们对社会组织的注意、兴趣、信赖、好感，创造有利于组织发展的良好的社会环境和气氛，而商品广告的目的则是直接刺激公众的消费欲望，从而达到扩大商品销售额或拓展服务面、增加服务收入的目的。

3. 公关广告结构形式的新闻性

有些公关广告直接是以新闻的面目出现的，如：向社会宣传企业取得重大成就、受到表彰情况的公关广告，企业参与社会福利事业捐助活动的公关广告，介绍企业实施新战略、企业法人代表最新重大活动的公关广告，以及以广告形式出现的企业法人代表访问记等，其结构要素都具有明显的新闻特征。

（二）公共关系广告写作的基本原则

公共关系广告宣传的主题内容可以不同，所追求的公关目标也可以不同，但公共关系广告写作应遵循的原则有：

（1）独具特色的原则。应在特定的公关主题下形成企业自己独特的风格，以加深社会公众对本企业的印象。

（2）勇于创新的原则。要求公关广告在具体内容、分析角度、运用手法等方面，新颖别致、富于创新意识，以给予社会公众一种清新的活力和奇特的美感。

（3）务实客观的原则。公关广告应避免弄虚作假，要真实地、客观地进行公关广告设计、编写与制作，以争取得到更多的社会公众的信赖。

（4）求佳时的原则。公关广告必须时机选择得当，否则将导致事倍功半。

（5）注重效果的原则。公关广告必须注重效果。这里的效果是指商誉目标的实现、企业或组织自身的发展和社会整体效益的扩大。

（6）避免商迹的原则。公关广告必须避免与商业广告雷同，应体现出公关活动的特点，应从维护社会公众利益的角度出发，树立组织或企业的形象，以给组织或企业发展带来长期的社会效益。

207

四、公共关系广告的策划

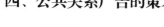

问题 19： 如何策划制作公共关系广告？

一般来说，公共关系广告的制作程序可分为确实主题、选择媒体、构思写作三个步骤。

（一）确定主题

"主题"是指公关广告中要说明的重点问题与所期望达到的主要目标。公关广告的总目标是树立、提高企业的良好形象。但由于每个企业的具体情况不同，所制作的公关广告的主题重点也就不同。一般来说，公关广告的主题可围绕以下几方面来确定：

（1）公共服务主题。通过向公众说明本企业对社会所作的重大贡献，包括对社区、对本行业、对国家所作的贡献及提倡某种有意义的新观念、新风尚、新行为，引起公众对企业的注意和赞誉。

（2）经济贡献主题。其目的在于加深社会公众对目前经济情况的了解，说明企业经济活动的成就以及对国家、对社会的贡献。

（3）企业声誉主题。通过广泛宣传企业的历史、规模、产品、政策方针、企业文化、精神理念、分配制度、管理制度等来树立企业的良好声誉。

（4）员工关系主题。通过宣传企业内部公关工作的新情况、新动向，促进与内部员工的积极沟通。

（5）特殊活动主题。通过宣传和报道公关专题活动，如庆典、展览、新厂落成、设备投产等，引起公众对企业的兴趣和好感。

（二）选择媒体

公关广告应用的主要媒体是报纸、杂志、广播、电视。选择广告媒体的目的，在于求得最大的经济效益和最好的社会效益。正确地选择媒体，一般要考虑以下因素：

（1）内容的特性。公关广告所涉及的具体内容的特点，应依据不同公关广告内容选择不同的广告媒体，以保证特定的社会公众能够看到、听到、读到。

（2）媒体的性质。不同的广告媒体，有不同的性质与特点。公关广告媒体选择得合适，公共关系活动效果就会显著；反之，会弱化公关活动的效果。

（3）目标的要求。企业在选择广告媒体时，必须要考虑公关广告目标与企业社会活动及经济活动的结合。

（4）公众的习惯。不同的社会公众在工作职业、兴趣爱好、文化程度、知识结构及生活习惯等方面各具特点，从而形成了对媒体的不同接触习惯。企业在选择公关广告媒体时，要根据特定目标公众对媒体的接触习惯，选择他们愿意接触和接受的广告媒体。

（5）自身的实力。各种广告媒体，其费用支出不尽一致，企业在选择媒体时，应量力而行。可行的办法是依据企业自身的财力来合理地安排公关广告活动，选择适当的传播媒介、适当的刊播时间、适当的刊播空间。

（三）构思写作

公共关系广告的写作需要很高的公共关系技巧。

1. 标题

公关广告对标题的要求是：醒目、通俗、自然、亲切，能吸引人。标题是公关广告的题目，它应揭示广告的主旨。公关广告标题切忌双关语、文学典故或晦涩文字的出现。

2. 正文

正文是广告的中心部分，也是表现主题的主要部分。通常的要求是：重点突出，简明易懂，具体亲切，真实自然。

3. 标语

标题的作用是引导公众注意广告和阅读广告正文，使消费者建立一种观念，用以指引选购行为。在拟定标语时，应注意要简短、独特、易记，精心推敲，认真措词。有些广告标语之所以尽人皆知，就因为它具备这些特点。

活动 5：以"我爱我校"为主题策划创作一则公共关系广告，并与同学们交流。

考试链接

1. 明确公共关系广告的特点。

2. 根据企业要求，策划撰写各类公益广告。

北青车展点燃京城

2010 年 8 月，为期 4 天的北青车展圆满落幕。虽然烈日炎炎，但车展最后一天仍有 3.5 万市民前来观展，其中 572 人现场买下了欣赏的汽车。据统计，北青车展 4 天观众累计超过 10 万人，总计成交汽车 2014 台。主办方准备的 1000 套 5000 元大礼包更是在上午 10 时就全部发放完毕。

根据历史传统，8 月份向来是汽车销售的淡季，这次北青车展的成功举办却为广大汽车经销商带来了意外之喜。其中东风日产北京地区所有经销店全部参展，以天籁、奇骏等高端车型为主，4 天共计销售 574 台汽车，成为本次车展的最大赢家。东风日产北京东风南方市场总监单世鹏直言"没想到"，他表示，这是东风日产第一次以区域规模参展，由于经销店多，车主维修保养比较方便，再加上东风日产的产品线已经完善，可供消费者选择的余地较大。参展之前，东风也曾想过以《北京青年报》的影响力，销售情况应该比较乐观，但毕竟是淡季，对一天卖出 202 台还是没有心理准备。本次车展 9 万~13 万元的车型最受追捧，而奥迪、奔驰、宝马等高端品牌的销售成交额也不甘落后，用一名销售人员的话说即为"数字远超预期"：展示了 R8 等靓车的奥迪品牌 4 天共销售 19 台车；计划销售 15 台汽车的宝马北京燕宝店，也以 18 台的成交量超过销售预期；以 10 款车型参展的奔驰波士通达店销售情况则可以用"不可思议"来形容，4 天成交近 30 台，仅车展最后一天就卖出 11 台，销售人员苦笑着说，刷卡刷到手软，POS 机上的纸都不够用了。

资料来源：李东颖：《8 月车市淡季，北青车展 4 天售 574 台车》，《北京青年》，2010 年第 8 期。

案例分析

杭州之江有机硅化工有限公司建厂十周年暨荣膺"中国名牌"庆典

2006年是杭州之江有机硅化工有限公司建厂十周年。9月，之江公司在行业内首批获得国内最高荣誉"中国名牌"称号，这对之江有机硅来说具有里程碑意义。公司决定借这两件大事，举办建厂十周年暨荣膺中国名牌庆典活动，充分宣传之江品牌的实力，为之江今后的飞跃式发展奠定基础。

2006年12月6日晚，"杭州之江有机硅化工有限公司十周年华诞暨荣膺中国名牌盛典"活动在北京饭店宴会厅隆重举行。邀请的来宾中，有中国建筑装饰协会的会长、上海耀华皮尔金顿股份有限公司的董事长、北大西飞科技发展有限公司的总经理，世界有机硅协会主席，日本信越化学工业株式会社社长，荷兰阿克苏诺贝尔总经理等世界500强知名企业的领导人，以及欧洲主要国家门窗协会和国内的幕墙门窗行业及相关行业的嘉宾400余人。

庆典邀请了凤凰卫视的著名节目主持人陈鲁豫为嘉宾主持。庆典在优美的交响乐声中缓缓地拉开了帷幕，把记忆追溯到十年前全体之江人在何永富总经理的带领下艰苦创业时的情景。那时，之江人就以树立"打造国际一流品牌"为目标和遵循"质量是企业的价值和生命"的经营理念，并为此进行着孜孜不倦的追求。之江人依靠科技进步、自主创新的发展理念，依靠不懈求索、砥砺自奋的工作作风和依靠社会各界对之江的无限关爱和大力支持，才使之江公司在2006年获得了国内产品质量的最高荣誉称号——中国名牌。庆典的主题，不仅是要庆祝，更重要的是要感谢与感恩。之江有机硅取得今天的瞩目成绩离不开全体员工的辛勤奉献，离不开广大客户的关爱，离不开各级领导的关心和各界朋友的支持。

在一首首经典的交响乐曲目后是鲁豫访谈，她分别对政府及行业的领导、国内外合作伙伴和客户进行了简短而精练的问答。北京舞蹈学院以一曲精彩的芭蕾舞《四小天鹅》拉开了晚会芭蕾舞的序幕。北京舞蹈学院，芭蕾舞界首席吕萌，中央芭蕾舞团奇葩朱妍、余波又分别献上了恢弘绚丽的芭蕾舞剧《红色娘子军》、《堂吉诃德》和《天鹅湖》，赢得了所有观众的啧啧赞誉。接下来海政歌舞团著名歌手霍勇和吕薇给现场嘉宾带来了一首首精彩而脍炙人口的民族歌曲。

十年磨一剑，之江经过十年的超常规、跨越式的发展，从小到大，从弱到强，从国内走向国际，成为当今很有影响力的龙头企业，这一切都是来之不易的。之江公司希望以获得"中国名牌"为起点，踏上新的征程，生产国内乃至世界先进的高附加值、高精尖化学产品，并在中国乃至全球树立一个卓越的品牌，为打造"世界名牌"美好愿景而不懈奋斗！

　　资料来源：唐斌：《杭州之江有机硅化工有限公司建厂十周年暨荣膺中国名牌庆典》,《中国建筑金属结构》, 2006 年第 12 期。

问题讨论：

　　1. 之江公司庆典活动的目的是什么？它的庆典活动的安排如何体现了这个目的？

　　2. 结合案例分析庆典活动的程序应重点关注哪些环节？

本章小结

1. 新闻发布会的特点

（1）宣传面广。

（2）正规隆重。

（3）沟通活跃。

（4）传播迅速。

（5）成本较高。

2. 企业的庆典活动的类型

（1）节庆活动。

（2）开幕庆典。

（3）闭幕庆典。

（4）周年庆典。

（5）特别庆典。

3. 展览会的特点

（1）传播方式的复合、多元。

（2）传播效果直观、生动。

（3）与公众沟通的双向、高效。

（4）活动方式的广泛关注性和新闻性。

4. 赞助活动的主要作用

（1）树立企业的良好形象。

（2）增进与同目标公众的情感和友谊。

（3）展示企业的经济实力，增强企业的社会影响力。

（4）增强广告的说服力和提高广告宣传效果。

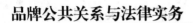

第八章 品牌公共关系实务

5. 公关广告的主要类型

（1）祝贺广告。

（2）谢意广告。

（3）观念广告。

（4）信誉广告。

（5）解释广告。

（6）致歉广告。

（7）倡议广告。

深入学习与考试预备知识

企业与展览会

企业参加展览会活动，可以降低营销成本，拓展营销渠道，更有助于企业树立形象，提高知名度，是展现企业品牌、企业文化、企业实力以及企业经营理念的上佳方式。企业通过参加展览会，进行观察调研，可以收集到有关竞争者、分销商和新老顾客的市场信息与相关的技术信息，能够迅速、准确地了解国内外最新产品和发明的现状与行业发展趋势，了解主要竞争者的经营业绩、发展潜力和竞争价值取向，了解并明确本企业在行业中及竞争中所处的地位，还能接触到潜在的客户，并与这部分客户群建立一种初步的合作意向等。而这些信息的收集，有助于帮助企业制定完善的发展策略。那么，如何正确地选择展览会，如何在展览会中表现出最佳的状态，就成为了企业公共关系处理中重要的环节。

正确选择展会是参展成功的重中之重，分析展会资料，了解展会性质、会场场地情况等，就成为了公共关系人员必做的功课。而向展会所在地或邻近地区的销售代理商或其他参展商征求意见看法，也是不错的方式。

评断展会时应该考虑到，它是否与特殊节假日或事件相冲突，以及企业的产品是否正处于销售的最佳时节，即买主是否有足够的时间调整自身对于产品的需要，企业是否有充足的时间保证生产线的稳定。

在对展会做出细致分析后，企业才应决定是否要参展。其后谨慎的选择摊位的地点、培训参展人员、尽可能有新意地布置展台，并做好展览前的广告宣传，争取达成最理想的参展效果。

知识扩展

公益赞助应遵循的策略

参照国外对公益赞助的成功运作，本土企业要避免出现"对社会有利，对企业无益"的结果，可以遵循以下的策略原则：

1. 时机性原则

恰当的时机进行恰当的赞助。当社会出现重大事件或重大事故时，社会、媒体、民众对事件的关注度最高，如果企业能够在这一时间主动表态，必定可以引来更多的注意力，也最能吸引媒体的报道。

2. 商业运作化原则

公益赞助必须策略先行。对于企业而言，公益赞助可能视为一项企业营销行为，所以在执行公益赞助时必须视同企业其他营销行为一样，策略先行，预先将整个过程的每个步骤考虑周到。只有考虑充分，把握得当，才能使企业避免成为"无名英雄"，使结果朝着企业所希望的方向发展。

3. 长期性原则

将公益赞助视为企业一种商业战略。对于跨国企业而言，公益赞助是一项长期的商业策略行为；持续的投入与持续的回报直接推动了他们有动力去不断进行公益赞助，也使其积累起深厚的品牌美誉度。在企业实力允许情况下，中国企业可以将公益赞助纳入企业战略的一部分，通过对某一公益项目持续性的赞助，最终获得政府、媒体的高度认可与持续关注。

答案

第一节：

（1）新闻发布会是企业直接向新闻界发布企业信息，以谋求新闻界对其客观报道的手段，它具有宣传面广、传播迅速等优点。海蒂饮料通过新闻发布会的方式进入山西，通过当地各大主流媒体的报道，可以迅速而大范围地达到宣传效果，扩大社会影响力，最短时间内提高自身的知名度。

（2）新闻媒体在企业产品的推广工作中起到了至关重要的作用。以海蒂饮料为例，通过新闻发布会的方式，为省内各大媒体所报道，有助于短时间内初步打开山西省内市场，通过媒体作为媒介宣传企业的正面形象，更有助于提升

企业的公众正面形象，扩大知名度和影响力，继而形成利益回报。

第二节：

（1）IBM公司此次公共关系处理达到了其预期的效果。这次庆典的目的一是为了表彰有突出贡献的员工；二是促进员工之间的团结和凝聚力。通过这次活动，员工的工作积极性得到了调动，企业的凝聚力和向心力得到了增强，同时又向社会宣传了企业的内在文化和正面形象，可谓大获成功。

（2）略（本道题目是开放性答案，学生可以自行调研得出结论，证据充足，言之有理即可）。

第三节：

（1）华诺密克坚信机遇不会从天上掉下来，充分利用了原本不被看好的展位，采用了多种能吸引大众目光的方式，如阿拉伯风格的沙漠和身着阿拉伯服饰的接待人员等，使自身的展位与众不同，而记者的报道更为华诺密克的宣传增加了有力的筹码。更重要的是赠送小礼物等方式，对参观者有着十足的吸引力。

（2）企业想要成功地策划参与展览会，首先应该明确展览会的特点和类型，对如何策划参与展览会有总体上的把握。在策划过程中，要牢牢把握市场的需求，考量自身的投入产出计划，确认策划方案的可操作性，优化资源配置，尽量做到避开风险。对于展览会的组织，首先要明确展会的主题和参与主题；其次要把握好展览的最佳时间地点，挑选合适的工作人员，核对展览会的各项预算，并切实有效地做好各类宣传工作。

第四节：

（1）流沙集团此次的赞助有着社会公益性的目的，但也希望能通过赞助活动宣传企业形象，提高企业的影响力，赢得公众好感。不过第二个目的并没有切实达成。因为在与媒体的沟通上存在一定问题，没有很好地实现宣传效果。

（2）流沙集团的赞助属于企业社会公益赞助。企业在这类公益赞助中应坚持三个原则：即维护公共利益原则、合法原则以及量力而行原则。在实施前，企业应做好细致的社会调查，分析公共关系目标，确定赞助目的，进行效益分析。然后指定具体的赞助计划，对赞助的对象形式以及预算等做出翔实的计算。在高层领导对赞助计划进行审核后即可落实，并于赞助活动结束后做出准确的评估。

第五节：

（1）本题为开放性试题，希望学生能根据材料合理地表达自己的看法。

（2）想要写出有影响力的公关广告，首先要明确公关广告的类型，选择最适合自己的一种。其次要明确公关广告的写作特征和文体模式，并能根据不同的写作目的选择宣传媒体。

案例分析：

开放性试题，请学生结合前文做出自己的分析。

第九章

品牌设计法律实务

学习目标
★★★★

知识要求 通过本章学习，掌握：

● 什么是品牌设计，它与品牌形象、企业形象有何不同
● 品牌设计应遵循哪些原则
● 企业名称的法定构成要素，企业命名中应遵守哪些法律规定
● 什么是商标，商标有何作用，在设计时需考虑哪些法律问题
● 什么是商品装潢，它与商标有何区别
● 我国对商品包装设计问题有哪些法律规定

技能要求 通过本章学习，能够：

● 熟悉品牌设计所涉及的法律法规
● 知晓企业命名的构成要素，在企业命名中依法行事
● 防止在设计商标时侵害他人权益，同时运用法律保护自身权益
● 了解商品装潢与商标的区别，必要时运用法律维护自身权益
● 熟悉商品包装设计问题的法律规定

学习指导
★★★★

1. 本章内容包括：品牌设计的基本问题；企业命名中的法律问题；商标设计中的法律问题；商品装潢设计中的法律问题等。

2. 学习方法：先熟悉理论，然后揣摩案例，做市场调查，在案例和调查中熟悉、运用理论。

3. 建议学时：8学时。

第一节　品牌设计基本问题

 引导案例

红双喜香烟的品牌设计

红双喜是一个特殊的装饰类型，具备装饰纹样的一些特点，它的吉祥主题表明了人们对未来的希望和理想。分析红双喜香烟的品牌设计，不难发现以下几个问题：

（1）品牌设计讲究的是美感，尤其是视觉表现的东西。现在我们看到红双喜香烟的感觉就是土气、过时，有民族传统的元素外形，却没有把民族的风韵表现出来。

（2）产品优势没有从品牌设计中显现出来。红双喜仅仅是一个传统的吉祥图案，以其吉祥喜庆的内容、深邃的含义、耐人寻味的文化意蕴而深受人们的喜爱，但只是让人们有亲切感，并没有跟产品联系起来，它跟香烟没有直接的联系，看到这个品牌图形，人们不会联想到它的商品——香烟。

（3）在提升产品可信度上，红双喜香烟做得也不够。它仅有一个平面的图案式的标志，整体包装用纸比较薄软，制作不够精致。产品的卖相关系到产品的品质感，影响着消费者对这个产品品质的信任度。这样的设计使消费者对产品的亲切感逐渐丧失，低价的定位反而增加了低质的感觉。

（4）市场重名雷同太多。虽然在烟草业内没有模仿红双喜品牌设计的香烟，但是后来市场上出现了很多以红双喜作为品牌的企业：如著名的红双喜牌体育用品。还有一些企业，比如红双喜婚庆公司、红双喜燃具、红双喜压力锅、红双喜厨卫、红双喜酒等，这些都影响了红双喜品牌的价值和红双喜香烟的独特性，因为它没有把红双喜运用得恰到好处，没有展现香烟的品牌，没有独一无二的视觉效果。其实这些企业，标志用的图形几乎都一样，在重名里走到了死胡同。

（5）品牌设计包括很多方面，功能性是其中重要一点，而红双喜香烟在这方面并不突出。纸质包装、塑料封口，打开包装程序繁琐，尤其是取出一根之后，剩下的在软软的烟盒里，不是漏出来就是被挤变形；而有些品牌的香烟开

始已注意香烟拿取和携带的便利，采用利于保存的铁质开口的盒子，品质上也显得高档，为品牌增加了附加值。国外的香烟品牌设计在这些方面就比较成熟，红双喜香烟应该增加人性化的功能性设计。

（6）红双喜香烟设计的差异性不足。这个差异性主要体现在它与其他品牌香烟之间，要与其他香烟品牌的形象区别开来。那么多的国产香烟中，很难找到红双喜香烟，甚至大同小异，几乎都是以红、黄色调为主，品牌名称和包装的视觉效果都略显年代久远，特别是中华、喜庆、金陵、重庆、猴王、东渡、大红鹰、大鸡、中南海等。

（7）红双喜香烟在品牌设计的传统性与现代性、民族性与国际性的结合和平衡方面没有把握好。它的本意是要通过设计符号传承中国传统，但是没注意到用现代的设计语言来适应今天国际化的观念和思潮。红双喜这样的吉祥主题，其装饰动机是创造一个吉祥的世界，表达一种对和谐、安康、富足生活的企盼。其实，吉祥意味同样适用于现代设计，适用于传达现代的设计理念，这种吉祥寓意的沿用，使我们的现代设计少了一些商业气，更多了一些文化气息和亲和力。当然，继承并不意味着拘泥，应该在理解的基础上取其"形"、延其"意"，从而传其"神"，用中国传统文化精粹，以现代国际化语言来表达，把吉祥红双喜符号的精神元素融入现代品牌设计之中，这样必定会使中国的品牌更具国际性和现代意味。

资料来源：刘璐：《双喜香烟的品牌设计》，《装饰》，2008年第2期。

思考题：

1. 结合案例，分析红双喜品牌设计的败笔之处。
2. 思考品牌设计应该遵循哪些原则？

一、品牌设计的概念与特征

关键术语：品牌设计

品牌设计是在企业正确定位自身的基础之上，基于品牌定义下的视觉沟通，是对一个企业或产品进行命名、标志设计、平面设计、包装设计、展示设计、广告设计及推广、文化理念的提炼等，从而使其区别于其他企业或产品的个性塑造过程。

问题1：品牌设计与品牌形象、企业形象有何不同？

1. 品牌设计与品牌形象

品牌设计和品牌形象有紧密相关之处，因为设计的便是形象，而形象也离不开设计，要准确地将二者区别开来几乎是不可能的，但不可据此将两者混为一谈，品牌设计和品牌形象也有相区别之处。

品牌形象是企业按照时尚的要求，对品牌进行设计、包装之后，要展现给消费者的形象，是企业和消费者想要看到的、感受到的，是他们对品牌的认知和评价，是静态的。而品牌设计就是按照确实的品牌形象所进行的一系列的包装设计，是塑造品牌形象的工具、方法和途径，是一个过程。

2. 品牌设计和企业形象设计

不同的人对品牌设计有不同的理解。广义品牌设计包括战略设计、产品设计、形象设计和 CI 设计。企业形象设计是品牌设计的一个方面，这个内涵比较宽泛。狭义的品牌设计则认为品牌设计主要是指品牌名称、商标、商号、包装装潢等方面的设计，基本上等同于企业的视觉系统设计。在此观念中，品牌设计是企业形象设计的一个方面。

二、品牌设计的原则

问题 2： 品牌设计应遵循哪些原则？

1. 通观全局的原则

企业引入品牌战略，会涉及企业的方方面面，品牌设计要适应企业内外环境；符合企业的长远发展战略；在实施时具体措施要配套合理，以免因为某一环节的失误影响到全局。因此，品牌设计必须从企业内外环境、内容结构、组织实施、传播媒介等方面综合考虑，以利于全面地贯彻落实。

2. 求真务实的原则

品牌设计要立足于企业的现实条件，按照品牌定位的目标市场和品牌形象的传播要求来进行。品牌设计要对外展示企业的竞争优势，但绝非杜撰或编排子虚乌有的故事。坚持求真务实的原则，不隐瞒问题、不回避矛盾，努力把真实的企业形态展现给公众，不但不会降低企业的声誉，反而更有利于树立起真实可靠的企业形象来。

3. 顾客至上的原则

"顾客至上"，就是要做到：对市场进行调研，准确的定位，有的放矢；致力于满足顾客的需要。顾客的需要是企业品牌设计的出发点和归宿，要尊重顾客的习俗习惯。习俗是一种已形成的定式，它既是企业品牌设计的障碍也是其机会，要积极引导顾客的观念。

4. 求异创新的原则

求异创新就是要塑造独特的企业文化和个性鲜明的企业形象。为此，品牌设计必须有创新，发掘企业独特的文化观念，设计不同凡响的视觉标志，运用新颖别致的实施手段。

5. 效益兼顾的原则

企业作为社会经济组织，在追求经济效益的同时，也要努力追求良好的社会效益，做到两者兼顾，这是一切企业活动必须坚持的原则，也是要在品牌设计中得到充分体现的原则。

三、品牌包装设计

问题 3：如何进行品牌包装设计？

品牌包装设计应从商标、图案、色彩、造型、材料等构成要素入手，在考虑商品特性的基础上，遵循品牌设计的一些基本原则，如保护商品、美化商品、方便使用等，使各项设计要素协调搭配，相得益彰，以取得最佳的包装设计方案。

1. 包装图案的设计

包装图案中的商品图片、文字和背景的配置，必须以吸引顾客注意为中心，直接推销品牌。包装图案对顾客的刺激较之品牌名称更具体、更强烈、更有说服力，并往往伴有即效性的购买行为。包装图案的设计手法，则要求以其简单的线条、生动的个性人物、搭配合理的色彩等给消费者留下深刻的印象。

2. 包装色彩设计

色彩在包装设计中占有特别重要的地位。在竞争激烈的商品市场上，要使商品具有明显区别于其他产品的视觉特征，更富有诱惑消费者的魅力，刺激和引导消费，以及增强人们对品牌的记忆，这都离不开色彩的设计与运用。

随着消费需求的多样化、商品市场的细分化，对品牌包装设计的要求，也越来越严格和细致起来。为了更准确地掌握不同种类商品包装色彩设计的不同要求，我们可以将生活消费品划分为三大类别，分别提出色彩设计的具体要求：

第一类，奢侈品，如化妆品中的高档香水、香皂以及女性服饰品等；男性用品如香烟、酒类、高级糖果、巧克力、异国情调名贵特产等。

这类商品特别要求独特的个性，色彩设计需要具有特殊的气氛感和高档、名贵感。

第二类，日常生活所需的食品，例如罐头、饼干、调味品、咖啡、红茶等。

这类商品包装的色彩设计应具备两点特征：引起消费者的食欲感；要刻意突出产品形象，如矿泉水包装采用天蓝色，暗示凉爽和清纯，并用全透明的塑料瓶，充分显示产品的特征。目前国内这一类型的产品以广东的食品、饮料、矿泉水等较为成功。

第三类，大众化商品，如中低档化妆品、香皂、卫生防护用品等。

这类商品定位于大众化市场，其包装色彩设计要求：要显示出易于亲近的气氛感；要表现出商品的优质感；能使消费者在短时间内辨别出该品牌。

活动1：多人一组，走上街头从功能的角度对可口可乐的玻璃瓶设计进行调查访问，记录消费者对设计的看法和观点，回来做一份调查报告，归纳总结人们对此设计的看法及其原因，并与同学们讨论。

考试链接

1. 品牌设计的概念理解。

2. 品牌设计有何内在特征？

3. 应如何对产品进行包装设计？

第二节 企业命名中的法律问题

引导案例

戴尔公司告戴尔学校商标侵权获赔20万

以培训英语著称的北京市海淀区戴尔培训学校及其举办者北京洲际文化艺术交流有限公司，因使用"戴尔"、"DELL"被美国戴尔有限公司告上法庭。记者今日从北京市第一中级人民法院获悉，该案已经作出一审判决。一中院以戴尔学校在经营过程中对于"DELL"标识的使用侵犯了戴尔公司享有的DELL教育类注册商标的注册商标专用权为由，判令被告承担停止侵害、消除影响、赔偿损失的民事责任。原告戴尔有限公司（DELL INC.）诉称，原告是一家依照美国特拉华州法律组成并存在的公司，享有"DELL"和"戴尔"名称（字号）权，并依法注册了"戴尔"、"DELL"商标。被告戴尔学校是一所于2001年1月9日经北京市海淀区教育委员会审批备案的教育机构，办学范围是外语、计算机；2004年11月1日，该校申请将举办者变更为被告洲际公司。

被告戴尔学校、洲际公司则称，戴尔学校开始使用"戴尔国际英语+DELL

ENGLISH+龙鹰图形"组合商标的时间早于戴尔公司注册商标开始享有市场知名度和商业信誉的时间，不存在利用戴尔公司知名度和商业信誉"搭便车"进行不正当竞争的主观恶意。且戴尔学校于 2001 年初即开始将该商标作为未注册的商标实际使用，2001 年 8 月向国家工商行政管理总局商标局提出商标注册申请并被受理，并予以初步审定公告。

资料来源：郭京霞：《戴尔公司告戴尔学校商标侵权获赔 20 万》，中国法院网，2006 年 12 月 20 日。

→ **思考题：**

1. 阅读案例，思考北京市海淀区戴尔培训学校因何原因被起诉？

2. 思考企业在命名时，应该遵守哪些企业命名方面的法律规定？

一、企业名称的法定构成要素

问题 4： 企业名称的法定构成要素有哪些？

一般说来，构成企业名称的法定要素有四项，即行政区划名称、字号、行业或者经营特点、组织形式。

1. 行政区划名称

《企业名称登记管理实施办法》第十一条规定："企业名称中的行政区划是本企业所在地县级以上行政区划的名称或地名。市辖区的名称不能单独用作企业名称中的行政区划。市辖区名称与市行政区划连用的企业名称，由市工商行政管理局核准。省、市、县行政区划连用的企业名称，由最高级别行政区的工商行政管理局核准。"

2. 字号

企业名称是某一企业区别于其他企业的标志。企业名称的标志作用主要是通过字号体现。字号是构成企业的核心要素，一般由两个以上的汉字组成。《企业名称登记管理实施办法》第十四条规定："企业名称中的字号应由 2 个以上的字组成。行政区划不得用作字号，但县以上行政区划的地名具有其他含义的除外。"第十五条规定："企业名称可以使用自然人、投资人的姓名作字号。"

3. 行业或者经营特点

《企业名称登记管理实施办法》第十六条规定："企业名称中的行业表述应当是反映企业经济活动性质所属国民经济行业或者企业经营特点的用语。企业名称中行业用语表述的内容应当与企业经营范围一致。"第十七条规定："企业经济活动性质分别属于国民经济行业不同大类的，应当选择主要经济活动性质所属国民经济行业类别用语表述企业名称中的行业。"

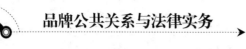

4. 组织形式

我国目前企业使用的组织形式较多，根据适用的不同登记法规，可以将它们分为两大类：一是公司类，《中华人民共和国公司法》规定，依照该法设立的企业名称中必须标明"有限责任公司"或"股份有限公司"字样，"有限责任公司"亦可简称如"有限公司"。二是一般企业类，《中华人民共和国企业法人登记管理条例》没有作明确的规定，从实际情况看用得比较杂乱，如"中心"、"店"、"社"、"厂"、"城"、"厅"、"馆"等。

二、企业命名中的相关法律

问题 5： 企业命名中应遵守哪些法律规定？

（1）企业名称不得冠以"中国"、"中华"、"全国"、"国家"、"国际"等字样。

（2）不得在企业名称中包含另一个法人名称，包括不得包含另一个企业法人名称。

（3）企业名称应当使用符合国家规范的汉字。

（4）企业名称不得含有有损国家利益或社会公共利益、违背社会公共道德、不符合民族和宗教习俗的内容。

（5）企业名称不得含有法律或行政法规禁止的内容。

（6）企业名称不得含有违反公平竞争原则、可能对公众造成误认、损害他人利益的内容。

（7）不能将与他人的注册商标相同的文字设计为企业名称。

三、企业名称登记注册的法律程序

问题 6： 企业名称登记注册的法律程序是怎样的？

企业名称的登记程序分为一般程序和特殊程序。特殊程序是指企业名称预先核准登记程序。

1. 一般程序

企业名称登记的一般程序是指企业名称作为企业登记注册的一个法定登记事项，通过企业提出的企业设立登记或变更登记申请来实现企业名称的登记注册的程序。除法律法规有特殊规定，企业在申请登记注册前必须经特殊程序将名称登记注册外，其他企业均可以直接通过一般程序进行企业名称的登记。

企业应当按照《企业名称登记管理规定》的要求，确定拟设立企业的名称或拟变更使用的企业名称,并填写《企业申请开业登记注册书》和《企业申请变更登记注册书》,连同企业设立登记或变更登记的有关材料一起报送登记主管机关受理。企业登记主管机关经审查,依法核准登记注册并颁发或换发营业执照后,企业名称登记同时完成。

2. 特殊程序

国务院发布施行的《中华人民共和国登记管理条例》正式提出了"名称预先核准"的概念。根据该条例规定,设立公司应当申请名称预先核准;法律、行政法规规定设立公司必须报经审批或者公司经营范围中有法律、行政法规规定必须报经审批项目的,应当在报送审批前办理公司名称预先核准,并以公司登记机关核准的企业名称报送审批;设立有限责任公司,应当由全体股东指定的代表或者共同委托的代理人向公司登记机关申请名称预先核准;设立股份有限公司,应当由全体发起人指定的代表或者共同委托的代理人向公司登记机关申请名称预先核准;公司登记机关决定核准的,应当发给《企业名称预先核准通知书》;预先核准的公司名称保留期为六个月。同时,该条例还第一次将《企业名称预先核准通知书》规定为公司申请设立登记时应当向公司登记注册机关提交的必备文件之一。

四、企业名称的变更手续

 **问题 7**:企业名称的变更手续是怎样的?

企业名称的变更登记是企业变更登记的一种。公司变更名称应办理以下法律手续:

1. 通过更名决议,修改企业章程

企业应根据法人治理结构的要求,通过企业董事会和股东同意企业更名的决议,并修改企业章程。

2. 取得企业主管部门的批准文件

对于有主管部门的企业,其变更名称应当取得企业主管部门同意更名的批准文件。例如,股份制商业银行的更名应报主管的中国人民银行或中国银行监督管理委员会审批同意等,修改后的章程也应报主管部门审批同意。

3. 办理工商变更登记手续

根据《公司登记管理条例》第二十五条的规定,企业变更名称的,应当自变更决议或者决定做出之日起 30 日内申请变更登记。

4. 修改相关文件中的公司名称

(1)依法办理税务变更登记。根据国家税务总局印发《税务登记管理办法》

第十五条的规定，企业应当自工商行政管理部门办理变更登记之日起 30 日内（一般以取得变更后的《企业法人营业执照》之日起计），到原税务登记机关申报办理变更税务登记。

（2）法人组织机构代码证变更登记。根据我国质量技术监督法律、法规的规定，企业应在取得变更后的《企业法人营业执照》之日起 30 日内，凭新的营业执照前往质量技术监督局办理公司法人组织机构代码证的变更手续，并取得变更后的新《组织机构代码证》。

（3）更换招牌、印章、账户名称、信笺等内部文件。根据《企业名称登记管理实施办法》的规定，企业应当在住所处标明公司名称，公司的印章、银行账户、信笺等使用的公司名称，应当与企业营业执照的公司名称相同，企业法律文书使用的企业名称，应当与该公司营业执照上的名称相同。

5. 发布公告

《公司登记管理条例》第四十八条规定，股份有限公司应当在其设立、变更、注销登记被核准后的 30 日内发布设立、变更、注销登记公告，并应当自公告发布之日起 30 日内将发布的公告报送公司登记机关备案。公司发布的设立、变更、注销登记公告的内容应当与公司登记机关核准登记的内容一致。

活动 2：

多人一组，就企业命名问题进行市场调查，选择自己比较感兴趣的当地企业进行采访，调研企业命名过程中遇到的问题，并与同学们交流。

考试链接

1. 企业的名称中应包含哪些要素？

2. 能够运用企业命名过程中的相关法律解决现实问题。

3. 掌握企业名称变更时的相关手续。

第三节 商标设计中的法律问题

引导案例

法院不支持"3G 门户"商标注册

早在 2004 年 11 月，3G 门户网即向商评委申请注册"3G 门户"为商标，类别为计算机用户间交换数据提供链接服务等。2008 年 10 月，商评委作出复审决定驳回了这一申请。为此，久邦公司向北京市一中院提起诉讼，认为"3G 门户网"已经成为无线互联网行业的典型代表，而且已经形成了别具一格的网站标识，具有较高知名度和影响力，商评委应当核准加以保护。

2009 年 8 月初，该院在判决中认定，申请商标"3G 门户"可拆分为两个相对独立的部分"3G"和"门户"，其中"3G"概念早在久邦公司 2004 年提出商标注册申请之前就已经提出，一般消费者都知晓这代表了一种移动通信技术。作为第三代移动通信技术的简称，"3G"已经在计算机领域有所应用，属于通用词汇。而"门户"是用户接触网络的入口，在互联网行业中也属于通用名称。由于久邦公司没有提交相反的证据证明"3G"有除第三代移动通信技术之外的含义，"3G"和"门户"均为行业内的通用词汇，不符合商标法的规定，不得作为商标注册。

3G 门户网上周末发布声明称针对国家机关对该商标的处理意见，公司予以尊重。对相关部门未认定"3G 门户"为可独立使用商标，公司表示遗憾。

资料来源：罗曙驰：《法院不支持"3G 门户"商标注册》，《华西都市报》，2009 年 8 月 10 日。

➡ 思考题：

1. 阅读以上案例，思考为何法院不支持"3G 门户"商标注册。

2. 结合以上案例，思考商标设计中应该注意哪些法律问题。

一、商标的概念及相关法律

关键术语：商标

商标是由文字、图形、字母、数字、三维标志、颜色组合，或者上述要素的组合而成的，具有显著特征的标志的产品或服务标识。企业在其生产、加工、制造、拣选或者经销的商品上或者服务的提供者使用，以用来区别商品或者服务来源，商标是现代经济的产物。

问题 8：商标有何作用？ 在设计时需考虑哪些法律问题？

商标通过确保商标注册人享有用以标明商品或服务，或者许可他人使用以获取报酬的专用权，而使商标注册人受到保护。保护期限自商标注册公告之日起十年，但期满之后，需要另外缴付费用，即可对商标予以续展，次数不限。

商标保护一般由当地工商局配合调查，协商不成时由法院来实施，在大多数制度中，法院有权制止商标侵权行为。从广义上讲，商标通过对商标注册人加以奖励，使其获得承认和经济效益，而对全世界的积极和进取精神起到促进作用。商标保护还可阻止诸如假冒者之类的不正当竞争者用相似的区别性标记来推销低劣或不同产品或服务的行为。这一制度能使有技能、有进取心的人们在尽可能公平的条件下进行商品和服务的生产与销售，从而促进国际贸易的发展。

商标设计须考虑的法律要素包括以下四个方面：商标的构成、商标的显著特征、商标的名称、商标的版权保护。

二、商标的构成要素

问题 9：商标的构成要素有哪些？

《商标法》第八条规定："任何能够将自然人、法人或者其他组织的商品与他人的商品区别开的可视性标志，包括文字、图形、字母、数字、三维标志和颜色组合，以及上述要素的组合，均可以作为商标申请注册。"显然，商标的法定构成要素就是：可凭视觉分辨的"文字、图形、字母、数字、三维标志和颜色组合，以及上述要素的组合"。

1. 文字

作为构成商标的文字，可以是汉字（简体或繁体字，异体字不能使用）、汉语拼音、少数民族文字、英文及其他国家的文字或字母、数字，不同文字之间可以组合使用。

2. 图形

图形商标所能使用的图形涵盖的范围非常广泛，有着无限的变化空间和易于表达的视觉外观，它不受语言文字的限制，无论使用什么语言文字的国家和地区，人们只要认识图形就很容易识别。

3. 立体商标

立体商标又称三维商标，它与我们通常所见的表现在一个平面上的商标图案不同，而是以一个具有长、宽、高三种度量的立体物质形态出现，这种形态可能出现在商品的外形上，也可以表现在商品的容器或其他地方。

4. 颜色组合

商标的颜色对于商标来说具有不可忽视的意义。颜色不是商标的法定构成要素，一般不能独立作为商标构成的要素。但是颜色是商标整体的一部分，是一种商标区别于他种商标的重要标志之一。

三、商标设计中的注意事项

问题 10： 在商标设计中，有哪些法律、宗教等方面的"禁区"？

商标设计应符合法律、宗教、社会公德、文化、风俗习惯等的要求，因此，商标设计时有一些"禁区"，我们了解"禁区"，才能避免误入"禁区"而给企业、产品带来不良影响。

1. 法律、法规的禁区

法律、法规的"禁区"是指商标的设计，要掌握本国及相关的国际商标法律、法规，以避免违反法律、法规的规定，受到不良影响。这些法律、法规对商标设计的规定和限制主要有以下几方面：

（1）商标的内容不得与本国或外国的国家名称、国旗、国徽、军旗、勋章等相同或相近，也不得与政府间国际组织的旗帜、徽记、名称相同或近似等。

（2）禁止用"红十字"、"红新月"的相同或相似的名称或图形作为商标。

（3）不得使用商品的通用名称和图形，也不得直接表示商品的质量，主要原料、功能、用途、重量、数量及其他特点。

（4）禁止用一些科学技术中的专用名词。

（5）忌用地理名称。

（6）禁用带有夸大宣传并带有欺骗性的内容。

2. 社会公德的禁区

社会公德，即社会公共道德，是社会成员共同自觉遵守的社会道德标准和共同的行为规范。成功的商标应是获得承认的，因此商标设计时，既要考虑经济效益，也要注重社会影响和社会效益，不能违背了社会公德而对企业、产品产生不良后果。

由于社会制度、文化背景等的不同，世界各国对"道德"和"公共秩序"规定的规范和标准有一定差异。

3. 宗教的禁区

有的商标名称或图形的设计，若恰巧冒犯了某种宗教的禁忌和宗教的教义，就会引起信仰该宗教的国家、民族、个人的不满，从而不能获得注册和使用。例如，伊斯兰教的教义规定禁止喝酒，对猪的忌讳；印度教将牛看做神的化身；等等。若在伊斯兰国家使用猪形的商标，必会遭到攻击。

4. 社会风俗习惯的禁区

人类生活的环境及其各民族社会历史。文化传统等条件不同，形成了不同地区和不同民族人民迥然不同的风俗习惯。商标的设计必须注重商品生产国和销售国的社会风俗习惯，以使消费者对商标产生良好的社会印象，否则，商标的文字或图形触犯禁忌，与风俗习惯相冲突，就会被禁止注册或使用后发生不良影响。

四、商标侵权的理解与处理

关键术语：商标侵权

根据《商标法》第三十八条规定，有下列行为之一的，均属侵犯注册商标专用权：

（1）未经注册商标所有人的许可，在同一种商品或者类似商品上使用与其注册商标相同或者近似的商标的。

（2）销售明知是假冒注册商标的商品的。

（3）伪造、擅自制造他人注册商标标识或者销售伪造、擅自制造的注册商标标识的。

（4）给他人的注册商标专用权造成其他损害的。

问题 11：发生商标侵权后被侵权人应如何处理？

如果商标侵权的情况发生在自己身上，该如何处理呢？

第一步，收集证据。

证据主要包括：被侵权人的在先权利证明文件（包括商标注册证、专利证明、版权登记证明、与案件有关的获奖情况证明等）；被侵权人的产品样本；侵权产品样本；购买侵权产品的证明，这里主要是指购买发票。

第二步，专业咨询。

应该到专业的代理机构进行咨询。专业人士会对案件进行初步的分析，并会对细节问题提供专业建议。对侵权案件的处理大体上有两种途径：行政查处和诉讼程序。具体采取哪种方法来处理，要根据不同案件具体情况具体分析。

第三步，起草起诉书。

投诉书或起诉书的制作要注意将事实和语气有效地结合在一起，以利于案件的顺利进行。投诉书或起诉书是直接影响案件进程的最直接因素，建议委托专业人士来完成。同时我国《商标法》明文规定，"外国人或者外国企业在中国申请商标注册和办理其他商标事宜的，应当委托国家指定的组织代理"。换言之，外国人或外国企业在中国境内办理商标侵权案件，应委托国家指定的组织代理。

第四步，要求停止侵权，要求赔偿。

被侵权人可以向县级以上工商行政管理部门要求处理，有关工商行政管理部门有权责令侵权人立即停止侵权行为，赔偿被侵权人的损失，赔偿额为侵权人在侵权期间因侵权所获得的利润或者被侵权人在被侵权期间因被侵权所受到的损失。

 活动3：多人一组，进行市场调研，选择感兴趣的品牌商标，对商标的拥有者进行采访，了解商标设计和使用中的故事，并与同学们交流。

考试链接

1. 对商标和商标侵权的含义进行理解。
2. 熟悉商标设计过程中的注意事项。
3. 能够运用法律手段维护自身的商标权益。

第四节　商品装潢设计中的法律问题

 **引导案例**

雪亮眼镜遭遇克隆危机

近日，雪亮眼镜公司在媒体上刊登律师声明，声明指出，雪亮公司已对"雪亮"、"亮"、"晶亮"、"雪明"等文字、图形、颜色及其组合取得了商标专用权，未经该公司许可，擅自在同类商品上使用相同或近似商标的，或使用与上述商标相同或近似的服务标志，均属侵权行为，公司将采取包括诉讼在内的一切法律措施，以制止侵权行为。昨天，雪亮公司的有关负责人就此表示，这几年雪亮出现了不少"兄弟",有些干脆就直接"克隆",给雪亮公司的经营带来了很大的困难,公司不得不从现在起集中力量清理这些不正当行为。

雪亮眼镜公司行政部主管李文兵介绍说,目前在京城起码有将近20家的眼镜店有上述侵权嫌疑。比如一家叫"×亮"的眼镜店,将"亮"字做得和雪亮的"亮"字一样,也是拖着长尾巴,黑白底色,四周为红边,白色字体,乍一看就是"雪亮"。有的则叫"×光",把"光"的字体、颜色等设计得和"亮"字完全一样。还有的把公司名称注册成"亮晶"公司或者"雪明"公司之类的,但整个店堂突出"亮晶"、"雪明"两词,故意把公司名称当成商标使用。仅在北京,叫"晶明亮"、"亮晶"的眼镜店就有七八家。更有甚者,在外地,有20多家直接就叫"雪亮"的眼镜店。李文兵说,这些凭空生出的"多胞胎"不仅影响了雪亮的生意,而且更重要的是影响了雪亮的声誉。一旦发生质量纠纷,很多消费者就把账算到雪亮头上。曾经有一位消费者拿着别的眼镜店配的有问题的眼镜非要雪亮退,工作人员解释半天才平息了消费者的怒气。

实际上,许多公司都有类似的遭遇。一种来自安徽的"洽洽瓜子"刚在市场闯出名气,紧接着就来了"恰恰瓜子"、"合合瓜子",那种纸袋式的文化包装更是一夜之间"风靡"瓜子市场。一位长期从事商标工作的律师表示,一个知名商标,通常会遭到20种以上形式的仿冒。

资料来源:朱鹰:《雪亮眼镜遭遇克隆危机》,《北京青年报》,2002年4月7日。

思考题:

1. 案例中的其他眼镜公司在设计商标式样时,触及了哪些法律问题?
2. 结合材料,思考商品装潢设计中需要注意哪些法律问题。

一、商品装潢的概念与特征

关键术语: 商品装潢

所谓商品装潢,是指企业为了保护、美化和宣传商品,吸引消费者购买而对商品包装进行的装饰。

问题 12: 商品装潢与商标有何区别?

商品装潢与商标两者为同一商品服务,经常混为一体,二者的共同点是:都用于商品表现或包装上,对商品起一定的装饰作用。但是,商品装潢是以图案、绘画、色彩或文字来装饰、美化、宣传商品的附着物或包装物。

（一）商品的包装和装潢具有的特点

1. 直观、形象

商品的装潢一般用直观的形式反映商品的内容、商品具体的外在形态，如月饼的包装上可以直接用月饼的图案，香皂的装潢上可以直接突出"滋润皮肤"的字样。

2. 富于美感

商品的装潢往往通过富于美感的图案、色彩和造型装饰商品、美化商品和宣传商品，不需要一定具有显著性，只要能够达到促销的目的就可以了，如恭贺新禧、福字等一些民间约定俗成的表示吉祥的标志，虽然不适合作为商标使用，仍然可以成为商品包装和装潢上的文字。

3. 不具专有性和独占性

商品装潢一般不具有专有性和独占性（知名商品除外），不能够禁止其他人使用相同或相似的包装和装潢，由于商品的包装和装潢上的文字和图形一般不以区别性为主，其包装和装潢只由一家独占显失公平。

4. 灵活、多样

商品的包装和装潢可以随着市场需要随时变更图案和文字，具有较大的灵活性。

（二）商品装潢与商标的区别

1. 目的不同

装潢的使用目的就是为了保护商品、美化商品和宣传商品，引起人们对商品的美感和需求欲望；使用商标是为了区分商品，即把不同企业的同一种或类似商品区别开来；商标是表明生产者、销售者所生产、销售商品的标记，以示同一种商品或近似商品的不同生产者和销售者。

2. 专用性不同

商品装潢是非专用的，亦无须注册，任何人都可根据市场和顾客的需要，随时加以变动或改进。但有时商品装潢的包装图案作为其商标依法注册，则该商品装潢又有商标性质、具有商标专用性，享有注册商标专用权；商标是专用来区别生产者或经营者及其商品的。商标一旦依法注册，商标所有者便取得商标专用权，其他任何人未经许可，不得在同种商品或类似商品上使用与该注册商标相同或近类的商标，否则即为侵权。

3. 立意不同

装潢的立意在于介绍、渲染和美化商品内容，装潢的内容必须与商品的内容相一致；商标表示的形式为文字、图形、记号或其组合，并且须有显著特征便于识别，商标必须使用在商品或商品的包装、容器上，并行销于市场，商品

233

上所使用的商标必须与所注册的商标一致，不得更改。

二、商品包装设计的相关法律规定

问题 13：我国对商品包装设计的问题有哪些法律规定？

根据我国 1993 年《反不正当竞争法》第五条第（二）项的规定，擅自使用知名商品特有的名称、包装、装潢，或者使用与知名商品相似的名称、包装、装潢，造成和他人的知名商品相混淆，使购买者误认为是知名商品的行为，属于法律禁止的不正当竞争行为。

1995 年 7 月，国家工商行政管理局发布了《关于禁止仿冒知名商品特有的名称、包装、装潢的不正当竞争行为的若干规定》（以下简称《若干规定》）。《若干规定》第二条规定，仿冒知名商品特有的名称、包装、装潢的不正当竞争行为，是指违反《反不正当竞争法》第五条第（二）项规定，擅自将他人知名商品特有的商品名称、包装、装潢作相同或者近似使用，造成与他人的知名商品相混淆，使购买者误认为是该知名商品的行为。《若干规定》还给出了"知名商品"、"特有"、"包装"、"装潢"等概念的界定，并对侵权行为的认定规则和处罚做出了规定。

从上述两部法律、法规来看，仿冒知名商品特有的包装、装潢这一不正当竞争行为的构成要件有三个：①仿冒行为所仿冒的是知名商品的名称、包装及装潢；②仿冒行为所仿冒的商品名称、包装及装潢是该知名商品所特有的；③此种仿冒行为足以导致消费者的混淆或误认。

在认定知名商品特有的名称、包装、装潢这一问题上，《若干规定》有明确的规定。首先，何为知名商品，我国《反不正当竞争法》没有给出明确的界定，但《若干规定》第三条第一款对知名商品作出了如下定义："本规定所称的知名商品，是指在市场上具有一定知名度，为相关公众所知悉的商品。"针对该定义，《若干规定》第四条第一款作出了如下补充："商品的名称、包装、装潢被他人作相同或者近似使用，足以造成购买者误认的，该商品都可以认定为知名商品。"从《若干规定》给知名商品所下的定义可以看出认定知名商品需具备以下条件：①在市场上具有一定知名度；②为相关公众所知悉；或者，该商品的名称、包装、装潢被他人擅自作相同或者近似使用，足以造成购买者误认，即知名商品反推原则。其次，何为知名商品特有的名称、包装、装潢。依据《若干规定》第三条第二款的规定，知名商品特有的名称、包装、装潢，是指商品名称、包装、装潢并非为相关商品所通用，并具有显著的区别性特征。非通用性是指该商品名称、包装、装潢不是该类商品共同使用的；显著的区别性是指一

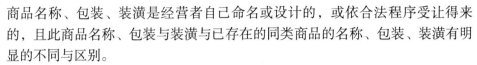

商品名称、包装、装潢是经营者自己命名或设计的，或依合法程序受让得来的，且此商品名称、包装与装潢与已存在的同类商品的名称、包装、装潢有明显的不同与区别。

从上面论述来看，我国对商品包装、装潢等包装设计的立法保护有两点不足：一是限于对知名商品的保护，这对那些刚刚创牌和投入生产，而其产品的包装、装潢的设计又投入了大量的创造性劳动的权利人，因其产品的包装、装潢显著性极强，产品有可能是潜在的知名商品，但是得不到应有的保护；二是限于反不正当竞争法这一条保护途径，在权利人主张权利之前其权利没有得到任何确认，这显然与当前仿冒包装设计行为频繁的现状以及保护商品包装设计、维护市场秩序的需求不符合。

活动 4：

多人一组，就商标装潢设计中侵权的问题采访当地律师事务所，了解有关情况并写出调研报告。

考试链接

1. 对商品装潢内在特征的理解。
2. 熟练掌握与商品装潢有关的法律知识。

阅读材料

王致和与德国欧凯的商标使用纠纷

引人注目的中华老字号企业王致和集团起诉德国 OKAI（即欧凯）公司商标侵权和不正当竞争案 2009 年 5 月在德国开庭。据北京鼎鑫鸿业商标事务所律师、北京王致和食品集团有限公司知识产权顾问王洪青介绍，王致和集团起诉德国欧凯公司商标侵权和不正当竞争案在专门审理知识产权案件的德国慕尼黑地方法院第 21 法庭开庭。庭审中，王致和集团代理律师与欧凯公司进行了激烈的交锋。王致和方面主张清楚、证据充分，而欧凯公司虽努力辩解，却拿不出任何的有效证据。

王洪青说，双方争议的焦点主要集中在三个方面：①王致和集团主张对方是恶意抢注，对方则强调其是在德国合法注册；②王致和集团主张对王致和商标有著作权，而对方则提出王致和集团的标识是通用的"中国古代士兵头像"；③王致和集团提出对方违反德国的反不正当竞争法，而对方辩称其注册王致和商标是对自己的保护。

王致和集团向法庭提供了非常充分的证据。其中最重要的是，王致和品牌的图文结合商标标识是中央工艺美术学院黄维教授为王致和集团专门设计的，且通过合同转让方式归王致和集团所独有。根据《保护文学艺术作品伯尔尼公约》，在中国享有版权的，在德国同样享有版权。而欧凯公司抢注的标识与王致和享有版权的标识一模一样，因此侵犯了王致和集团在先的著作权，而"侵犯在先权利"正是德国商标法中法定的撤销注册商标的理由之一。

北京王致和食品集团有限公司总经理王家槐在北京向新闻媒体通报开庭情况时表示，会将这起"跨国官司"打到底、打到赢为止。

资料来源：佚名：《王致和集团：要将官司打到底》，食品商务网，2009年8月。

 **案例分析**

企业命名"傍名牌"起纠纷

为了节约宣传成本，企业在命名时"傍名牌"、"搭便车"的现象时有发生，企业之间也往往因此产生"抢牌子"、"争名字"的矛盾和纠纷。2008年7月31日，无锡市中级人民法院就受理了一起因企业名称而引起的商标侵权、不正当竞争纠纷案。

苏州市红蚂蚁装饰设计工程有限公司成立于1999年3月，并于2003年到国家商标局申请获得了"红蚂蚁"服务类注册商标，2006年7月，该公司更名为江苏红蚂蚁装饰设计工程有限公司。从成立至今，江苏红蚂蚁装饰设计工程有限公司先后获得多次奖项，在南京、杭州等地也有分公司，在行业内具有一定的知名度。

2006年底，江苏红蚂蚁装饰设计工程有限公司在无锡设立分公司，但是发现无锡已经存在了一家以"红蚂蚁"命名的无锡红蚂蚁建筑装饰工程有限公司。在多次交涉无果的情况下，江苏红蚂蚁装饰设计工程有限公司于同年6月将无锡红蚂蚁建筑装饰工程有限公司告上法庭，要求其停止侵权，登报道歉并且赔偿损失1万元。

对于江苏红蚂蚁装饰设计工程有限公司提出的主张，无锡红蚂蚁建筑装饰工程有限公司认为江苏红蚂蚁是2006年底来到无锡的，而自己的公司2004年就存在了，并且公司的门头和宣传材料中也没有突出使用"红蚂蚁"商标。原告的红蚂蚁商标由蚂蚁图形、英文文字和红蚂蚁的繁体字构成，虽然无锡公司的字号与原告的注册商标文字相同，但是它们使用的有一个小房子和一只蚂蚁构成的标识与江苏红蚂蚁完全不同，所以不构成侵权和不正当竞争。

对此，法院合议庭认为，无锡红蚂蚁公司"红蚂蚁"的企业字号与"红蚂蚁"注册商标构成近似。"红蚂蚁"注册商标为"红蚂蚁"英文、繁体中文及图形的组合商标，主体部分为一西面朝向的站立蚂蚁，下部为 RED ANT 英文及"红蚂蚁"繁体中文，但根据商标的特征及消费者通常的消费习惯，"红蚂蚁"商标中的"红蚂蚁"中文字形及读音是相关公众识别服务来源的主要标志。因此，在判断涉案企业字号与注册商标是否构成相同或近似时，应以字号"红蚂蚁"与涉案商标中"红蚂蚁"中文进行比对。经比较，被告字号与原告"红蚂蚁"商标的中文部分仅为简繁体之分，而中华人民共和国境内通用的是简体中文，故两者构成近似。而且无锡红蚂蚁公司在其施工现场大楼内外放置的"红蚂蚁装饰"标识，省略了公司所属地名，容易对公众造成混淆。

虽然无锡的红蚂蚁成立时间早于江苏红蚂蚁在无锡设立分公司的时间，但是在无锡红蚂蚁公司注册之前，江苏红蚂蚁已多次获得国家及省级住宅装潢行业协会的荣誉，具有较高知名度。所以无锡红蚂蚁公司选择"红蚂蚁"作为字号的行为有明显的攀附苏州"红蚂蚁"注册商标知名度的故意。

综上，法院判决被告无锡红蚂蚁公司构成商标侵权行为及不正当竞争行为。被告无锡红蚂蚁公司应当立即停止侵害原告江苏红蚂蚁公司商标专用权的行为，立即停止使用含有"红蚂蚁"字样的企业名称，并且赔偿原告江苏红蚂蚁公司经济损失1万元，在《江南晚报》上刊登声明以消除影响。

资料来源：李丽：《企业命名"傍名牌"起纠纷》，太湖明珠网，2008年7月31日。

问题讨论：

1. 结合本章所学企业命名中的法律问题，分析无锡红蚂蚁公司构成侵权的原因。

2. 法院对案件的判罚给我们带来什么样的启示？

本章小结

1. 品牌设计应遵循的原则

（1）通观全局的原则。

（2）求真务实的原则。

（3）顾客至上的原则。

（4）求异创新的原则。

（5）效益兼顾的原则。

2. 企业名称的法定构成要素

（1）行政区划名称。

（2）字号。

（3）行业或者经营特点。

（4）组织形式。

3.商标的构成要素

（1）文字。

（2）图形。

（3）立体商标。

（4）颜色组合。

4.如何处理商标侵权

（1）收集证据。

（2）专业咨询。

（3）起草起诉书。

（4）要求停止侵权，要求赔偿。

5.商品的包装和装潢的特点

（1）直观、形象。

（2）富于美感。

（3）不具专有性和独占性。

（4）灵活、多样。

深入学习与考试预备知识

★★★★

品牌命名的五点注意

品牌名称是品牌与消费者之间的第一层交流，因此一个好的品牌名称对于消费者的第一印象起着至关重要的作用。在对品牌进行命名的时候一般要坚持五点注意事项：

第一注意：好听。

好听是命名品牌最基本的要求，就是说品牌的名称听起来要舒服，不致使人产生某种痛苦的联想，也不致使人觉得低俗不入耳。

第二注意：好看。

好看是针对品牌标识来说，要赏心悦目，能够给消费者留下良好的、正面的印象。如同麦当劳品牌的 M 标识一样，作为"Mother"的象征，带给孩子亲切的感受。

第三注意：好记。

好记在品牌的命名中也占据着重要的地位，因为只有能留在消费者记忆深处的名字，才能发挥其代言一个品牌的作用，才是一个上等的名字。这就要求品牌名称朗朗上口，便于记忆。

第四注意：特别。

如今市面上的产品琳琅满目，想要在众多的同类产品中脱颖而出，当然需要一个独特的名称，辅之以精巧个性的设计，展现产品自身的特点，吸引消费者的眼球。

第五注意：内在情感。

任何产品想要抓住消费者的心，利用好公众心理，引导消费者需求，都需要赋予自身产品内在的文化底蕴或精神含义。结合市场的氛围需求和不同的文化差异，赢得公众好感。

这五点只是在命名品牌过程中需要考量的一部分注意事项，还需要各企业结合自身情况，做多方面的调查研究，做好品牌的命名工作。

知识扩展

品牌命名四原则

第一，应该符合品牌核心定位。

每个品牌都有自己的定位和价值取向，品牌名称必然要符合企业属性，去表达品牌的定位和价值，这样才能便于传播的一体化。

第二，要注意与竞争对手区隔化。

企业大规模生产的结果是产品单一，差异不明显。随着全球经济一体化的加速，现在企业正经历全面的"同质化"。如果没有差异化，品牌将淹没在"人民的汪洋大海"之中，最终都成为"同志"。没有差异，也就不可能有品牌。

第三，要符合目标顾客的价值审美个性。

不难看出，今后的社会将步入 Club 经济时代，每个小群体都会围绕自己的"组织"，消费自己的品牌，在自己的"地盘"活动。企业如果不"拿出新招，细分市场，采用二维、三维战略，创造细分，满足目标顾客差异"，而仍然沿用平面时代的"一体化"无细分战略，将必死无疑。简单地说就是品牌名称必须符合目标顾客的审美。

第四，品牌名称要与良好的视觉图案和符号相匹配。

"好马配好鞍"。有了一个好的名称之后，还要有一个与之匹配的图案和符号。品牌专家大卫·爱格认为，"一个成功的符号或标志，能整合和强化一个品牌的认同，加深消费者对品牌的独特印象"。例如"耐克"的钩形商标简约有力，充满动感，与名称匹配完美。

答案

第一节：

（1）红双喜香烟在品牌设计的传统性与现代性、民族性与国际性的结合和平衡方面没有把握好，产品设计没有展现出与时尚感的结合，产品 Logo 与自身特质没有结合起来。同时缺乏产品名称的独特性，难以吸引消费者的注意。再者产品包装设计的功能性和独特性都不强，显得产品档次较低，无法满足消费者的需求，更无法在品质繁多的香烟市场中占有一席之地。

（2）企业在设计产品包装时应从商标、图案、色彩、造型、材料等构成要素入手，在考虑商品特性的基础上，遵循品牌设计的一些基本原则，以求最佳的包装设计方案。设计产品包装时要针对产品属性，细致的调查市场需求与消费群体喜好，针对产品自身进行合理的设计，在得体的基础上与其他同类产品有所不同，达到吸引消费者的目的。

第二节：

（1）海淀区戴尔英语学校因为使用"戴尔国际英语"的名称，借助戴尔公司的市场影响力获得了一定的市场知名度和商业信誉，侵犯了戴尔公司的注册商标专用权和企业名称权，因此被起诉。

（2）企业在命名时应该注意以下条款：

第一，企业名称不得冠以"中国"、"中华"、"全国"、"国家"、"国际"等字样。

……

第七，不能将与他人的注册商标相同的文字设计为企业名称（详见问题5）。

第三节：

（1）"3G 门户"没有通过申请，作为商标注册，一方面是因为"3G"概念已于 2004 年被久邦公司提出，代表一种移动通信技术。另一方面是由于门户在互联网行业中属于通用名称，作为通用词汇，"3G 门户"不符合商标法的规定，所以不能作为商标注册。

（2）在商标注册的过程中应该考虑四方面的法律问题：商标的构成、商标的显著特征、商标的名称、商标的版权保护。

第四节：

（1）材料中提及的其他广告公司违反了商品装潢方面的相关法律。由于雪亮公司已对"雪亮"、"亮"、"雪明"等文字、图形、颜色及其组合取得了商标专用权，故未经该公司许可，擅自在同类商品上使用相同或近似商标的，或使用与上述商标相同或近似的服务标志，均属侵权行为，应承担法律责任。

（2）商品装潢相关法律、法规详见问题 13。

案例分析：

红蚂蚁公司使用了已注册商标相似商标，并企图以此获得市场关注，达成经济利益，违反了商标法的规定，属于侵权行为。红蚂蚁公司的案例启示我们在设计商标时遵守相关法律、法规的重要性，以及应积极利用法律武器维护自己企业的商标权益。

第十章

品牌运作法律实务

学习目标 ★★★★

知识要求 通过本章学习，掌握：

- 什么是商标法，我国商标法的基本原则是什么
- 品牌企业如何利用商标法做好本企业商标保护
- 如何防止国外商品用本企业的商标
- 为什么申请国际注册商标和如何办理国际注册
- 品牌建设与企业社会责任有着怎样的互动关系
- 企业如何正确使用注册商标的策略

技能要求 通过本章学习，能够：

- 制订销售行动计划
- 采用合适的开场方法
- 把握顾客的兴趣集中点
- 进行产品示范
- 应用有关方法引起顾客兴趣
- 分析和处理各种顾客异议
- 使用有关方法来促成交易

学习指导 ★★★★

1. 本章内容包括：商标法与品牌保护；应对国外商品用本企业的商标的措施；品牌与企业社会责任；企业商标使用策略应关注的法律问题等。

2. 学习方法：先熟悉理论和相关法律，收集、揣摩正反案例，积极走访、做市场调查，在案例和调查中熟悉、运用理论和法律。

3. 建议学时：8学时。

第一节　商标法与品牌保护

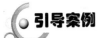 引导案例

一起商标侵权纠纷案

原告：上海A茶楼有限公司

被告：上海B茶楼有限公司

原告诉称：原告是图形商标（第1599953号）和文字商标（第1643614号）注册人。被告未经原告许可，擅自开设"避风塘"茶楼，同时在茶楼正门大幅上使用原告专用的"避风塘"图形及文字商标，并且在杯子、外卖卡片等上面都使用了原告的商标。该行为足以造成消费者对服务来源混淆误认，明显侵犯了原告的注册商标专用权。据此，请求法院判令：①被告立即停止对原告商标专用权的侵害；②被告赔偿原告经济损失人民币30万元；③被告在《新民晚报》上刊登声明，消除影响。

被告辩称：首先，原告核准注册的服务项目与被告使用的服务项目不属于同一种。原告商标核准使用在第35类"饭店管理等"服务上，被告使用的是第42类"茶楼"等服务，第42类是为消费者提供食物和饮料的服务，与第35类服务项目不相近似，因此不构成侵权。其次，被告使用的服务标识与原告核准注册的商标图案不相同，也不近似。最后，原告主张30万元赔偿无事实和法律依据，被告系2005年6月新设立的企业，原告提出高额索赔缺乏依据。

法院依照《商标法》第五十一条、第五十二条第（一）项和第五十六条的规定，判决：①被告上海B茶楼有限公司停止对原告上海A茶楼有限公司注册证号为第1599953号注册商标的侵害；②被告上海B茶楼有限公司于判决生效之日起十日内赔偿原告上海A茶楼有限公司经济损失人民币4万元；③被告B茶楼有限公司于本判决生效之日起30日内在《新民晚报》上刊登声明，消除影响。

一审判决后，原被告均未提出上诉。

资料来源：上海二中院民事判决书（2005）沪二中民五（知）初字第254号。

 思考题：

1. 结合材料思考，上海B茶楼有限公司是如何对A茶楼注册商标造成侵害的？

2. 法院对案件的审理，是如何体现出法律对注册商标的保护的？

一、商标法的概念及基本原则

关键术语：商标法

商标法是确认商标专用权，规定商标注册、使用、转让、保护和管理的法律规范的总称。它的作用主要是加强商标管理，保护商标专用权，促进商品的生产者和经营者保证商品和服务的质量，维护商标的信誉，以保证消费者的利益，促进社会主义市场经济的发展。

 问题1：我国商标法的基本原则是什么？

《商标法》的基本原则是指在商标权的确立和保护过程中应予遵循的基本准则。我国《商标法》有以下六项基本原则：

1. 注册原则

所谓注册原则，是指商标专用权通过注册取得。不管该商标是否使用，只要符合商标法的规定，经商标主管机关核准注册之后，申请人即取得该商标的专用权，受到法律的保护。

2. 申请在先原则

《商标法》第十八条规定："两个或者两个以上的申请人，在同一种商品或者类似的商品上，以相同或者近似的商标申请注册的，初步审定并公告申请在先的商标。"申请在先原则是由注册原则派生出来的重要程序性原则之一。

3. 诚实信用原则

现行《商标法》虽然没有明确使用"诚实信用"这个概念，但其关于商标权的确立、行使和保护的诸多规定中都体现了诚实信用原则的基本精神。例如《商标法》第六条、第三十一条和第三十四条关于"制止欺骗消费者的行为"的规定等。

4. 自愿注册原则

所谓自愿注册原则，是指企业使用的商标注册与否，完全由企业自主决定。《商标法》第四条规定，企业、事业单位和个体工商业者，对其生产、制造、加工、拣选或者经销的商品，或者对其提供的服务项目，需要取得商标专用权的，应当向商标局申请商品商标或服务商标注册。

5. 集中注册、分级管理的原则

全国的商标注册工作统一由国家工商行政管理局商标局负责办理，其他任何机构都无权办理商标注册，明确了集中注册的原则。分级管理则是指各级工商行政管理机关依据法律规定，在本地区开展商标管理工作。集中注册、分级管理是我国商标法律制度的突出特点之一。

6. 行政保护与司法保护相并行的原则

《商标法》规定，对商标侵权行为，被侵权人可以选择由工商行政管理机关处理，也可以向人民法院起诉。并行保护的原则为当事人解决商标纠纷提供了便利，有利于商标专用权的保护。这是我国商标法律制度的又一个突出特点。

二、商标法的立法宗旨

 **问题 2**：商标法的立法宗旨是什么？

《商标法》的立法任务是：加强商标管理，保护商标专用权，促使生产者保证商品的质量和维护商标的信誉。具体有以下几点：

1. 确立商标管理制度

《商标法》的立法目的是为了从法律上确立国家的商标管理制度，保障商标功能的正常发挥，有效地发挥商标在现代经济中的积极作用。

2. 保护商标专有权

《商标法》的重要立法目的是保护商标专用权，这种商标专用权是指商标经依法核准注册，由商标注册人对其注册商标所享有的专用权。

3. 保证商品品质

《商标法》立法的目的是促使生产经营者保证商品和服务质量，维护商标信誉。

4. 保障消费者的合法权益

《商标法》的立法目的是保障消费者和生产、经营者的利益。商标是用于区别商品或者服务的来源的，消费者借以识别和选购商品，选择所需要的服务，因此在商标立法中必须保障商标的功能正常地发挥，不得有悖诚信原则，运用商标欺骗消费者，误导消费者，使消费者误认、误购，在利益上受到损害。

5. 促进社会主义市场经济建设

从商标法律制度的建立健全、商标的基本标准和注册条件、商标专用权的取得和保护、商标管理秩序所遵循的规则、对商标违法犯罪行为的惩治等各方面来看，都必须是以促进社会主义市场经济的发展为出发点，体现社会主义市场经济发展的要求。

三、品牌企业与商标法

问题 3： 品牌企业如何利用商标法做好本企业商标保护？

商标注册后，注册人享有专用权。保护商标专用权，不仅是行政执法部门的职责，更是企业的重要工作。防止他人侵犯、危害自己的注册商标专用权，应注意和做好以下几方面的工作：

（1）随时关注商标注册情况。注意查阅《商标公告》，发现他人申请注册的商标与自己的商标相同或近似，应提出异议或争议。

（2）经常进行市场调研。企业自己和各地经销商及分公司应时刻注意市场上同类产品企业的标识包装，发现侵权嫌疑时，要及时加以制止，直至向工商行政管理机关投诉或向法院起诉。

（3）加强商标标识的管理。工商部门查处的假冒商标案子，有不少与注册人对商标标识、包装物的管理不善有关。有些注册人保管不善，造成标识物被盗、流失，或防伪标志经消费者使用后仍完好无缺等，均会给他人带来可乘之机。

（4）注册防御商标。防御商标是指驰名商标所有者为了防止他人在不同类别的商品上使用其商标，而在非类似商品上将其商标分别注册，这种在非类似商品上注册的商标便是防御商标。企业可以按一般商标分别在非类似商品上注册，以防止他人利用自己知名商标的声誉。

商标注册人对市场上或广告中出现的涉嫌侵犯自己注册商标（包括防御商标和联合商标）专用权的行为，应当采取积极主动的态度和措施。我国商标法规定下列行为属于侵权行为：

（1）未经商标注册人的许可，在同一种商品或者类似商品上使用与其注册商标相同或者近似的商标的。

（2）销售侵犯注册商标专用权的商品的。

（3）伪造、擅自制造他人注册商标标识或者销售伪造、擅自制造的注册商标标识的。

（4）未经商标注册人同意，更换其注册商标并将该更换商标的商品又投入市场的。

（5）在同一种或者类似商品上，将与他人注册商标相同或者近似的标志作为商品名称或者商品装潢使用，误导公众的。

（6）故意为侵犯他人注册商标专用权行为提供仓储、运输、邮寄、隐匿等便利条件的。

（7）给他人的注册商标专用权造成其他损害的。

如发现以上侵权行为，应积极采取以下有效措施：

（1）搜集证据，进行必要的、合法的调查和法律咨询。

（2）强烈抗议涉嫌侵权人侵权行为，要求其立即停止或改正。

（3）向工商行政管理机关投诉，请求制止侵权行为。

（4）向人民法院起诉。

（5）要求对方赔偿损失，消除影响，赔礼道歉。

（6）对工商行政管理机关依职权主动查处的案件，要积极配合，提供《商标注册证》及其他证据和线索。

（7）对可能出口的侵权产品，要请求海关扣押。

（8）对涉嫌犯罪的，要立即向公安部门报案。

活动1：

多人一组，仔细阅读《商标法》，讨论商标法中品牌保护的相关内容，结合热点实际案例，写出学习体会。

考试链接

1. 掌握商标法的立法原则和基本宗旨。

2. 能够根据商标法的规定维护自身的合法权益。

第二节　如何应对国外商品用本企业的商标

引导案例

在国外濒临绝境的"飞跃"鞋商标被法国人抢注

"飞跃"是两代人的记忆，始于20世纪50年代、打着红蓝两个对勾标志的飞跃运动鞋，是无数少年成长中的重要记忆。与当年的辉煌相比，如今的情景也许可以用"凄凉"来形容，现在"飞跃"每年在国内的销量也就是几万双。

曾经辉煌数十年的上海名牌"飞跃"运动鞋如今在市面上已经十分罕见，而法国人让"飞跃"重新成为舆论的焦点。

法国人在欧洲抢注了"飞跃"商标，这让不少人气不打一处来。

刘庆龙 1966 年前后已经进入当时的上海橡胶工业公司，也就是后来的大孚公司，对于法国人在国外抢注"飞跃"商标，他介绍，那位被媒体报道过的帕特里斯·巴斯蒂安（Patrice Bastian）原来是飞跃运动鞋的经销商，这个法国人从中国进货，在法国销售，买的人很多，特别是在海外华侨比较集中的地方。

原因很明显，20 世纪 70~80 年代，中国武术在国外非常流行，而习武者多数穿的就是"飞跃"鞋。

此外，"飞跃"鞋用的是硫化工艺，天然橡胶加入硫黄后，放在几百摄氏度的密闭空间里加热，这样生产出来的鞋子不易老化开裂，弹性好，耐热，最关键的是没有使用有毒胶水，因而颇得国外消费者青睐。

刘庆龙说，法国人看到"飞跃"鞋卖得很好，钻了我们没有在国外注册"飞跃"的空子，2006 年在欧洲抢注了这个牌子，然后又将"飞跃"的板型改瘦、加宽，改良帆布面，彻底撇开大孚公司和大博文公司，自己委托中国的其他企业给他们生产。

据知情人士透露，当年大孚公司与兰生股份合资成立大博文公司曾有协议，兰生股份接收大孚公司的 300 多名职工，作为回报，大博文公司可以无偿使用"飞跃"品牌 17 年，正是在大博文公司生产"飞跃"鞋期间，法国人获得了大博文公司的同意，在国外运作"飞跃"品牌。

刘庆龙介绍，现在"飞跃"在国内的出厂价是 17~18 元，零售价 35 元，法国人在国外卖的"飞跃"鞋的价格平均每双 50 欧元左右，约合人民币 500 元左右，销售火暴，但是作为品牌所有者的大孚公司却拿不到什么好处。

在法文版的"飞跃"网站上，法国人对于"飞跃"的由来是这样描述的："Feiyue 这个商标发源于上海，这种运动鞋最早出现在 1920 年，这种轻便鞋受到中国各个阶层的欢迎，并且跨越国界于 2006 年来到欧洲，然后被一群对运动和都市文化着迷的人挖掘出来。"法国人的介绍自始至终没有提到大孚公司，也没有提到大博文公司，更没有提到"飞跃"这个商标在中国早已经闻名遐迩，受法律保护，这是让那些曾与"飞跃"有着千丝万缕联系的人们生气的主要原因。

虽然法国人将"飞跃"运动鞋最高卖到了每双 99 欧元，也许是自知理亏，法版"飞跃"鞋并没有进入国内市场。除了抢走"飞跃"的一部分出口市场，理论上中国市场仍然是"飞跃"的主要"领地"，但是"飞跃"在国内依然难以遏制地走向衰落，法国人还算不上致"飞跃"于死亡的凶手。

　　资料来源：胡军华、田野：《濒临绝境的飞跃鞋在国外商标被法国人抢注》，《第一财经日报》，2009年12月8日。

思考题：

　　1. 结合案例，分析法国人为何能够在欧洲抢注"飞跃"商标？

　　2. 本国企业应怎样应对国外企业的商标侵权？

一、国外商品使用本企业商标的预防

　　问题4： 如何防止国外商品用本企业的商标？

　　1. 确定产品出口国清单，了解商标注册的基本制度

　　按照国际惯例，商标保护具有地域性。目前除英、美国家外，世界上大多数国家和地区都采取注册在先原则，即谁先在该国和该地区注册商标，谁就拥有商标的专用权。根据商标保护地域性的规定，商标一旦抢注成功，被抢注商标的企业就不得在该国或该区域内使用原本属于自己的商标，若违反则构成侵权，将被该国法律所禁止。因此，不论被抢注商标的企业放弃原商标另创品牌，或是高价回购，抑或是通过法律途径撤销被抢注的商标，都将增加企业的经营成本，延缓其产品占据市场的时间，降低市场份额。所以，营销之前，商标注册和抢注行为的监控就成为必要。

　　2. 采取"市场未动，商标先行"的方法

　　有些企业患有"短视病"，认为自己的商标知名度还不够，在多个国家注册为时过早，想等出了名再注册；有的认为自己的商品不愁销路，无须注册；还有的认为办理商标国际注册手续繁、费用高，不愿到商品进口国去办理商标注册。如果企业想走向国际市场，在确定某个商标为主要商标后，就应该到欧洲、北美洲和亚洲发达国家尽早注册，不论要进入哪个市场，商标永远应当走在前面。一些有先见之明的中国企业已经开始意识到这一问题，纷纷出招应对境外商标抢注风险。

　　3. 建立有效防御机制，警惕要求独家代理权的人

　　一些境外商人为获取我国产品在其本国市场的垄断利益，往往向中国企业提出行使独家代理权，一旦遭到拒绝，他们便会以自己的名义在其本国注册中国企业的核心商标，利用商标权对中国企业设置壁垒，阻止他人代理该中国企业的产品。

4. 提高警惕，关注企业目标的竞争对手和潜在商标抢注者

企业参加展览会过程中，如果发现有人详细了解产品市场情况，但又无合作意向，那么就要注意了，这个人可能就是商标抢注者。通过商标抢注制造知识产权纠纷，近年来日渐成为许多跨国公司向中国企业设置贸易壁垒的一种新手段，海信与西门子的商标之争便是典型案例。如果中国企业所在行业竞争激烈，那就更加需要警惕来自境外竞争对手的商标抢注阻击。

5. 构筑企业商标防抢注体系

反抢注时除要具"慧眼"之外，中国企业还必须建立一套适合自己的商标抢注防御体系，以便花适当的钱，办恰当的事。当今世界各国主要有三种商标权确认制度：使用优先制、注册优先制和使用与注册并用制。针对此三种商标确认制度，不同企业可采取不同的商标注册和保护策略。

二、国际注册商标

问题 5：为什么申请国际注册商标？如何办理国际注册？

（一）申请国际注册商标的原因

1. 申请国际注册商标可以防止商标被人抢先注册

世界各国商标法内容虽不尽相同，但都规定对注册商标所有权进行法律保护。所以，申请国际注册商标可以防止被人抢注。

2. 可以保护企业在销售国的合法权益不受侵害

商标注册是为了取得商品销售国的商标专用权。商标注册了，其他人就不能在相同或近似的商品上注册或使用与自己商标相同或近似的商标了，从而可以防止侵犯中国企业在销售国的合法权益，就争得了市场。同时，出口商品商标在销售国经过注册后，产生商标争议时便可提起诉讼，得到该国法律保护，取得胜诉。

3. 可以为创名牌、提高企业知名度打基础

中国商标在国外获得有效注册后，就能长期稳定地占领国际市场，扩大销售量，保持良好信誉，成为名牌商标，进而成为驰名商标。如不及时注册，被人抢先注册，结果虽用了大量资金做广告，也毫无经济效益，反而是帮别人忙，替别人做宣传，为别人创了牌子。中国企业要在国际市场上占有一席之地，并且得到发展，进而挤进世界大企业的行列，必须制定自己的商标战略，重视商标的国际间注册，争创名牌，争创驰名商标，从而提高企业的竞争力和知名度，稳定并扩大国外市场。

（二）办理国际商标注册的步骤

1. 了解注册国家的商标法

首先，应了解什么样的人能作为申请人。由于各国对外国人的待遇不同，因此，必须先弄清楚这个问题。其次，应了解注册国确定商标专用权的原则。再次，了解申请注册国有关申请商标注册的手续以及所需的文件及其他要求。再次，了解申请注册国办理注册的费用情况。最后，了解注册国哪些标识不能注册为商标。

2. 对商标注册进行申请

凡是要在某个国家申请注册商标，在申请前应该查询一下自己的商标是否与他人已注册的或申请在先的商标相同或者近似，以避免申请后不能获得批准。

3. 聘请可靠而又有能力的商标代理人代理商标申请及办理其他商标事宜

聘请代理人向国外申请商标注册时，最好聘请可靠而又有能力的商标代理人代理商标申请及办理其他商标事宜。一方面，由于申请人多不具备被申请国的商标法律知识，不了解申请的具体程序，而代理人熟悉本国的商标法律，在申请过程中及以后维护商标权利中，能为申请人出主意，克服申请中可能遇到的各种困难。另一方面，则是由于大多数国家都规定非本国国民申请商标注册须委托本国的商标代理人代为办理，至于委托哪一家代理人，则由申请人自己选择决定。申请人可以委托自己在所申请国的贸易伙伴代为寻找，也可以自己寻找。

252

三、国际注册商标的维权

问题 6: 如果本企业的商标已被国外注册，应如何维权？

根据知识产权国际条约（如《保护工业产权巴黎公约》、《与贸易有关的知识产权协议》等）关于商标保护的规定，世界各国一般会提供两条保护途径：一是行政保护；二是司法保护。

行政保护途径是中国企业可以向当地的商标行政管理部门提出撤销抢注商标的请求，从而达到撤销抢注商标的目的。

司法保护是主要的救济途径。一般各国的商标法律都会规定对恶意抢注他人商标或侵犯他人在先权利的救济渠道和方式。关键是中国企业能够根据当地相关法律，提供商标在先注册或使用的原始凭证、公证材料等。一般情况下，被抢注商标被夺回可能性很大。

例如，我国"雄鸡"牌蚊香在非洲和南美洲非常畅销，但在非洲的尼日利亚"雄鸡"商标被抢注，抢注人向中国企业索要巨额使用费。中方企业了解到尼日利亚商标注册实行"使用优先"制度，在当地专业律师的帮助下，中方提供了商标在先使用的证据，经过三年的努力，此案以中方胜诉告终。不过，法律救济手段往往花费巨大。搜集证据、委托专业律师均需要高昂费用，而法律程序又往往一拖数年，致使企业坐失市场发展机会。

商业谈判也是一条可以选择的途径，如果可以解决抢注问题，中国企业适时地坐下来与抢注者谈判，花费较少的费用可以赎回被抢注的商标也未尝不是周全之策。但是中国企业在决定谈判前一定要弄清抢注者是出于什么目的。如果抢注者仅仅是个商标的投机者，一般用一定数量的赎金就可以解决问题。但是如果抢注者是本行业的跨国巨头，恐怕其抢注的目的就不是倒卖获利那么简单了，因为他们的目的在于竖起知识产权的"篱笆"，不让你与其竞争。

任何的事后补救总是没有事前预防来得经济，保护知识产权，根本还是建立适合自身的防御体系。

活动 2：

结合本课所学，查阅相关资料，讨论"飞跃"运动鞋的出路何在，应该如何做才能帮助"飞跃"走出困境呢？

考试链接

1. 掌握申请国际注册商标和办理国际注册的方法。
2. 有能力根据实际情况结合相关法律维护自身权益。

第三节　品牌与企业社会责任

引导案例

大品牌承担大责任：重塑中华商业道德

在茅台的企业文化中，为国家作贡献，是天经地义的事情。

在中华人民共和国初创时期，1000 升出口的茅台酒可为国家换回数十吨建设急需的钢材。在市场经济时代，茅台则是国家重要的纳税大户——从 1999 年至 2008 年，茅台集团人均利税、人均利润由行业平均水平的 5 倍升至 9 倍。

2008 年，集团固定资产总量发展至 37.7 亿元，为 1978 年的 375 倍；总资产 207.2 亿元，为 1978 年的 587 倍；销售收入 107.7 亿余元，为 1978 年的 1526 倍；利润 62.13 亿元，为 1978 年的 9 万多倍；利税 85.49 亿元，为 1978 年的 2831 倍左右，创造了全行业 21% 的利税、11% 的税金。

国运兴，国酒兴，国酒与共和国共命运。回顾国酒茅台与新中国共同成长的 60 年，我们完全可以说，国家是茅台发展的根基、靠山，而茅台 60 年艰苦创业所铸就的荣誉，则源自一种对国家、对民族的神圣责任。

什么叫履行企业社会责任？在茅台人看来，首先就是要懂得珍惜大自然赐予茅台得天独厚的酿造环境，懂得感激，回报社会对茅台的厚爱。

按照"促进多方发展，打造和谐茅台"的价值理念，茅台积极参与社会公益活动和慈善事业捐赠，先后出资 2.66 亿元设立了残疾人保障基金、慈善基金、见义勇为基金、"心基金"等；此外，还资助 2 亿元参与修建茅台高速公路。

汶川大地震发生后，茅台集团在地震发生的第二天上午即向灾区捐款 500 万元，而后员工自愿捐款 400 多万元及后来再次捐赠 3000 万元，总计金额为 3900 多万元。

国酒的厂区在不断扩大，茅台酒年产量也从最初的数百千升增长到今天的两万多千升，但在方方面面的细心保护下，碧波如梦的赤水河还是一如从前。

在解决就业这一社会问题上，1998 年以来，茅台集团按照相关政策规定解决企业征地"农转非"，共安排了 5000 多人的就业。在履行帮扶贫困的企业社会责任上，近 6 年投入的款项就达 500 多万元。

为工业反哺农业、带动地方经济发展，国酒茅台投入巨资以加大茅台酒生产原料基地建设，积极引导当地农户种植有机高粱，推进了传统农业向特色农业的转变。

资料来源：袁仁国：《大品牌承担大责任：重塑中华商业》，《华夏酒报》，2010 年 5 月 14 日。

➡ **思考题：**
1. 结合材料，思考茅台企业是如何在与肩负社会责任的互动中发展起来的？
2. 品牌应如何处理好自身发展与社会责任的关系？

一、品牌建设与社会责任的互动关系

问题 7：品牌建设与企业社会责任有着怎样的互动关系？

企业承担社会责任具有积极的社会意义，必将成为企业品牌建设的重要内容，不但可以丰富企业品牌的内涵，而且是企业提升品牌形象的有效途径。

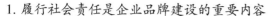

1. 履行社会责任是企业品牌建设的重要内容

品牌建设是一个综合系统，企业的品牌形象除了包括产品品牌、雇主品牌、企业品牌等方面的内容以外，内涵上也包括很多丰富的内容，不但和企业性质、行业特点有着密切的关系，而且和时代特征、社会文化息息相关。企业作为一个重要而特殊的社会成员，其行为要符合社会道德的要求，要履行一定的社会责任，具体包括消费者责任、员工责任、环境责任、社区责任等。企业的社会责任是企业品牌建设的重要内容，这是消费者的要求，也是企业生存的必要条件。

2. 履行社会责任是企业塑造和提升品牌形象的重要途径

越来越多的企业特别是知名度较高的跨国企业，在品牌建设方面的路径依赖正在由传统的广告方式转型为履行社会责任的方式，即通过积极主动地履行社会责任来重塑企业形象，再造企业文化，并由此打造企业品牌影响力。实践证明，履行社会责任会提升企业品牌影响力；而社会责任缺失，则损害企业形象，不利于企业的持续健康发展。

3. 履行社会责任是预防品牌空心化的有效措施

品牌空心化是指品牌具有高知名度，却缺乏认知度、美誉度、偏好度和忠诚度，品牌的高知名度无法转化为产品的高市场占有率，造成品牌外强中干的空心化。品牌空心化的形成有很多原因，比如广告的粗制滥造、宣传失当、核心价值缺失、品牌定位不当、渠道建设不到位等。预防品牌空心化也有很多手段，而企业通过履行产品责任、员工责任、环境责任，可以提高企业美誉度，提升企业品牌形象，从一定程度上预防品牌空心化的发生。

4. 品牌建设为企业履行社会责任提供内部合理性

企业履行社会责任大多起因于外部压力，有一个从不愿意到愿意的过程。要使企业自愿自觉地履行社会责任，必须让企业认识到履行企业社会责任的重要性，而品牌建设在企业经营中的巨大作用，正可以提供这种重要性的证明。以我国企业为例，大部分企业已经清醒地认识到品牌建设的重要性，而且正在积极进行品牌的建设和巩固。

二、品牌建设在社会责任各层面的内涵

问题 8： 品牌建设在社会责任各层面的内涵是什么？

1. 对社会消费者所应承担的责任

消费者具有四个方面的权利，即安全权、知情权、选择权和听证权。企业对消费者的社会责任集中体现为对消费者上述权益的维护。根据消费者的上述

权利，企业对消费者的社会责任又主要表现在以下两个方面：

企业对消费者的第一个责任——向消费者提供安全可靠的产品（服务），这是社会价值原则——不伤害的基本要求。企业在将产品提供给消费者时必须确保其产品的安全性，以维护消费者的安全权。

企业对消费者的第二个责任——向消费者提供准确、清晰、充分的产品信息，这是对消费者知情权和自由选择权的尊重与维护。准确的信息是指提供的信息是真实的、确凿的，避免了夸张和暗示；清晰的信息是指提供的信息是直接的、易懂的，并且既没有欺骗又没有操纵；充分的信息是指为潜在的消费者提供全面的、足够多的信息，让他们在选择商品时能够做出最优选择。

因此，消费者责任的内涵是产品品牌建设的基础，消费者责任的履行为产品品牌建设提供了基本途径。

2. 对企业员工所应承担的责任

企业对员工的社会责任主要体现在以下三个方面：

（1）保障员工获取合理合法的劳动报酬，这是企业对员工承担的最基本的社会责任。一般而言，此类责任基于企业与员工明确的契约义务关系，也为当今社会法律所明确规定。

（2）为员工提供安全、健康的工作环境，这是对员工生命与健康权利的保障与维护。员工为企业工作是为了获得报酬维持自己的生存和发展，但是，企业不能以为员工提供就业机会和报酬为由，忽视对其生命和健康权利的保护。

（3）为员工提供平等的就业机会、升迁机会、接受教育机会，这是企业对员工作为人之个体所具有的自由、平等权利的尊重与维护。

员工责任的内涵是雇主品牌建设的基础，员工责任的履行为雇主品牌建设提供了基本途径。而雇主品牌是在人力资源市场上享有较高的知名度、美誉度、忠诚度的企业品牌。雇主品牌的建设是企业吸引人才、防止核心员工流失、缓解劳资纠纷的有效途径。

3. 对自然、社会环境所应承担的责任

（1）合理、有效地利用自然资源。自然资源是人类赖以生存和发展的物质基础，如何合理利用而又不破坏生态环境，是当代人类社会必须面对和认真加以考虑的难题。

（2）控制污染，保护环境。企业作为人类的主要生产组织，在环境污染中扮演了主要角色，因而，它必须承担控制污染的首要责任。

综上所述，环境责任的内涵是绿色品牌建设的基础，环境责任的履行为绿色品牌建设提供了基本途径。随着人们生活水平的提高和环境保护意识的增强，以保护环境为特征的绿色消费将更大程度上影响着人们的消费观念和消费行为。

三、企业社会责任建设的相关误区

 问题 9: 企业社会责任建设有哪些应该警惕的误区?

1. 社会责任就是广做慈善事业

做慈善仅是社会责任中的一小部分,更重要的是在企业经营的每个环节都与社会责任息息相关,如环境保护,劳动保障、遵纪守法、合法纳税。

2. 社会责任是大企业的事情,与小企业关系不大

对于一个企业而言,从企业建立的那一刻,你就开始在承担社会责任,如纳税、给员工工作和给员工发工资。不同之处仅在于因承担社会责任所带来的影响面的大小。而影响的深度及收效,并不因企业大小而变化。一句话,无论大企业还是小企业,从诞生那天开始就已经承担着社会责任。

3. 承担社会责任主要为了应对将来可能出现的公关危机

社会责任承担的意义不仅仅在于品牌对外的传播,同时也是员工素养的锻炼和提升,更是企业与政府对话的优势砝码,还是对经销商和投资者的一种承诺。

 活动 3:

257

多人一组,对当地知名企业进行承当社会责任的调研,记录企业对承当社会责任的看法,分析这种看法产生的原因和由此而为企业带来的结果,并与同学们交流讨论。

 考试链接

1. 正确地认识企业的社会责任。

2. 明确企业社会责任的概念和履行社会责任的主要意义。

第四节 企业商标使用策略应关注哪些法律问题

 引导案例

"康王"商标在"桥头堡"上厮杀

2007年，汕头公司被披露在认定驰名商标案件中造假，最终其已生效的三件驰名商标被撤销的典型案例，成为当年广受社会斥责的虚假认定驰名商标的活教材。

将汕头公司带入作假认定驰名商标丑闻的幕后推手正是云南滇虹药业。四年来，滇虹药业曾12次通过全国各地各级司法机关、24次通过全国各地各级工商行政机关，认定了汕头公司侵犯其"康王"商标专用权以及实施不正当竞争的事实。

然而，正当滇虹药业在两"康王"之争中占据上风之际，汕头公司祭起《商标法》第四十四条"连续三年停止使用"条款，给了滇虹药业当头一棒，使滇虹药业所持有的第738354号"康王"商标遭遇被撤销的风险。对此，北京市高级人民法院9月18日维持了一审法院作出的两项判决：第一，撤销国家工商总局商标评审委员会关于第738354号"康王"商标撤销复审决定；第二，商评委在三个月内对第738354号"康王"商标重新作出复审决定。

滇虹药业所持有的注册于第三类化妆品等商品上的第738354号"康王"商标，转让自北京康丽雅健康科技总公司。汕头公司提出撤销申请后，商标局便通知北京康丽雅公司提供使用证据，但因该企业已不存在而未在限期内质证，商标局未通知当时已获得该件商标转让注册的滇虹药业，于是裁定撤销了该商标。

获知自己的商标被当成"死亡商标"撤销后，滇虹药业向商评委申请复审，提交了涉讼期间使用该商标的证据，包括"康王"牌防裂护肤霜的内外包装盒及说明书等包装材料，以及委托其他单位加工生产过"康王"洗剂等。商评委纠正了商标局的撤销决定，裁定维持该商标的注册。

之后，汕头公司又起诉至北京市第一中级人民法院（以下简称"北京一中院"）。北京一中院认为，云南滇虹药业提供的"康王"防裂护肤霜产品实物等证据，均没有按照国家规定标注化妆品生产许可证和卫生许可证，因此上述化

妆品的生产行为事实上违反了我国行政法规的相关规定，不能够认为是商标法意义上的"合法"使用行为，对该商标不予保护。于是，北京一中院判决撤销了商评委的维持注册裁定。

商评委和滇虹药业均不服，上诉至北京市高级人民法院（以下简称"北京高院"）。商评委认为许可证的问题属于其他法律规定调整范畴，不能把商标使用中的瑕疵与《商标法》第四十四条，即"连续三年停止使用注册商标的，由商标局责令限期改正或者撤销其注册商标"混为一谈。此观点未能得到北京高院认同，北京高院维持了一审判决。

为什么双方在第738354号"康王"商标上如此厮杀？上海大学陶鑫良教授告诉记者，汕头公司在第三类注册有"康王+kanwan"文字加拼音的商标，核定使用的商品为"牙膏、香皂"。在第三类洗发水、化妆品上只注册有"Kanwan"拼音商标，想要在洗发水、化妆品上注册"康王"文字商标，必须排除滇虹药业手中第738354号中文"康王"商标的在先权。所以，撤销与保卫第738354号"康王"商标，注定是"康王"大战的桥头堡。

资料来源：姚芃：《"康王"商标在"桥头堡"上厮杀》，《法制日报》，2007年10月10日。

⊃ 思考题：

1. 结合材料，说一说什么是"死亡商标"？
2. 如何才能避免企业使用的商标变为"死亡商标"？

一、商标的使用策略

259

问题10：商标的使用策略包含哪几种情况？

当今时代，商标的功能早已得到明显扩展。在市场经济环境中，能否正确选择和运用商标，对企业经营的成败有着重要的影响。通常情况下，企业在生产经营活动中可选择运用以下商标策略：

1. 统一商标策略

又称家族商标策略，即指企业不同的商品采用同一种品牌商标进入市场。这种策略的优点是建立了一种产品的信誉，可以推动其他产品的销售，可以节省广告开支，有利于树立企业形象，提高企业的知名度，争创驰名商标。缺点是如果一种产品丧失信誉，也会影响使用同一商标的其他产品，不利于产品的延伸和扩大。

2. 多商标策略

企业对生产的各种产品分别采用不同的商标命名。这样做的好处是，不同商标可以用于不同层次的产品，企业声誉建立在各种商标的基础上，某个商标的失败并不会造成全局性影响，同时也扩大了企业商标的阵容，有利于壮大企业声势。

3. 个别商标策略

即企业根据不同产品的性质、特点，采用不同的商标。这样可以扩大商标阵容，增加企业在竞争中的安全性，提高企业的声誉，同时也有助于企业内部各品牌的竞争，推动品牌的发展。

4. 平行商标策略

企业生产的各种产品同时使用企业商标和各种产品商标。采用这种策略可以使新产品借企业知名度而显示出该产品的正统性，同时又可使各种不同的商标表现出各种产品诱人的特性。

5. 扩展商标策略

此种策略是利用已经获得成功的商标把新产品和改进型产品推入市场。

6. 更换商标策略

一般来说，商标越老，影响越大，信誉越高。但也有不少企业随着产品技术和服务的提高，把原来旧的、不适应现在产品特点或企业发展的商标加以更换。

7. 用他人商标策略

经允许，把本企业生产的产品贴上其他企业的商标出售，即常说的"贴牌生产"。这一策略的优点是可以利用名牌产品影响进入该商标产品的传统市场。

8. 无商标策略

某些产品在制造过程中，其物理、化学特性无法与其他企业生产的产品相区别，或消费者购买时并无选择的要求，因而采用无商标策略。

二、企业注册商标策略的正确使用

问题 11：企业如何正确使用注册商标的策略？

商标的价值在于商标的使用。企业对其注册商标的正确使用，既是该商标受法律保护的需要，也是有效实施商标战略的保障，如果不适当地使用就可能给自己造成不应有的经济损失。

企业正确使用注册商标策略主要包括以下内容：

1. 企业应将注册商标置于显著位置

企业在使用自己的注册商标时，应将商标置于显著、突出、核心位置，使其醒目突出，使其具有很强的视觉冲击力，使消费者在琳琅满目的商品中很快能够看到自己的商标，而不能本末倒置，重点渲染商品名称、包装、装潢。特别是应处理好商标使用、商品包装、装潢的关系，在商品包装和装潢设计中，应当以商标为中心，将商标设计置于显著位置，同时将商标与商品名称统一起来。这样才能使消费者在购买商品或者接受服务时，对商标产生深刻的印象。

2. 保护注册商标使用的稳定性

企业商标信誉的建立凝结了一代甚至几代人的心血，是企业长期努力和艰苦经营的结果。保护注册商标的稳定性则是商标信誉价值产生的前提和基础，企业只有保护注册商标使用的稳定性，才能逐步提高在消费者心中的地位，使消费者留下深刻印象。如果随意更改商标的文字、图形或者其结合，或者连续三年停止使用，还会导致商标权被丧失的后果。

3. 保持注册商标使用的灵活性

注册商标的稳定使用并不排除使用上的灵活性。由于市场情况千变万化，企业在不同时期对不同品质、不同特点的商品不宜固守于一个使用模式，而应当根据不同情况灵活运用，以适应市场竞争的需要。关于不同情况下企业注册商标的使用策略，将在下面作详细讨论。

4. 保证商品的质量，提升商标信誉价值

商标信誉的好坏从根本上说是由商品质量决定的，商品质量的优劣是通过商标作媒体传送给消费者的。一方面，一个商标一旦用于某种商品，经过长期的反复使用后，会在生产者、经营者和消费者心目中成为一定质量的象征。另一方面，商品的质量越好，商标的信誉价值也就越大，它在市场上的竞争力也越强。企业使用注册商标应与保证商品质量紧密地联系起来。

261

5. 严格依照商标立法的规定使用注册商标

从我国《商标法》的要求来看，企业使用注册商标应符合以下要求：①按照核定的商品范围使用，不得擅自扩大商品使用范围；②按照在商标局核准注册的商标样式使用，不得随意更改注册商标文字、图形等构成要素；③在发生注册人名义或地址变更、商标使用许可或转让、商标期限届满等权利状况发生变动时应该及时办理变更注册手续。此外，企业不得连续三年内不使用自己的注册商标。

这可以说是正确使用商标的应有之意。主要要求是经国家商标局核定使用的商标文字、图形及其组合和核定使用的商品，以及注册人名字、地址不能随意改变。

活动 4：多人一组，在经营活动场所展开关于企业商标使用策略的调查，记录企业在使用商标策略方面的误区，制作调研简报，与同学们交流。

考试链接

1. 商标的使用包含哪些策略?
2. 掌握正确使用商标策略的方法。

阅读材料

商标之争进入体育圈

近年来，关于知识产权方面的纠纷不断地进入体育界，"中超"商标持有人和中国足协的官司尚未尘埃落定，便又有一场官司成为了媒体和公众关注的焦点。

2011年5月，"姚之队"负责人之一的陆浩在京召开了新闻发布会，宣布姚明将正式起诉武汉云鹤大鲨鱼体育用品有限公司。该公司被起诉的原因是在没有得到任何法律授权的情况下在经营活动中不正当地使用"姚明"、"姚明一代"作为商标标识，以期谋取商业利益。如此频繁的出现商标纠纷，在体育圈内还属首次。

2002年11月，天津市的普通市民周辉在国家工商行政管理总局商标局注册了"中超"商标，并于一年后进行了公示。在公示期将满时认识到危机的中国足协向商标局提出了异议，双方至此对于商标的注册权问题展开了一系列的争辩。据称，法院的判决结果将在6月或7月公布，周辉对于法院的裁决充满了信心。

相比于周辉与足协的争论，姚明的诉讼就要复杂得多。由于被告使用的"姚明一代"品牌，在2001年就已经出现，却在十年后才被起诉，就使原告处于相对被动的地位。据姚明方的发言人表示，2001年，姚明还没有被称为国际巨星，对保护自身知识产权的意识也比较淡薄。而现在之所以要维护自身的权益，一方面是因为法律意识逐渐增强，另一方面也是因为不希望助长这种不正之风的蔓延。希望通过这次的诉讼，唤醒整个中国体育界的维权意识，呼吁企业公平竞争。

资料来源：魏经纬：《姚明将起诉武汉云鹤大鲨鱼公司　近期商标诉讼案频发》，《中国青年报》，2011年5月。

沪港"观奇"引发商标纠纷

"观"和"觀",简繁之别的同一个字引发沪港两家服饰生产商之间关于商标侵权和不正当竞争的两起纠纷。5月30日,上海市第二中级人民法院(以下简称"上海市二中院")对这两案作出一审宣判。上海观奇服饰有限公司因生产标有侵犯原告观奇洋服有限公司注册商标的服饰,被法院判令限期更改企业名称,赔偿原告经济损失8万元,在《中国工商报》上刊登相关声明。侵权服饰销售商达州市通川区虎威商贸有限责任公司同时被判停止侵权,共同赔偿原告3万元。

观奇洋服有限公司是一家1981年在香港注册成立的服装经营企业。1991年,公司的觀奇文字及图形商标经国家商标局核准成为注册商标。此后,公司还将觀奇文字商标、Kwun Kee文字及图形商标等进行了注册。

2002年7月,以服饰批售为经营范围的上海观奇公司在沪成立。

2006年9月,香港观奇公司人员在四川达州老车坝购物广场内发现达州虎威公司门店悬挂"上海觀奇服饰公司荣誉出品"店招。工作人员即在店内以人民币878元的价格购得男式蓝色格子西服一套,该西服包装袋上印有"观奇服饰(上海)有限公司"字样,西服内衬标牌标注"观奇服饰"。一个月后,香港观奇公司以商标侵权和不正当竞争为由将上海观奇公司、达州虎威公司告上法庭。

上海市二中院审理后认为,自1990年以来,原告将其字号和觀奇文字及图形商标在服装商品销售和广告宣传等商业活动中进行了使用。被告的企业名称则于2002年5月得到预先核准,在同年7月正式使用。因此,原告无论是对"觀奇"字号还是对觀奇文字及图形商标的使用均早于被告对其企业名称的使用。此外,法院认定香港观奇公司的商标在市场上具有一定知名度。

"觀奇"中文文字是原告"觀奇"商标的重要组成部分。被控侵权文字标识所使用的"观奇"文字与原告"觀奇"商标中的"觀奇"文字含义、读音相同,仅有简体字与繁体字之别,足以使相关公众产生混淆,构成近似。

资料来源:吴艳燕:《沪港"观奇"引发商标纠纷》,中国法院网,2007年5月30日。

问题讨论:

1. 上海市二中院对两家企业的判罚,其依据何在?

2. 该案件给我们什么启示?

本章小结

1. 商标法基本原则

（1）注册原则。

（2）申请在先原则。

（3）诚实信用原则。

（4）自愿注册原则。

（5）集中注册、分级管理的原则。

（6）行政保护与司法保护相并行的原则。

2. 防止国外商品用本企业的商标的措施

（1）确定产品出口国清单，了解商标注册的基本制度。

（2）采取"市场未动，商标先行"的方法。

（3）建立有效防御机制，警惕要求独家代理权的人。

（4）提高警惕，关注企业目标的竞争对手和潜在商标抢注者。

（5）构筑企业商标防抢注体系。

3. 品牌建设与企业社会责任之间的互动关系

（1）履行社会责任是企业品牌建设的重要内容。

（2）履行社会责任是企业塑造和提升品牌形象的重要途径。

（3）履行社会责任是预防品牌空心化的有效措施。

（4）品牌建设为企业履行社会责任提供内部合理性。

4. 企业正确使用注册商标的策略

（1）企业应将注册商标置于显著位置。

（2）保护注册商标使用的稳定性。

（3）保持注册商标使用的灵活性。

（4）保证商品的质量，提升商标信誉价值。

（5）严格依照商标立法的规定使用注册商标。

深入学习与考试预备知识

处理商标侵权案件基本技巧

面对商标侵权案件，企业相关人员首先要掌握一些基本技能，以便更好地维护企业的利益。

1. 对案件法律关系进行基本分析

面对一起商标侵权案件，首先要对其中的法律关系作出缜密具体的分析。因为经常会出现商标侵权和不正当竞争掺合在一起的情形，所以有时候企业认定的商标侵权，很有可能只是不正当竞争。在这种时候就要求相关人员对案件进行认真分析，找到起诉点，做到有的放矢、有所针对，以免对整个维权活动产生消极影响。

2. 寻找法律依据

在商标侵权案件中，确定了起诉点后，就要寻找相关的法律依据。这里所说的法律依据，应具体到注册商标的基本信息，被告或原告商标的注册情况，以及《类似商品和服务区分表》的有关规定，必要的时候还要收集《商标审查指南》中的有关规定。准备工作做得越充分，胜诉的可能性才越大。

3. 准备证据材料

在确定了法律关系并找到相关的法律依据后，接下来就是证据材料的准备。收集证据时，需要做到事无巨细，缜密考量，杜绝漏洞。整理证据时，则应根据法律关系、诉讼请求和理由之间的关系，整理出脉络，梳理好证据之间的关系。

商标侵权是企业的一件大事，无论是作为原告还是被告都应该给予充分的重视。商标侵权事件的发生，对于原告而言也可以成为一次扩大品牌知名度的好机会，对被告一方而言，更是涉及企业今后的生死存亡。总而言之，企业在使用商标之前，应彻底的学习相关法律法规，不可抱有任何侥幸心理。

知识扩展

商标侵权的主要表现

《中华人民共和国商标法》第五十二条：有下列行为之一的，均属侵犯注册商标专用权：

（1）未经商标注册人的许可，在同一种商品或者类似商品上使用与其注册商标相同或者近似的商标的。

（2）销售侵犯注册商标专用权的商品的。

（3）伪造、擅自制造他人注册商标标识或者销售伪造、擅自制造的注册商标标识的。

（4）未经商标注册人同意，更换其注册商标并将该更换商标的商品又投入

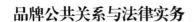

市场的。

（5）给他人的注册商标专用权造成其他损害的。

《中华人民共和国商标法实施条例》第五十条：有下列行为之一的，属于违反商标法：

（1）在同一种或者类似商品上，将与他人注册商标相同或者近似的标志作为商品名称或者商品装潢使用，误导公众的。

（2）故意为侵犯他人注册商标专用权行为提供仓储、运输、邮寄、隐匿等便利条件的。

答案

第一节：

（1）从材料中来看，B 茶楼作为被告，未经原告 A 茶楼许可，擅自开设"避风塘"茶楼，同时在茶楼正门大幅上使用原告专用的"避风塘"图形及文字商标，并且在杯子、外卖卡片等上面都使用了原告的商标。此种行为足以造成消费者对服务来源混淆误认，侵犯了原告的注册商标专用权。

（2）法院依据商标法中注册在先原则和诚实信用原则对 B 茶楼的侵权行为进行判决，责令被告上海 B 茶楼有限公司停止对原告上海 A 茶楼有限公司注册商标的侵害；上海 B 茶楼有限公司于判决生效之日起十日内赔偿原告上海 A 茶楼有限公司经济损失人民币 4 万元；被告 B 茶楼有限公司于本判决生效之日起 30 日内在《新民晚报》上刊登声明，消除影响。法院的判决维护了 A 茶楼的商标权益。

第二节：

（1）由于飞跃运动鞋没有在国外注册商标，被企图从中得利的法国人钻了空子。

（2）作为企业，为了防止"飞跃"事件的再次发生，首先应确定产品出口国清单，了解商标注册的基本制度，采取"市场未动，商标先行"的方法，做有先见之明的企业。其次企业应建立有效防御机制，警惕要求独家代理权的人并关注企业的竞争对手和潜在的商标抢注者。最后，中国企业还必须建立一套适合自己的商标抢注防御体系，以便花适当的钱，办恰当的事。针对当今世界承认的三种商标确认制度，不同企业可采取不同的商标注册和保护策略。

第三节：

（1）根据材料可以得知，茅台酒业本着感激自然赠与的独特环境，回报社会的精神，积极参与社会公益活动和慈善事业，先后成立各种基金会，修建高速公路，参与地震赈灾等。同时茅台人也坚持保护环境，争取经济利益与生态利益实现双赢。同时，茅台集团长期坚持解决农业人口的就业问题，并带动了地方经济，尤其是农业的发展。

（2）企业应对社会承担一定的责任，这不仅有助于社会的建设，同时也会成为企业品牌建设的重要内容，可以丰富企业的品牌内涵，提升企业的社会影响力和公众好感度。企业积极履行社会责任，可以防止企业品牌形象"空心化"，即具有高知名度却缺乏认知度、美誉度和好感度的情况发生，可以实现社会发展和企业宣传的双赢。企业应及时认识到社会责任的重要意义，实现从完成义务到自觉履行的转变。

第四节：

开放性试题，请学生参见本章节内容提出自己的合理解释。

案例分析：

根据材料可知，"觀奇"中文文字是原告"觀奇"商标的重要组成部分。被控侵权文字标识所使用的"观奇"文字与原告"觀奇"商标中的"觀奇"文字含义、读音相同，仅有简体字与繁体字之别，足以使相关公众产生混淆，构成近似。原告无论是对"觀奇"字号还是对觀奇文字及图形商标的使用均早于被告对其企业名称的使用时间。而香港观奇公司的商标在市场上具有一定知名度，故此被告的行为已经侵犯了商标法的规定，应承担法律责任。此案件启示我们，在使用商标时应根据国家相关法律法规，做到万无一失，避免为企业带来无谓的损失。

第十一章

品牌经营法律实务

学习目标

知识要求 通过本章学习，掌握：

- 什么是企业商标的使用许可，它对企业发展有什么重要意义
- 企业商标许可交易应关注的法律问题
- 什么是注册商标转让，商标转让的法律规定
- 注册商标的转让与许可有什么区别，在法律规定上有何差异
- 什么是特许经营，它有哪些特征，采取什么样的方式
- 品牌特许经营中应关注哪些法律问题

269

技能要求 通过本章学习，能够：

- 熟悉品牌经营的法律实务
- 在商标许可交易时，遵守相应的法律规定，保护自身权益
- 在商标转让时，分清概念，以免混淆使自身权益受害
- 熟悉特许经营的法律规定

学习指导

1. 本章内容包括：企业商标许可交易应关注哪些法律问题；企业商标转让应关注哪些法律问题；品牌特许经营中应关注哪些法律问题等。

2. 学习方法：熟悉相关法律，收集、揣摩案例，积极进行市场调查，在案例和调查中熟悉、运用理论和法律。

3. 建议学时：6 学时。

第一节　企业商标许可交易应关注哪些法律问题

应当注意的法律问题
——评"稻香村"商标使用合同纠纷案

1989 年 6 月 30 日，保定市商标使用许可稻香村食品厂注册了"稻香村"文字及图形组合商标，该商标核定使用的商品为第 30 类，即"果子面包、糕点"。2000 年 9 月 28 日，保定稻香村总公司受让了该商标。2003 年 3 月 14 日，保定新亚公司受让了该商标。2004 年 11 月 14 日，苏州稻香村食品工业有限公司（以下简称"苏州稻香村公司"）受让了该商标。

2002 年 10 月 28 日，保定稻香村总公司与北京黑马大观园食品有限公司（以下简称"黑马大观园公司"）签订了《商标使用许可合同》。合同约定：保定稻香村总公司许可黑马大观园公司在果子面包、糕点商品上使用涉案"稻香村"商标。许可使用的期限自 2002 年 10 月 28 日起至 2014 年 10 月 27 日止；合同期满，如需延长使用时间，由双方另行续订商标使用许可合同。保定稻香村总公司有权监督黑马大观园公司使用该商标的商品质量，黑马大观园公司应当保证使用该商标的商品质量。黑马大观园公司必须在使用该商标的商品上标明自己的企业名称和商品产地。黑马大观园公司不得任意改变该商标的文字、图形或者其组合，并不得超越许可的商品范围使用该商标。未经保定稻香村总公司授权，黑马大观园公司不得以任何形式和理由将该商标许可第三方使用。许可使用为有偿。

2004 年 8 月 1 日，苏州稻香村公司向黑马大观园公司出具《委托书》，苏州稻香村公司委托黑马大观园公司为"稻香村"月饼北京地区总经销。2005 年 9 月 20 日，苏州稻香村公司向黑马大观园公司出具文件，黑马大观园公司可对"稻香村"商标字样或图样的主要部分灵活使用，但产品质量必须保证达到标准。另外，近年来黑马大观园公司帮助苏州稻香村公司将"稻香村"品牌在北京打开了市场，苏州稻香村公司未收取使用费，以后每年的使用费也不会超过 2 万元。同时允许黑马大观园公司再授权第三方有偿使用"稻香村"商标，但必须保证食品质量。

2006年9月20日，黑马大观园公司向香村园公司出具《委托书》，黑马大观园公司委托北京市香村园食品有限责任公司（以下简称"香村园公司"）于2006年9月20日至2007年9月19日生产加工稻香村牌月饼、糕点。香村园公司可代销部分稻香村牌月饼、糕点。2006年10月4日，苏州稻香村公司在北京家乐福商业有限公司中关村广场店购买了外包装上印有扇形图案的"稻香村"商标以及"制造商：香村园公司"、"监制：黑马大观园公司"的月饼。该月饼同时印有"出厂日期：2006年9月23日"、"保质期：50天"、"产品标准：GB19855—2005"。苏州稻香村公司委托国家食品质量监督检验中心鉴定了该批生产日期2006年9月23日、到样日期2006年11月6日，检验完成日期2006年11月13日的月饼。检验中心出具了 ［2006］总字第654号《检验报告》，检验结果为霉菌计数测定值为 5.0×105，感官为"饼面棕红色、色泽均匀、底无糊焦；外形饱满、花纹清晰、无明显凹缩、无塌斜、漏馅现象；饼皮较均匀、果仁大小适中，拌和均匀；有明显的霉味；表面有明显霉斑"，检验结论是"该样品所检项目不符合GB19855—2005标准要求"。

2006年12月5日，北京市海淀区人民法院在审理苏州稻香村公司诉黑马大观园公司、香村园公司侵犯商标权纠纷一案的庭审笔录记载：黑马大观园公司认可其委托香村园公司生产了"稻香村"月饼，月饼包装袋印刷的出厂日期有误；使用的是扇形图案的"稻香村"商标，未使用涉案"稻香村"注册商标标识。在案件审理过程中，双方均认可黑马大观园公司使用"稻香村"商标从未向苏州稻香村公司支付使用费。黑马大观园公司主张其为开拓市场投入了大量资金，折抵了"稻香村"商标许可使用费，苏州稻香村公司对此不予认可。

2007年9月19日，北京市第二中级人民法院经审理认为：黑马大观园公司委托香村园公司生产的"稻香村"月饼经检验存在质量问题，违反了《商标使用许可合同》的约定。根据相关法律规定，当事人一方迟延履行债务或者有其他违约行为致使不能实现合同目的的，对方当事人可以解除合同。因此，黑马大观园公司的上述行为违反《商标使用许可合同》的约定，致使该合同目的不能实现，解除2002年10月28日保定市稻香村总公司与黑马大观园公司签订的《商标使用许可合同》。苏州稻香村公司主张被告黑马大观园公司应向其支付涉案"稻香村"商标使用费，理由正当，依据黑马大观园公司使用涉案"稻香村"商标的具体方式及其持续时间和影响范围、被告的主观过错程度等情况酌情确定支付涉案"稻香村"商标许可使用费5万元。

资料来源：赵雷：《应当注意的法律问题》，《集佳知识产权周讯》，总第156期。

⤵ **思考题：**

1. 结合案例，思考稻香村和黑马大观园签订许可合同时有哪些疏漏。

2. 结合案例，思考企业在签订商标许可合同时尤其应当注意哪些问题。

一、商标使用许可的概念及重要性

关键术语：企业商标的使用许可

注册商标使用许可属于国际上流行的许可证贸易的一种，它是指商标注册人通过签订合同许可他人使用其注册商标，合同的签订常常是有偿的。这种确立商标使用关系的协议通常称为商标使用许可合同或商标使用许可证。

问题 1：企业商标的使用许可对企业发展有什么重要意义？

商标的使用许可类似于有形物的出租，与商标的转让有所不同，商标的转让将发生注册人的变更，相应的注册商标权利由一个主体转移到另一个主体。商标的使用许可并不发生商标主体的变更，注册人所出让的仅仅是商标的使用权，而自己仍保留所有权。

商标使用许可制度有利于推广新技术、满足市场的需求、促进对外贸易。对于被许可人来说，有利于引进先进的生产技术、生产工艺，提高企业的产品质量管理水平。因为商标常与生产设备、专利技术密不可分，通常是整体引进的。通过使用他人有一定知名度的商标还可以提高自己商标的档次，最终建立自己的驰名商标。这一点从我国的彩电、冰箱、洗衣机生产中可以得到验证。对于许可人来说，商标使用许可不但可以收取商标使用费，更重要的是可以扩大自己商标的知名度，可以借助他人的力量帮助自己去占领那些自己无暇顾及或不宜立即进入的市场。另外，大多数国家商标法律都将被许可人对商标的使用视为许可人的使用，从而使注册人免除因商标不使用而导致撤销注册之忧。

二、商标使用许可的类别、合同形式与主要内容

问题 2：商标使用许可的类别、合同形式与主要内容是什么？

1. 商标使用许可的类别

根据最高人民法院《关于审理商标民事纠纷案件适用法律若干问题的解释》第三条，商标使用许可包括以下三类：

（1）独占使用许可，是指商标注册人在约定的期间、地域和以约定的方式，将该注册商标仅许可一个被许可人使用，商标注册人依约定不得使用该注册商标。

（2）排他使用许可，是指商标注册人在约定的期间、地域和以约定的方

式，将该注册商标仅许可一个被许可人使用，商标注册人依约定可以使用该注册商标，但不得另行许可他人使用该注册商标。

（3）普通使用许可，是指商标注册人在约定的期间、地域和以约定的方式，许可他人使用其注册商标，并可自行使用该注册商标和许可他人使用。

2. 商标使用许可合同的形式

商标使用许可合同，是指商标权人将其注册商标许可给他人使用，被许可使用人支付费用而签订的合同。商标权人或者其授权的人为许可方，另一方则为被许可方。商标权许可实施合同生效后，许可方并不丧失商标法权，仍为注册商标的所有人。商标使用许可合同的标的是注册商标的"使用权"，而不是"所有权"，这是商标使用许可与商标权转让合同的区别。

在国际市场上，就品牌而言，消费者对以英国、法国、意大利为中心的欧洲国家及美国企业的商标认知度较高，而出自日本的商标使用许可则主要面向亚洲各国和欧洲，但不论各国法律传统如何，在国际商标许可合同中较多使用的语言仍然是英语，即便商标许可人出身是非英语国家也是如此。

3. 商标使用许可合同的主要内容

（1）明确许可商标的专用权。应明确商标注册人及商标、注册证号、核定使用商品和类别、注册证的有效期，即商标许可人主体资格应合法，商标注册证应真实、合法、有效。

（2）明确被许可人的使用权限。被许可使用的商品，被许可使用期限（不能超越商标注册证有效期），商品的销售范围、合同期满后使用该商标货物销售的缓冲期限，商标标识的提供方式，被许可人有无权力再实施许可等。

（3）明确双方的权利与义务。被许可人应保证使用该商标商品的质量，被许可人必须在商品上标明自己的名称和商品产地，使用中不能改变注册商标标志，应维护商标声誉，发现侵权行为应及时通知许可人。许可人有责任监督被许可人的使用行为。许可合同期内，许可人不得申请注销及注册商标等。另外，许可合同有效期内，许可方能否转让该商标等。

（4）明确商标使用许可费用。许可合同应明确商标是否有偿使用，如有偿使用应明确费用结算方式和支付时间等。

（5）明确合同终止条款。终止条件应明确和尽量细化，什么情况下许可方可解除合同；反之，许可方则不能解除合同。如以许可方的商标为字号新成立的公司，则应明确合同终止后，被许可方应于规定期限内变更新成立公司的字号。

（6）明确违约责任及纠纷解决方式。被许可人违约时许可人的权利，许可人违约时被许可人享有哪些权利。明确合同争议及其解决机构。

三、签订商标使用许可合同应注意的问题

问题 3： 签订商标使用许可合同时应注意哪些问题？

1. 被许可商标必须是注册商标，许可人必须是注册商标的注册人

因为只有注册商标才有商标专用权存在，许可使用权只是商标专用权的派生物。但在实际生活中，由于某些人商标知识的匮乏，竟然导致接受未注册商标的许可，并向许可人支付使用许可费。国内企业中也发生过这样的事情，在对外开放后，我国不少企业接受外商在中国未注册商标的使用许可并支付许可使用费，从而上当受骗，在经济上蒙受损失。还有一种情况，就是非注册人将他人的注册商标"许可"第三人使用，在获得利益或侵权行为被发觉后逃之夭夭，结果"被许可人"遭到处罚。因此，在签订商标许可合同时，首先要审查被许可商标是否为注册商标，其次再审查许可人是否为该注册商标的注册人。

2. 被许可人必须是依法成立的企业、事业单位、社会团体、个体工商户、个人合伙以及符合《商标法》第九条规定的外国人或者外国企业

如果被许可商标是使用在人用药品或烟草制品上的注册商标，被许可人还必须具有相应的资格，比如卫生行政部门的证明或者国家烟草主管机关批准生产的证明文件等。因此，中国公民不能以个人名义签订商标使用许可合同，未经国家主管机关批准生产人用药品或烟草制品的企业也不能签订使用人用药品或烟草制品上的注册商标使用许可合同。

3. 被许可人使用被许可商标的商品或服务不得超过被许可商品经商标局核准使用的商品或服务的范围

4. 经许可使用他人注册商标的，必须在使用该注册商标的商品上标明被许可人的名称和商品产地

违反本规定，被许可人所在地的工商行政管理机关可以责令被许可人限期改正，收缴其商标标识，并可根据情节处以五万元以下的罚款。由于客观条件和技术水平等的限制，被许可人生产的产品或者提供的服务，毕竟与许可人的产品或服务有一定的差别，为了方便消费者识别和购物便利，法律规定被许可人在其使用许可商标的商品上标明自己的名称和地址是必要的。

5. 签订商标使用许可合同，事关重大，当事人双方必须慎重对待，最好能聘请商标事务所的专业人士作为顾问，或者由商标事务所代理办理许可使用事宜

一般来说，商标使用许可合同应当包括以下主要条款：

（1）许可人和被许可人的名称、地址。

（2）许可使用的注册商标、注册证号、注册商标的有效期限。

（3）许可使用的商品范围和名称。

（4）许可使用的形式。

（5）许可使用的期限、使用许可商标的产品数量和产品销售地区。

（6）许可使用费及支付方式。

（7）商品质量要求和质量监督办法。

（8）商标标示的印制或供应方式及要求。

（9）合同的终止和解除条件。

（10）违约责任。

（11）合同生效时间。

（12）对方签字盖章。

商标使用许可合同的中心内容是规定许可方和被许可方的权利与义务。

就许可方来说，其主要权利有：一是收取许可使用费；二是监督被许可人使用其注册商标的商品质量。许可方的主要义务是维护被许可人的商标使用权，在合同有效期内，不得擅自放弃商标的续展注册，也不得注销许可使用的商标。

就被许可方来说，其主要权利是按合同的规定合理使用被许可使用的注册商标。被许可人的主要义务有：一是按合同约定支付使用费；二是保证使用许可人注册商标的商品质量，并接受许可人的监督；三是在使用该注册商标的商品上标明本企业的名称和商品产地；四是不能将使用权转让第三人。

275

活动 1：

多人一组，收集整理在商标使用许可上产生纠纷的案例，概括总结产生纠纷的主要原因，提出解决方案并在同学们之间交流。

考试链接

1. 商标使用许可的含义。

2. 掌握签订商标使用许可时应注意的问题。

第二节　企业商标转让应关注哪些法律问题

 引导案例

"旭日升"商标转让之痛
——系列商标多家持有　出让之前多处授权

　　旭日集团成立于 1993 年，曾是中国饮料工业十强企业之一，而其打造的"旭日升"商标也在 2002 年被认定为中国驰名商标。2005 年年初，因旭日集团欠上海紫江集团公司 800 万元逾期未还，上海紫江集团公司长期催要未果，委托江苏省苏州市中级人民法院拍卖"旭日升"商标。

　　2005 年 3 月，北京迪乐公司向三亚公司借款 720 万元，竞拍"旭日升"商标权。双方在合同中约定将所购买的商标权作为质押，同时，三亚公司成为旭日升饮料全国独家生产制造商。

　　2005 年 4 月和 8 月，经江苏省苏州市中级人民法院、河北衡水市中级人民法院分别公开拍卖，迪乐公司以 674 万元竞得 23 枚"旭日升"商标。

　　据悉，原旭日集团共有 169 枚"旭日升"商标，被法院强行拍卖抵债的只是其中一小部分，其余大部分商标归旭日集团破产管理委员会所有。

　　2008 年 2 月，因迪乐公司未能还款，三亚公司向所在地晋州（石家庄市下辖县级市）法院提起诉讼，请求法院判令迪乐公司偿还借款，如无偿还能力，按照双方之前所签协议，以迪乐公司所有的"旭日升"注册商标专用权折抵三亚公司欠款。2009 年 3 月，经晋州法院依法公示拍卖这些商标且无人竞拍后，晋州法院裁定以该次拍卖保留价 680 万元以物抵债，23 枚商标权归三亚公司所有。

　　2009 年 6 月，距石家庄市晋州法院作出裁定 3 个多月后，河北省衡水市冀州法院向晋州法院发来中止执行通知书，要求中止执行该 23 枚"旭日升"商标。

　　冀州法院要求中止执行的理由是：2008 年 2 月 1 日，衡水市中级法院曾作出〔2008〕衡民二初字第 7 号民事调解书。这份调解书载明：自 2007 年以来，迪乐公司以拓展业务资金紧张，向迪乐公司康中峰等 18 名员工先后借款 130 余万元（含拖欠工资）无法偿还，经调解，迪乐公司自愿将该 23 枚商标抵顶

给 18 名员工。

衡水市中院认为，因为该院的调解书在前，晋州法院不应当拍卖 23 枚商标所有权。此后，衡水市中院执行局依据调解书对 23 枚商标权强制执行，冀州法院因而向晋州法院发出中止执行通知书。

然而，晋州法院的上级法院——石家庄市中级人民法院对衡水冀州法院中止执行的要求并不认同。

据悉，2008 年 2 月 19 日，晋州法院审理三亚公司诉迪乐公司借款纠纷案期间，得知衡水市中院在 2007 年 10 月受理河北旭日集团破产案时已经查封了该 23 枚商标。为此，三亚公司依据其与迪乐公司的协议向衡水市中院提出异议。2008 年 2 月 25 日，也就是衡水市中院将 23 枚商标"调解"给 18 名员工 20 多天后，衡水市中院民二庭又作出裁定，认为异议成立，作出解除查封裁定。

石家庄市中院认为，晋州法院并不知道先前存在的衡水市中院调解书，其在执行过程中公开拍卖的是衡水市中院主动解封的财产。假如调解书先前确实存在，那么衡水市中院民二庭既是破产案的承办庭，也是该调解案件的承办庭，应当在破产案解除查封的同时直接执行该调解书或者另案进行查封，而不会支持三亚公司的意见，将已查封的财产解封并由晋州法院查封拍卖。另外，在整个执行程序期间，也并没有案外人对该财产提出异议。

资料来源：马竞、曹天健：《"旭日升"商标转让之痛》，《法制日报》，2010 年 4 月 22 日。

 思考题：

1. 结合材料，分析"旭日升"商标转让过程中混乱产生的原因。
2. 结合材料，思考应如何合法办理商标转让手续。

一、注册商标转让的相关法律

关键术语： 注册商标转让

注册商标转让是指商标注册人按照法律规定的程序，将其所有的商标专用权转移给他人所有的法律行为，是商标注册人对其商标权的一种最重要的处理方式。商标注册人称为转让人，接受其注册商标的人称为受让人。注册商标转让与注册商标变更注册人名义不同，转让后注册商标的主体变更，原注册人不再是该注册商标的所有人；而变更注册人名义后，注册商标的主体仍是原注册人。

问题 4： 商标转让有哪些法律规定？

注册商标转让，应按照法定的程序，经商标局核准后，予以公告，转让注册才能生效。未履行法定程序，注册人自行转让注册商标的，商标局有权责令其限期改正或者撤销其注册商标。注册商标的受让人应当保证使用该注册商标的商品质量。

商标转让的法律规定有如下几项：

（1）转让人如果在同种或者类似的商品上注册了几个相同或近似的商标，转让时应一并转让，不能单独转让其中某一个。

（2）转让人应将注册商标的专用权全部转让，不允许将注册商标指定保护的商品进行部分转让。

（3）转让人用于药品、卷烟、报纸、杂志的注册商标，受让人应出具有关部门批准经营的有效证明文件。

（4）转让人如果正在许可他人使用其注册商标期内，须征得被许可人的同意方可转让给第三者。通过商标转让这一途径，能使商标受让人以最短的时间获得心目中理想的商标，快速的树立自己的品牌。

二、注册商标的转让与许可

问题 5： 注册商标的转让与许可有什么区别？在法律规定上有何差异？

（一）注册商标的转让与许可的区别

1. 性质完全不同

商标使用许可不发生商标所有权人的转移，仅仅是商标权人在一定权利范围内将其权利允许他人行使。被许可人无权转让商标权；在发生侵权时，被许可人一般不能以自己的名义提起诉讼，除非得到权利人的明确授权。

2. 法律程序存在差异

商标注册人可以通过签订商标使用许可合同，许可他人使用其注册商标。许可人有义务监督被许可人使用其注册商标的商品质量。被许可人也有义务保证使用该注册商标的商品质量，同时，被许可使用他人注册商标时必须在使用该注册商标的商品上标明被许可人的名称和商品产地。对于商标使用许可合同，应当报商标局备案。但是商标法并没有规定合同效力因备案而受影响，所以即使不报备案该合同依然具备合法效力。但是转让注册商标权有所不同。不仅转让人和受让人应当签订转让协议，受让人应当保证使用该注册商标的商品质量，而且需要双方共同向商标局以提交转让注册商标申请书的形式提出申请。尤其需要注意，转让注册商标是在商标局核准并公告后，受让人从公告之日才享有商标专用权。也就是说，如果转让注册商标权的合同不经过行政审批和公告，就不会产生针对第三人的任何法律效力，最多在转让人与受让人之间可能会有违约责任。

（二）注册商标的转让与许可在法律上的差异

1. 注册商标转让相关内容

根据《中华人民共和国商标权法》第三十九条：转让注册商标的，转让人和受让人应当签订转让协议，并共同向商标局提出申请。受让人应当保证使用该注册商标的商品质量。转让注册商标经核准后，予以公告。

受让人自公告之日起享有商标专用权。

第四十条：商标注册人可以通过签订商标使用许可合同，许可他人使用其注册商标。许可人应当监督被许可人使用其注册商标的商品质量。被许可人应当保证使用该注册商标的商品质量。

经许可使用他人注册商标的，必须在使用该注册商标的商品上标明被许可人的名称和商品产地。

商标使用许可合同应当报商标局备案。

根据《中华人民共和国商标法实施条例》第十七条第二款：申请人转让其商标注册申请的，应当向商标局办理转让手续。

第二十五条：转让注册商标的，转让人和受让人应当向商标局提交转让注册商标申请书。转让注册商标申请手续由受让人办理。商标局核准转让注册商标申请后，发给受让人相应证明，并予以公告。

转让注册商标的，商标注册人对其在同一种或者类似商品上注册的相同或者近似的商标，应当一并转让；未一并转让的，由商标局通知其限期改正；期满不改正的，视为放弃转让该注册商标的申请，商标局应当书面通知申请人。

对可能产生误认、混淆或者其他不良影响的转让注册商标申请，商标局不予核准，书面通知申请人并说明理由。

2. 注册商标使用许可相关内容

根据《中华人民共和国商标权法》第四十条：商标注册人可以通过签订商标使用许可合同，许可他人使用其注册商标。许可人应当监督被许可人使用其注册商标的商品质量。被许可人应当保证使用该注册商标的商品质量。

经许可使用他人注册商标的，必须在使用该注册商标的商品上标明被许可人的名称和商品产地。

商标使用许可合同应当报商标局备案。

根据《中华人民共和国商标权法实施条例》第四十三条：许可他人使用其注册商标的，许可人应当自商标使用许可合同签订之日起三个月内将合同副本报送商标局备案。

三、注册商标转让的形式与途径

问题 6：注册商标转让的形式与途径有哪些？

注册商标的转让是商标注册人在注册商标的有效期内，依法定程序将商标专用权转让给另一方的行为。

（一）注册商标的转让形式

1. 合同转让

转让人通过合同规定转让注册商标的内容、相互间的权利、义务和违约责任等，这种形式的转让一般是有偿的，即转让人通过转让注册商标专用权而收取一定的转让费用。

2. 继受转让

注册商标的继受转让，有两种情况：注册所有人（自然人）死亡即其生命结束后，有继承人按继承程序继承死者生前所有的注册商标；作为注册商标所有人的企业被合并或被兼并时的继受移转。

3. 行政命令转让

行政命令转让形式一般发生在公有制国家。这里说的行政命令主要是那些引起财产流转的计划和行政命令。例如，我国国有企业根据行政命令发生分立、合并、解散或转产，必然会发生注册商标主体变化的问题。

（二）注册商标转让途径

申请人可以委托国家工商行政管理总局认可的具有商标代理资格的组织代理。目前，国家认可的商标代理组织共有近 800 家，分布在全国各省、自治区、直辖市；也可以到国家商标局商标注册大厅直接办理。具体采取何种途径办理，申请人应当根据自己的具体情况决定。

如果申请人熟悉商标法律法规及相关程序，经常居所或者营业场所的通邮状况良好的，可以直接到商标局办理；若不具备上述条件，最好还是委托商标代理组织代理；在中国没有经常居所或者营业场所的外国人或者外国企业在中国申请转让注册应当委托商标代理组织代为办理。商标局在对商标转让进行审查的过程中，往往要给申请人发出各种文件，如补正通知书、驳回通知书等。这些文件大多要求申请人对原申请内容做一定修改并回复。这些文件一般通过邮局邮寄，鉴于我国部分地区的邮递通道不是很畅通，加之有些申请人地址发生变动，商标局发出的文件申请人收不到的现象屡有发生，影响了转让注册的进程。

商标代理组织中的商标代理人对商标法律法规比较熟悉，商标业务较为精通，能比较准确地理解委托人和商标局的意图，协助当事人对商标局发出的要求修改的文件作出准确的修改，使转让注册申请的审查得以顺利进行。

四、商标转让的办理

问题 7：如何办理商标转让手续？

办理商标转让申请有三个步骤：

1. 准备申请书件

应提交的申请书件为：《转让申请/注册商标申请书》；转让人和受让人的身份证明文件（复印件）；委托代理的提交受让人出具的《代理委托书》，直接在受理大厅办理的提交受让方经办人的身份证原件和复印件；申请移转的，还应当提交有关证明文件；申请文件为外文的，还应提供经翻译机构签章确认的中文译本；提供公证处的商标卖方申明公证书。

2. 提交申请书件

（1）申请人直接到商标注册大厅来办理的，申请书件准备就绪后，在商标注册大厅的受理窗口提交，由窗口的工作人员确认该申请书件是否合格。

（2）委托商标代理机构办理的，由该商标代理机构将申请书件送达商标局。

3. 缴纳转让规费

一份转让申请需缴纳一定的转让规费。如果是委托商标代理机构办理的，申请人应向商标代理机构缴纳转让规费和代理费，商标局收取的转让规费从该商标代理机构的预付款中扣除。

活动 2：多人一组，收集整理关涉企业商标转让产生纠纷的案例，分析问题产生的原因，探索解决问题的法律途径，并与同学们交流。

考试链接

1. 理解注册商标转让与许可的区别。

2. 明确注册商标转让过程中的相关法律条款。

3. 掌握办理注册商标转让的方式和流程。

第三节 品牌特许经营中应关注哪些法律问题

星巴克的特许经营之路

1992 年 6 月 26 日，星巴克在 NASDAP 市场正式挂牌上市，缩写"SBUX"，上市招股 210 万股，每股 17 美元，融资总额为 2800 万美元。它为星巴克今后的发展补足了动力燃料。为使客户在更多的地点感受星巴克的服务，除星巴克分店之外，星巴克通过机场、书店、酒店、百货店来销售产品。"在星巴克严格的质量管理和特许销售行为之间，产品品质的控制是有风险的，"舒尔茨说，"这是一种内在矛盾"。因此，星巴克制定了严格的选择合作者的标准：合作者的声誉、对质量的承诺和是否以星巴克的标准来培训员工。

星巴克的特许业务包括业务联盟、国际零售店许可、商品零售渠道许可、仓储娱乐部项目、直销合资厂，等等。星巴克在许可经营和特许加盟连锁店之间，更倾向于前者，因为前者更容易控制。两者在销售品牌上是最近似的，但因为许可经营者不像后者拥有加盟店的产权，只是付费经营，因此更容易控制管理。星巴克希望合作者们盈利，对于合作者提供的相关产品（比如运输和仓储等）都不赚取利润，星巴克只向合作者收取一定的管理费用。

1999 年 1 月，星巴克进驻北京，与美大星巴克咖啡有限公司合作经营在北京开设了星巴克在华的第一家咖啡店（合资经营）。2000 年，星巴克开始进入上海，与台湾统一合作成立了上海统一星巴克公司（合资经营）。随后，星巴克又与美心食品国际有限公司合作，成立了美心星巴克咖啡餐饮（南中国）有限公司，共同进军华南市场。因为对中国当时市场的谨慎，不敢独资进入，同时受国内特许经营的限制，被迫采取了合资的形式，星巴克的合资股份仅为5%，从本质上看，这是一种变相的特许授权。上海统一星巴克两年内就获得了 3200 万元的利润。由于总部只能在特许经营商的营业收入中提取5%的提成，这本身就使星巴克总部心理很难平衡，再加上对中国市场的日益熟悉，星巴克品牌在中国的日益知名，部分店面服务标准的变形与走样，这些都促使"单飞"的念头日渐强烈。

为履行加入世界贸易组织三年后开放特许经营市场的承诺，2005 年 2 月 1

日起，中国商务部颁发《商业特许经营管理办法》，正式宣布取消了外商在华从事特许经营在市场准入和待遇方面的限制，中国特许经营领域全面向外资开放。《商业特许经营管理办法》颁发后，星巴克增持了上海统一星巴克股权和广东美心星巴克股权分别至 50% 和 51%，使得双方的合作方式也从伪合资实特许的关系转变为真正的合作伙伴关系。2006 年，星巴克在华独资经营、进而独揽中国市场利润的进程大大提速。同年 10 月 24 日，星巴克收购北京美大星巴克咖啡有限公司 90% 的股权，收回了在中国内地的最后一块"合资"牌照。星巴克在华全面直营的战略进一步得到了稳步实施。

资料来源：李凯洛：《浅析中国服装品牌特许经营之路》，新浪网，2007 年 1 月 19 日。

➡ **思考题：**

1. 结合案例，思考星巴克为何选择合资经营的方式进入中国市场。
2. 思考特许经营的特征，试分析其优缺点。

一、特许经营的概念及方式

 关键术语：特许经营

特许经营是一种销售商品和服务的方法，是指特许经营权拥有者即特许人以合同约定的形式，允许被特许经营者有偿使用其名称、商标、专有技术、产品及运作管理经验等从事经营活动，并向特许经营者支付相应的费用的商业经营模式。

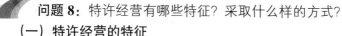 **问题 8**：特许经营有哪些特征？采取什么样的方式？

（一）特许经营的特征

从定义我们可以看出，特许经营具有以下基本特征：

（1）特许经营中特许人与受许人之间不存在有形资产关系，而是相互独立的法律主体，由各自独立承担对外的法律责任。

（2）特许经营是一种特许人与受许人之间的合同关系，也就是说，特许人与受许人的关系是依赖于双方合同而存在和维系的。

（3）特许人对双方合同涉及的授权事项拥有所有权及（或）专用权，而受许人通过合同获得使用权（或利用权）及基于该使用权的收益权。

（4）特许经营中的授权是指包括知识产权在内的无形资产使用权（或利用），而非有形资产或其使用权。

（5）受许人有根据双方合同向特许人交纳费用的义务。

（6）受许人应维护特许人在合同中所要求的统一性。

第十一章　品牌经营法律实务

（二）特许经营的方式

特许经营是一种营销产品、服务、技术的体系，基于在法律和财务上分离和独立的当事人——特许人和他的单个受许人之间紧密和持续的合作，依靠特许人授予其单个受许人权利，并附加义务，以便根据特许人的概念进行经营。其特许方式一般包括：

（1）直接特许——即特许者将特许经营权直接授予特许经营申请者，获得特许经营权的被特许者按照特许经营合同设立特许点，开展经营活动，不得再行转让特许权。

（2）区域特许——即由特许者将在指定区域内的独家特许经营权授予被特许者，该被特许者可将特许经营权再授予其他申请者，也可由自己在该地区开设特许点并从事经营。

二、品牌特许经营的利弊

问题 9：品牌特许经营有何利弊？

（一）特许经营优势

1. 特许人利用特许经营实行大规模的低成本扩张

特许人能够在实行集中控制的同时保持较小的规模，既可赚取合理利润，又不涉及高资本风险，更不必兼顾受许人的日常琐事。

由于受许人对所属地区有较深入的了解，往往更容易发掘出企业尚没有涉及的业务范围。

由于受许人不需要参与受许人的员工管理工作，因而本身所必需处理的员工问题相对较少。

特许人不拥有受许人的资产，保障资产安全的责任完全落在资产所有人的身上，特许人不必承担相关责任。

从事制造业或批发业的特许人可以借助特许经营建立分销网络，确保产品的市场开拓。有人讲，有人的地方就有可口可乐，有色彩的地方就有柯达。为什么这些品牌能够无处不在？原因就在于它们利用了特许经营方式进行了大规模的低成本扩张。

2. 受许人借助特许经营扩大规模

可以享受现成的商誉和品牌。受许人由于承袭了特许人的商誉，在开业、创业阶段就拥有了良好的形象，使许多工作得以顺利开展。否则，借助于强大广告攻势来树立形象是一大笔开支。

避免市场风险。对于缺乏市场经营的投资者来说，面对激烈的市场竞争环境往往处于劣势。投资一家业绩良好且有实力的特许人，借助其品牌形象、管理模式以及其他支持系统，其风险将大大降低。

分享规模效益。这些规模效益包括：采购规模效益、广告规模效益、经营规模效益、技术开发规模效益等。

获取多方面支持。受许人可从特许人处获得多方面的支持，如培训、选择地址、资金融通、市场分析、统一广告、技术转让等。

3. 特许经营因其管理优势而受到消费者欢迎

特许经营成功发展的另一个原因就是准确定位。由于能准确定位，使企业目标市场选择准确，能围绕目标市场进行营销策略组合，并能及时了解目标市场的变化，使企业的产品和服务走在时代前列。

（二）特许经营的弊端

凡事有其利就必有其弊。特许经营虽然有其诸多利益，但在实际经济生活中，特许经营本身还有着许多不可忽视的弊端。从维护自己品牌角度出发，一个企业在选用这一模式之前应该从两个角度分别掌握这些弊端，避免掉入这样那样的陷阱。

1. 对特许人即品牌拥有人而言

特许经营存在以下弊端：容易对有些资源失去控制并变得对受许人过分依赖。虽然有合同的约束，但特许人把业务交由受许人来做，就不可避免地会遇到因对某些资源、功能、厂家等的过分依赖和失控而不能完全自主的状况，显然这是一种不好的潜在威胁。

因为特许经营的"克隆"效应，既容易"一荣俱荣"，也当然地容易"一损俱损"，公司声誉和形象会受个别经营不好的加盟店的影响。

特许经营合同限制了策略和战略调整的灵活性，在特许经营地区内，企业扩展受到限制。

当发现加盟店店主不能胜任时，无法更换。如果特许人的职员与受许人有矛盾，双方不能共存，则会破坏特许人与受许人之间的信任。特许人必须确保他选择的人适合该项特许业务，有能力承担经营自己业务的责任。

难以保证受许人产品和服务质量达到统一标准。特许人必须保证产品和服务的质量标准，并在整个特许体系中保持它。它的现场支援人员既为受许人提供各种支持，又是执行这些标准的监督。特许人的职员中负责联络受许人的，必须善于发现受许人的问题，协助受许人适应特许制度。对于各种小缺陷不及时加以分析处理，明天就可能变成难以对付的大问题。

2. 对受许人来说

特许经营存在以下弊端：必须提供用于创立和经营分店的资金、再投资资金、遣散费、补贴和用作遣散费用、失业费用、公司养老金等的保证金；需要支付加盟费并从营业额中提取管理费。

受许人必须与经营分店同呼吸、共生存，工作强度大，尤其在创业初始阶段；同时他还得全身心地致力于学习、建设和维持特许经营并扩展分店。

特许人出现决策错误时，受许人会受到牵连。

受许人受到了与特许人签订的特许经营合同和协议的限制和监督，缺乏自主权。发展速度过快时，总部的后续服务跟不上。

过分标准化的产品和服务，既呆板欠新意，又不一定适合当地情况。

三、特许经营的相关法律事项

问题 10： 品牌特许经营中应关注哪些法律问题？

特许经营是当今市场经济活动中最具活力的经营方式之一，从法律的角度分析，特许经营实际上是一种授权合同。这种合同的基本内容为：特许人（一般是指商标权所有人，商业秘密的持有人）等有关知识产权的拥有者，为扩大市场授权被特许人（国外的企业公司或个人）从事生产和推销某类产品和服务，而被特许人通过偿付一定的使用费，便获得了利用特许人商标和销售系统的权利，同时还得到了授权协议中规定的其他服务。

特许经营的授权协议主要包括以下条款及内容：

（1）明确特许经营的内容。即商标（包括服务标记）、商号、商业秘密的使用权及其经营方式的具体内容。为了平衡双方权利和义务，授权合同的内容必须明确、准确，切忌模棱两可，有关专业术语也要采取相应的立法技术严格界定含义。在这一条款中有一点特别重要，即特许方必须向被特许方证明他是商标、商号等知识产权的合法拥有者，被特许方也应主动查明特许方许可知识产权的法律状态，以防不利结果的出现。

（2）保证商标的信誉度。特许方除了担保提供的商号、商标等知识产权的合法性外，还要对被特许方作出商业上的保证，以确保被特许方得到的是享有较高商业信誉的商标、商号。

（3）明确特许营业的区域与时间。在特许经营授权协议中，知识产权的许可是非独占性的，因此，特许方应该保证不与其他被特许方的独占区域重叠或过于接近，作出这样的规定主要是为被特许方获利奠定基础。

（4）明确特许授权协议中的撤销与终止条款。如果协议双方的任何一方违反协议，那么另一方即可提出撤销或终止协议的要求。提出终止或撤销协议的理由大致如下：被特许方破产；被特许方停止付款；被特许方停业清算。一旦协议被终止，被特许方应向特许方归还一切材料和设备，因为它们表明了商品的来源。当然，特许方则应补偿被特许方取得这些设备的费用。有的特许方为了保证自己的信誉，还要求被特许方不再出售任何货物。

（5）特许经营授权协议中的竞争条款。

（6）争议解决条款。双方应在协议中规定纠纷的解决方式。一般来讲普遍采用仲裁形式来解决争议，但诉讼也是一条途径。

总之，为了保证特许经营协议的履行，双方应密切配合，被特许方有义务向特许方提供相关情报，特许方也有义务帮助被特许方实现协议所规定的内容。同时，被特许方有权获得协议规定的资料及经营标志，特许方也有权监督被特许方的经营状况。

 活动3：多人一组，进行一次市场调研，调查当地被特许经营企业在经营活动中出现的问题，对其进行归类总结，为企业提出解决问题的方案，并与同学们交流。

 **考试链接**

1. 了解品牌特许经营的概念。
2. 熟悉品牌特许经营中应关注的法律问题。
3. 能够分析品牌特许经营的利弊。

287

阅读材料

娃哈哈集团成功维权

达娃商标之争历时近两年，其间经过两次仲裁、两次诉讼。达能更于2007年5月向瑞典斯德哥尔摩商会国际仲裁院提出了多项仲裁申请，起诉娃哈哈集团从事同业竞争、欺诈达能等行为，要求停止侵权，并赔偿合资期限未满的39年期间的利润损失等。

达娃纠纷中，关于"娃哈哈"商标的归属是双方争议的焦点之一。达能认为双方1996年签署的《商标转让协议》依然有效，要求娃哈哈履行该协议，将商标转让给合资公司。而娃哈哈则认为由于国家商标局不批准，双方已通过签订《商标使用许可合同》终止了《转让协议》，娃哈哈没有向达能转让商标的义务。

根据中国证券报2009年5月的报道，浙江省杭州市中级人民法院2009年5月21日作出终审裁定，"娃哈哈"商标归杭州娃哈哈集团所有。至此，达娃之争中关于"娃哈哈"商标所有权的问题才尘埃落定。娃哈哈集团新闻发言人单启宁表示，娃哈哈尊重法院以及仲裁庭的裁定。

国内法律界人士认为，本次裁定是对"娃哈哈"商标所有权问题的"盖棺定论"。无论是在国内注册的"娃哈哈"商标，还是在境外注册的"娃哈哈"商标，都归属杭州娃哈哈集团所有。

值得注意的是，目前与娃哈哈商标有关的另一个仲裁，即《商标使用权许可合同》的仲裁正在北京中国国际经济贸易仲裁委员会进行中。有分析人士认为，本次关于商标所有权的裁定或将对《商标使用权许可合同》仲裁产生一定积极影响。

资料来源：姜研：《"娃哈哈"商标终审裁定终归娃哈哈集团》，财富社区，2010 年 8 月。

 **案例分析**

联合利华的国际化与品牌经营

联合利华是食品、家庭及个人护理用品最大的生产商之一，活跃于全球 150 多个国家。联合利华的规模之大与产品范围之广使其成为世界上独一无二的跨国大公司，其国际化历史与世界各地人们的日常生活息息相关，影响深远。联合利华的成功与它采用正确的品牌经营模式也是分不开的，其主要有以下几种模式：

1. 多品牌模式

联合利华的多品牌模式主要表现在三个方面：

（1）为了吸引中国消费者，采用了力士、夏士莲、奥妙等富有感染力的品牌。通过不同的利益诉求，实现了整个公司覆盖的扩展。

（2）多品牌的实施主要是针对不同的目标市场。比如，联合利华的香皂原来有"夏士莲"和"力士"两个品牌，每一个品牌都有自己鲜明的定位和独特的个性："夏士莲"定位于清新健康，大众化较强；"力士"则定位于高贵典雅，适合高端消费者。通过实施多品牌策略，联合利华占领了全球的大部分市场，扩大了市场的覆盖面。

（3）通过不断地细分，推进了品牌的个性化和差异化，满足了不同消费群体的不同需求。多品牌策略有利于激发企业内部的活力，降低市场风险，提高企业抗风险的能力。

2. 品牌本土化模式

国际品牌的本土化是两种文化的融合，只有取得共同的价值观品牌才能有效地与消费者沟通，获得信任，建立消费者的品牌忠诚度。20 世纪 30 年代，联合利华在上海开设公司，生产的"力士"香皂成为市场的畅销货。1986年重返上海，合资企业上海利华继续生产"力士"香皂，由于引进了当时全新的配方和营销理念，"力士"香皂迅速占领市场，成为当时的第一品牌。这一品牌策略带来的是超过50亿元的销售额和每年两位数的增长业绩，这证明联合利华将本土化和全球化相结合的努力已获得成功。

3. 兼并收购品牌模式

从节约开发成本，运用资本的力量拓展品牌、提升品牌价值的角度，联合利华提出"创"不如"买"的品牌拓展理念，采用收购本地品牌并提升为国际品牌。在其旗下2000多个品牌中，有很大一部分来自于收购和兼并。联合利华这一品牌策略使其节省了市场进入成本，利用被收购品牌的既有声誉、销售网络与服务资源，快速有效地开展业务，获得了丰厚回报，迅速树立起了公司品牌的声誉和形象。

4. 集中品牌模式

一家企业试图进入一个新市场，其在品牌拓展上投入巨大的财力和精力，而且还要遭遇原有市场各种力量的排斥。联合利华发展近2000个品牌，但其75%的销售来自2000个品牌中的400个，这400个品牌的年增长率约为6.6%，如果集中精力发展这400个品牌，必然对公司业务的增长有很大的益处。于是，联合利华开始实施全球瘦身战略，它在全球的业务因此取得了可喜增长。2003年其净利润比2002年飙升了38%，达68亿美元，提升了联合利华的整体品牌形象。

联合利华在国际化品牌经营中取得的成功有两方面：一方面是品牌价值。它在2007年度《财富》全球500强企业排名中名列第120位。欧洲品牌协会2007年公布的"欧洲最有价值品牌排名榜"显示，其品牌价值为251亿欧元，位于第三。另一方面是品牌规模。它拥有460亿美元的年销售额和68亿美元的利润，在150个国家推广其品牌，拥有500家子公司，共12个业务集团，在90个国家拥有生产基地。联合利华位居世界三大食品和饮料公司之列；公司的冰激凌、冷冻食品、茶饮料、调味品、人造奶油和食用油生产位于世界第一。联合利华的品牌是一个享有盛名的品牌，将是企业的一笔巨大的财富。

资料来源：刘卫国：《联合利华的国际化与品牌经营》，《中外企业家》，2009年第11期。

➡ **问题讨论：**

1. 结合本章所学，思考联合利华的国际化过程中运用了怎样的品牌经营方式？

2. 联合利华的成功给我们带来了怎样的启示？

本章小结

1. 签订商标使用许可合同时应注意的法律问题

（1）被许可商标必须是注册商标，许可人必须是注册商标的注册人。

（2）被许可人必须是依法成立的企业、事业单位、社会团体等。

（3）被许可人使用被许可商标的商品或服务不得超过被许可商品经商标局核准使用的商品或服务的范围。

（4）经许可使用他人注册商标的，必须在使用该注册商标的商品上标明被许可人的名称和商品产地。

（5）签订商标使用许可合同，事关重大，当事人双方必须慎重对待，最好能聘请商标事务所的专业人士作为顾问，或者由商标事务所代理办理许可使用事宜。

2. 商标转让的法律规定

（1）转让人如果在同种或者类似的商品上注册了几个相同或近似的商标，转让时应一并转让，不能单独转让其中某一个。

（2）转让人应将注册商标的专用权全部转让，不允许将注册商标指定保护的商品进行部分转让。

（3）转让人用于药品、卷烟、报纸、杂志的注册商标，受让人应出具有关部门批准经营的有效证明文件。

（4）转让人如果正在许可他人使用其注册商标期内，须征得被许可人的同意方可转让给第三者。

3. 品牌特许经营中应关注的法律问题

（1）明确特许经营的内容。

（2）保证商标的信誉度。

（3）明确限定特许营业的区域与时间。

（4）明确特许授权协议中的撤销与终止条款。

（5）明确特许经营授权协议中的竞争条款。

（6）明确争议解决条款。

深入学习与考试预备知识

★★★★

商标转让纠纷的解决方式

同任何民事权利一样，商标权包含权利主体、权利客体和权利内容三个部分。其中权利主体是商标权人，权利客体是注册商标，权利内容是商标权人所享有的将其注册商标独占使用于特定商品或服务的财产权利。商标转让的本质仅在于商标权主体的变更，即在不改变商标权的客体和内容的前提下，实现商标权人的更替。我国商标法也规定转让注册商标应由转让人和受让人签订转让协议。故任何未经商标权人许可擅自转让其注册商标的行为，割裂了商标权人同注册商标的关系，本质上都是对商标权的侵犯，原来的商标权人有权向人民法院提出确认商标转让行为无效的民事诉讼。

从目前人民法院受理这类案件的情况来看，商标转让纠纷案件主要表现为确认商标转让行为无效的民事诉讼，原告是原商标权人或利害关系人，被告往往是受让人。原告的诉讼请求一般是请求确认商标转让行为无效，人民法院也适用民事诉讼法的有关规定审理这类案件。

但是，民事诉讼并不能完全解决商标转让纠纷。核准商标转让申请是我国商标局的职责，注册商标无论基于什么原因发生主体变更，也无论是否具备商标转让协议，都必须经过商标局的核准。而商标局在核准该商标转让申请的过程中，如果没有尽到恰当的审查职责就核准了转让申请，也可能会给商标转让当事人尤其是商标权人的合法权益造成损害。因此，当事人不服商标局核准商标转让申请并予以公告的具体行政行为的，应有权依法提起行政诉讼。

但从目前的商标实务来看，我国商标法及实施条例缺乏对行政权力的应有监督，行政机关往往是有权无责，给不法分子提供了可乘之机。导致原商标权人索要高额报酬以交换该商标，如果被拒绝就以起诉其侵犯商标权相威胁等情况的发生。

现行商标转让核准制度是产生这些弊端的根源。解决这一问题的关键在于建立科学的商标权转让制度，在尊重商标权人转让商标的主观愿望的同时，赋予商标行政主管机关核准转让申请的职责。此外，还应建立注册商标复权制度，将不法转让的商标权依法回归于原商标权人。

知识扩展

品牌经营的秘籍

1. 故事

故事养育民族与宗教。故事，也是品牌的发源。故事赋予事件合法性。故事是人类通用的思考手段——人们以故事的形式思考，有开头，有过程，有结尾。高明的品牌都懂得这一点，惠普、微软、苹果、戴尔、谷歌，它们都是讲故事的高手。

2. 信念

信念，就是品牌所奉行的核心价值。品牌所拥有的理念都必须建立在这一套核心原则之上。你的信念是什么？你希望别人对你产生什么信念？你的目标又是什么？这些都不是容易回答的问题。因此，所谓的信念，就是你希望人们深刻相信的概念。耐克就是最典型的例子。

3. 文化

产品要成为品牌，文化是关键因素。品牌文化操之在人，全看如何从社会文化中找养料，转借、融合，进而创造出品牌自身的文化。文化是一种经过积累的资源，在消费者心目中有着天然的高度，善用者自然能够站到一个战略高点上去。

4. 仪式

仪式是增进归属感的有效手段。仪式是创造一种特殊的过程，让品牌核心意念与精神，通过一个正式且经年累月可以持续下去的活动，对消费者传达或让他们体验品牌价值，如香奈儿的春秋时装秀。这种部落式的狂欢，让消费者融合到品牌的大集体，形成集体认识。

超级品牌的塑造就像是宗教运动一般，利用故事、信念、文化、仪式，让零散的消费者成为忠于品牌、联系紧密的族群。

答案

第一节：

（1）稻香村与黑马大观园公司签订合同时，对于商标的使用明细阐述不明确，对发生纠纷时的合同处理没有作出明确阐释，导致了日后矛盾的产生。根据《商标使用许可合同》的规定，稻香村与黑马大观园签订的《许可合同》可以解除，被告黑马大观园应支付稻香村商标的使用许可费用。

（2）企业在签订商标使用合约时，必须注意以下几项：首先，被许可商标必须是注册商标，许可人必须是注册商标的注册人。其次，被许可人必须是依法成立的企业、事业单位、社会团体、个体工商户、个人合伙以及符合《商标法》第九条规定的外国人或者外国企业。最后，被许可人使用被许可商标的商品或服务不得超过被许可商品经商标局核准使用的商品或服务的范围。同时，经许可使用他人注册商标的，必须在使用该注册商标的商品上标明被许可人的名称和商品产地。签订商标使用合同应当包含一些主要条款，详见本节所述。

第二节：

（1）注册商标转让，应按照法定的程序，经商标局核准后予以公告，转让注册才能生效。旭日升的商标转让过程由于资产抵押及各项还款因素的掺入，并未完全按照商标转让流程进行，造成了商标转让过程的混乱。

（2）企业转让商标必须先熟悉商标转让的相关法律、类型和程序。具体转让步骤参见本章节第5点。

第三节：

（1）星巴克选择采用特许经营的方式进入中国有以下三个原因：首先，特许人利用特许经营实行大规模的低成本扩张；其次，受许人可以借助特许经营扩大规模，一定程度上避免市场风险，分享规模效益；最后，利用公众心理，特许经营会因其管理优势而受到消费者欢迎。

（2）除上述优点外，特许经营也存在一定弊端。如必须提供高额的保证金，需要支付加盟费并从营业额中提取管理费。再者特许经营人出现决策错误时，受许人会受到牵连。另外，特许经营店存在产品和服务过于标准化的问题，应结合当地情况考量是否适合发展。

案例分析：

首先，联合利华在发展过程中坚持多品牌模式，广泛吸收不同品牌，针对不同消费群体进行品牌联合，以群力吸引消费者。其次，联合利华成功贯彻了国际品牌本土化的方针，将备受喜欢的国际品牌结合中国实际，变成适合国内大众消费的产品，赢得了消费者的好感。联合利华的成功经验告诉我们，良好的品牌形象和品牌规模在激烈的市场竞争中起着至关重要的作用，擅用品牌转让收购，有助于企业的发展壮大。

第十二章

品牌保护法律实务

学习目标

知识要求 通过本章学习，掌握：

- ● 什么是商标侵权行为，如何有效打击商标侵权行为
- ● 如何保护品牌的知识产权
- ● 如何认定与保护驰名商标
- ● 在国际市场上如何利用法律保护品牌
- ● 品牌保护的法律诉讼程序

技能要求 通过本章学习，能够：

- ● 熟悉品牌保护的法律实务
- ● 有效认定与打击商标侵权行为
- ● 有效认定与保护驰名商标
- ● 在国际市场，有效利用法律武器保护品牌权益
- ● 熟悉品牌保护的法律诉讼程序

学习指导

1. 本章内容包括：商标侵权行为；品牌与知识产权保护；驰名商标的认定与保护；国际市场上的品牌法律保护；品牌保护的法律诉讼程序等。

2. 学习方法：熟悉相关法律、法规，搜集、揣摩正反案例，积极走访，做市场调查，在案例和调查中熟悉、运用理论和法律。

3. 建议学时：8 学时。

第一节　商标侵权行为

引导案例

美国宝洁公司打赢"护士宝"商标侵权官司

本网从北京市第一中级人民法院获悉，该院一审审结了原告美国宝洁公司诉被告国家工商行政管理总局商标评审委员会，第三人广州市白云区雅曼化妆品厂商标异议行政纠纷一案。这是一起涉及"护士宝HUSHIBAO"商标的行政纠纷，法院判决撤销商标评审委员会之前作出的商评字〔2008〕第06163号商标异议复审裁定，判令其重新作出复审裁定。

商标评审委员会在商评字〔2008〕第06163号商标异议复审裁定中认为：被异议商标"护士宝HUSHIBAO"与宝洁公司"护舒宝"系列商标在文字读音和含义上均有明显差异，相关公众在隔离状态下施加一般注意力可以将之区分，共同使用于卫生巾等类似商品上不易导致消费者的混淆误认，裁定对被异议商标"护士宝HUSHIBAO"予以核准注册。宝洁公司不服，才将商标评审委员会诉至法院的。宝洁公司认为，其所有的引证商标"护舒宝"早于1989年11月30日就已在中国获得注册，该商标广为相关公众所熟知，享有极高的市场声誉。争议商标的申请使用商品"卫生巾、浸药液的卫生纸"与原告引证商标的核定使用商品属于相同或者类似商品。"护士宝HUSHIBAO"商标应被判为与原告的引证商标"护舒宝"构成近似。而基于近似的事实，该商标应被认定为是针对原告引证商标的模仿。综上，宝洁公司请求法院判决撤销被诉裁定。

法院经过审理认为，本案的争议焦点在于"护士宝HUSHIBAO"商标与"护舒宝"商标是否构成在相同或类似商品上的近似商标。经过比较可以发现，二者的汉字部分三个字中有两个字相同，区别的"士"和"舒"字发音近似，消费者在识别这两种商标时，无论呼叫及对字形的辨认均不易将二者相区分，容易将二者混淆。虽然被异议商标尚有汉语拼音部分，但根据中国消费者的认读习惯，在汉字和拼音同时存在的情况下，其容易认知的是汉字部分，汉语拼音的有无不足以使消费者将二者相区别。并且引证商标在被异议商标申请时已经具有一定知名度的事实在作商标近似性判断时亦应予以考虑。故法院认定被

异议商标与引证商标构成近似商标且构成在相同或类似商品上的近似商标。〔2008〕第 06163 号裁定对此认定有误，法院应当予以纠正，故作出上述判决。

　　资料来源：袁伟：《美国宝洁公司打赢"护士宝"商标侵权官司》，《生活用纸》，2009 年第 9 期。

➡ **思考题：**

　　1. 阅读上述案例，分析"护士宝"是如何构成商标侵权行为的。

　　2. 思考如何处理和打击商标侵权行为。

一、商标侵权行为的概念

　　问题 1：何为商标侵权行为？

　　商标侵权行为是指未经商标注册人的许可，在同一种商品或者类似商品上使用与其注册商标相同或者近似的商标，侵犯他人注册商标专用权行为。

　　有下列行为之一的，构成侵犯商标权行为：

　　（1）未经商标注册人的许可，在相同商品或者类似商品上使用与其注册商标相同或者近似的商标，可能造成混淆的。

　　（2）销售侵犯注册商标权的商品的。

　　（3）伪造、擅自制造与他人注册商标标识相同或者近似的商标标识，或者销售伪造、擅自制造的与他人注册商标标识相同或者近似的标识的。

　　（4）未经商标注册人同意，更换其注册商标并将该更换商标的商品又投入市场的。

　　（5）在相同或者类似商品上，将与他人注册商标相同或者近似的标志作为商品名称或者商品装潢使用，误导公众的。

　　（6）故意为侵犯他人商标权行为提供仓储、运输、邮寄、隐匿、加工、生产工具、生产技术或者经营场地等便利条件的。

　　（7）将与他人注册商标相同或者相近似的文字作为企业的字号在相同或者类似商品上使用，或者以其他方式作突出其标识作用的使用，容易使相关公众产生误认的。

　　（8）复制、模仿、翻译他人注册的驰名商标或其主要部分在不相同或者不相类似商品上作为商标使用，误导公众，致使该驰名商标注册人的利益可能受到损害的。

　　（9）将与他人注册商标相同或者相近似的文字注册为域名，并且通过该域名进行相关商品宣传或者商品交易的电子商务，容易使相关公众产生误认的。

　　（10）给他人的注册商标专用权造成其他损害的。

二、商标侵权行为的有效打击

问题 2：如何有效打击商标侵权行为？

1. 做严谨、周密的调查研究，全面搜集各类相关情报和证据材料

这是打击侵权行为并获得成功的重要前提和保障。在进行调查时，应充分利用各种调查资源，尤其是当地的兼职调查员，并采取多种灵活的调查形式，以取得隐蔽、深入、准确的调查效果。调查中尤其要获取下列要素的准确信息：侵权行为人、侵权具体形式、侵权商品的数量、侵权行为（或侵权商品）的准确发生地点。需搜集的证据包括：被侵权人在先权利证明（包括商标注册证等）、被侵权人产品样本、侵权产品样本、购买侵权产品证明（如发票等）。

2. 客观分析调查取得的情报和各类证据材料，选择切实可行的维权途径

这是打击侵权行为的重要中间环节。一般来说，针对侵权性质明确，侵权商品容易藏匿转移，对侵权人提起诉讼价值不大的侵权案件，可适用行政查处程序。这种方法的主要优势在于：查处力度大，查处行动快，对制假者和售假者打击迅速，能有效制止侵权行为的蔓延。对于侵权人实力较强，侵权行为和侵权商品销量易于举证，可考虑索赔的案件，可适用诉讼程序。使用诉讼程序的优势在于：查处力量大，投诉人可依据有关法律规定，对侵权人提出索赔。但诉讼程序相对复杂，耗费的时间较长。

3. 向相应机关递交投诉书、起诉书，请求对侵权行为实施打击

这是打击侵权行为中最重要的步骤。投诉书（起诉书）的制作水平将直接影响案件的成败。对证据材料的组织、对侵权行为的论证分析以及投诉请求的合理性陈述都是至关重要的。同时，与相应执法机关的良好沟通渠道和建立在信任基础上的配合行动是获取案件成功的重要因素。

迅速、有效、低成本地打击侵权行为是衡量维权行为是否获得成功的标准。迅速，是防止侵权行为蔓延，避免权利人合法权益持续受损所必需的。有效，是指维权行动应使侵权人受到严重打击，侵权行为受到遏制甚至消灭，以此称为有效。

三、商标侵权行为的处理

问题 3：如何处理商标侵权行为？

按照《商标法》的规定，对有《商标法》第五十二条所列侵犯注册商标专用权行为之一引起纠纷的，可以分别采取以下方式解决：由当事人协商解决；

不愿协商或者协商不成的，商标注册人或者利害关系人可以向人民法院起诉，也可以请求工商行政管理部门处理。其中"由当事人协商解决"主要是为愿意自行协商解决的当事人提供了一种法律途径，可以起到减少诉争、提高处理纠纷效率的目的。对于不愿协商或者协商不成的，商标注册人或者利害关系人可以直接向人民法院提起民事诉讼，也可以请求侵权人所在地或者侵权行为地的县级以上工商行政管理部门进行处理。

《商标法》同时规定，工商行政管理部门处理时，认定侵权行为成立的，责令立即停止侵权行为，没收、销毁侵权商品和专门用于制造侵权商品、伪造注册商标标识的工具，并可处以罚款。加大了对商标侵权行为的处罚力度，增加规定工商行政管理部门在处理商标侵权行为时，有权没收、销毁侵权商品和专门用于制造侵权商品、伪造注册商标标识的工具。工商行政管理部门可以采取下列措施制止侵权：责令立即停止侵权行为；收缴并销毁侵权商标标识；收缴直接专门用于商标侵权的模具、印版和其他作案工具。故意实施商标侵权行为的，除前面所列措施外，工商行政管理部门可以没收侵犯他人商标专用权商品及销售货款，同时对侵权人处以罚款。

最后，《商标法》还对诉讼程序和执行程序等作出了明确规定。当事人对工商行政管理部门具体处理决定不服的，可以自收到处理通知之日起 15 日内依照《中华人民共和国行政诉讼法》向作出处理决定的工商行政管理部门所在地的人民法院提起行政诉讼；如果侵权人期满既不起诉又不履行的，作出处理的工商行政管理部门可以申请有管辖权的人民法院强制其执行。进行处理的工商行政管理部门根据当事人的请求，可以就侵犯商标专用权的赔偿数额进行调解；调解不成的，当事人可以依照《中华人民共和国民事诉讼法》向人民法院提起民事诉讼。

四、商标侵权行为的相关法律

问题 4： 商标侵权要承担哪些法律责任？

（一）侵权处理机关

依据《商标法》第五十三条和《商标法实施细则》第四十三条规定，侵犯商标专用权的行为由工商行政管理机关和人民法院处理。

（二）商标侵权的行政处罚

对于侵犯注册商标专用权的，依据《商标法》第五十三条、《商标法实施细则》第四十三条规定，工商行政管理机关可以采取下列措施给予处罚。

1. 责令停止侵权

具体措施如下：责令立即停止销售；没收、销毁侵权商品；没收、销毁专门用于制造侵权商品、伪造注册商标标识的工具。

2. 处以罚款

对侵犯注册商标专用权但尚未构成犯罪的，工商行政管理机关可以根据情节处以非法经营额 50% 以下或侵权所获利润五倍以下的罚款；对侵权单位的直接责任人员，可根据情节处以 1 万元以下罚款。

对以上两项处理不服的，当事人可以自收到通知之日起 15 天内依照《中华人民共和国行政诉讼法》向人民法院起诉。逾期不起诉又不履行的，由工商管理机关申请人民法院强制执行。

3. 就侵犯商标专用权的赔偿数额进行调解

进行处理的工商行政管理部门根据当事人的请求，可就侵犯商标专用权的赔偿数额进行调解，调解不成的，当事人可依法向人民法院起诉。

(三) 商标侵权的民事责任

根据《民法通则》第一百一十八条规定，商标权遭受侵害的，有权要求停止侵害、消除影响、赔偿损失。根据《商标法》第五十三条规定，被侵权人可以要求侵权人立即停止侵权行为，赔偿损失。其中，侵权赔偿额为侵权人在侵权期间所获得的利益，或者被侵权人在被侵权期间因被侵权所受到的损失，包括被侵权人为制止侵权行为所支付的合理开支。如果前二者都难以确定，由人民法院根据侵权行为的情节判决给予 50 万元以下的赔偿。商标注册人或利害关系人有证据证明他人正在实施或者即将实施侵犯其注册商标专用权的行为，如不及时制止，将会使其合法权益受到难以弥补的损害的，可以在起诉前向人民法院申请采取责令停止有关行为和财产保全的措施。

活动1： 多人一组，进行一次当地市场调查，检查记录市场交易活动中的侵权行为，回来做一份调查报告，并与同学们交流。

考试链接

1. 哪些行为属于商标侵权行为？
2. 明确商标侵权行为的相关法律条款。
3. 能够有效地对商标侵权行为进行处理。

第二节 品牌与知识产权保护

 引导案例

五大品牌联手诉秀水

"登长城、游故宫、逛秀水",曾是北京招揽外国游客的固定旅游路线。

"秀水市场"作为北京市朝阳区着力打造的一个品牌,与上海的"襄阳路"、深圳的"罗湖商业城"一样,以销售价格低廉、"假冒不伪劣"的名牌而受到国内外消费者的青睐。

2005 年 9 月,法国的路易威登马利蒂公司、意大利的古乔古希股份公司、英国的勃贝雷有限公司、卢森堡的普拉达公司和法国的香奈儿有限公司共同起诉至北京二中院称:在秀水街商厦经营的商户潘某等人多次销售其公司拥有注册商标专用权的"LV"、"GUCCI"、"BURBERRY"、"PRADA"、"CHANEL"品牌的箱包商品,给商标权人带来了重大经济损失,造成了恶劣影响,要求法院判令被告立即停止侵权行为,赔偿五原告经济损失各 50 万元,共计 250 万元。

与此同时,五原告还认为,被告北京市秀水豪森服装市场有限公司作为秀水街商厦的经营者,为潘某等人的侵权行为提供了便利条件,要求法院判令其承担连带责任。

一石激起千层浪。这五起诉讼,一下子打破了秀水市场十余年"有买有卖有人气,仿冒行为无人问津"的局面。

这也是秀水市场自 1985 年开办以来首次因销售仿冒品被指控侵权。

对此案,二中院十分重视,调集精兵强将,组成了由知识产权庭副庭长邵明艳法官为审判长,审判经验丰富的法官张晓津、何暄为成员的合议庭。

合议庭首先确定市场开办主体对市场租户的侵权行为是否承担责任为此案的焦点。而这个问题,法律并没有具体的规定。

被告秀水豪森公司在诉讼中强烈主张:"我们已经采取了相应的管理措施,如果法院判定我们承担责任,那么对全国所有的同类市场企业来说都将是'一场灾难'。"被告潘某等人也联名向法院递交信件,称他们从外地来到北京寻找生计,有父母需要供养,有子女需要读书,他们不知道除了卖这些商品还能够做什么,国外公司提起的这场诉讼一下子让他们陷入了经济的困境。

2005 年 12 月 19 日，北京二中院做出判决，认定潘某等个体摊贩销售带有五原告商标标识的商品，其行为侵犯了五原告享有的注册商标专用权。同时，认定秀水豪森公司为潘某等人的涉案侵权行为提供了便利条件，应就潘某等人造成的侵权后果承担连带的法律责任。据此，法院判决潘某等人和秀水豪森公司立即停止侵权，共同赔偿五原告各 2 万元，共计 10 万元。

虽然五起案件的判赔数额总共只有 10 万元，但影响和意义非同寻常。此判决一经作出，迅速引起广泛关注。

西方媒体纷纷称此案件"具有里程碑意义"。它们认为："包括秀水市场败诉案在内的一系列保护国际知名品牌在华权益的举措，是中国逐步建立国际化的知识产权保护制度的明证。"

资料来源：朱希军、任爱民、周晓冰：《五大品牌联手诉秀水》，《法律与生活》，2006 年第 9 期。

➡ **思考题：**

1. 结合案例，思考北京市秀水豪森服装市场有限公司侵害了五大品牌的何种权利。

2. 结合案例，思考对品牌进行知识产权保护的重要性。

一、品牌知识产权的概念

问题 5：应该如何认识品牌知识产权？

一般说来，商标权是经营领域最重要的知识产权。认识对包括商标权在内的知识产权，应该有一个国际视野和时代眼光。当今世界正在进入一个经济全球化的时代，我们也在越来越多地参与积极应对这样一个具有知识革命特征、挑战性的创新时代。因此，知识产权问题不仅具有国际性，而且具有时代性。鉴于此，我们对知识产权的认识，应该有两个基本定位：

第一，知识产权保护是现代国际贸易体制的基本规则。

当今国际社会的分工是发达国家出技术、出品牌、出资金；发展中国家出资源、出劳力、出市场。发达国家和发展中国家在国际贸易中具有不同的需求。发达国家为了维护它们的技术优势，要求高水平的知识产权保护。比如说，美国是依靠"三大片"来影响世界：一是代表美国饮食文化的麦当劳薯片；二是代表美国影视文化的好莱坞大片；三是代表美国信息文明的硅谷的芯片。这"三大片"涉及美国的商标、版权和准专利的保护问题。因此，以美国为首的发达国家，要求保护知识产权，打击盗版、假冒。

第二，自主知识产权是世界未来的竞争焦点。

当今世界，国家与国家之间的竞争，是一种综合国力的竞争，主要表现为经济实力和科技实力的竞争。从法律层面看，是自主知识产权数量和质量之间的竞争。我们通常说，国家之间的竞争越来越表现为对智力成果的培育、支配和使用，或者说表现为对知识产权的拥有、管理和运用。正是在这个意义上，世界未来的竞争是知识产权的竞争。品牌问题涉及国家和企业的竞争力问题。加强知识产权制度建设，提高知识产权创造、运用、保护和管理的能力，是增强企业市场竞争力、提升国家核心竞争力的迫切需要。

二、保护品牌知识产权的重要性

问题 6：对品牌进行知识产权保护的必要性何在？如何对品牌进行知识产权保护？

1. 对品牌进行知识产权保护的必要性

（1）发达国家经济社会发展到以知识经济为主导的阶段，知识的创造、运用，并且转化成财富，已经成为这些国家最根本的经济发展要素，必然就要围绕知识的保护，采取各种措施。无论是知识的创造、激励创新，还是对知识的保护，都离不开知识产权制度。它在全球重要的市场，包括像中国这样的国家提出知识产权诉求，对我国的知识产权保护给予密切的关注。

（2）我国经济近些年来快速发展，中国在世界上的影响力日益增强，引起了各方的关注。在知识产权保护方面，我们目前确实还存在一些问题，也有一些不尽如人意的地方，因此，国外对我国的知识产权保护工作表现出密切的关注，也是自然的。这就要求我们一方面要加强自主创新、加强知识产权的创造能力；另一方面也要大力提倡尊重他人的知识产权，在我国国内创造良好的投资环境，并且树立良好的对外形象。

2. 品牌战略需要法律保驾护航

知识产权保护制度就是通过法律手段，确认品牌的权利归属，规定对品牌的保护措施，以法律的形式赋予品牌的权利人对其在创新领域内所创造的智力成果享有的权利，以促进企业的发展，增强企业竞争力。

品牌与知识产权最重要的关系在于创新取得的技术成果可以通过知识产权制度获得全面的法律保护，并实现有关的经济利益，同时又促进新的创新产生。企业在创新过程中，根据各自的人才、技术等条件不同，可以选择创新的方式不同，但只要是技术创新，就会产生智力成果。当今世界正经历着向知识经济的转型，高新技术在经济增长中的贡献更加突出，这使企业更加注重通过法律手段来保护相关的创新成果，以保证能够获得其所带来的收益。

同时，由于经济体制和科研体制的客观历史原因，造成我国目前具有市场化的产品品牌、技术创新方面处于劣势，高新技术企业也大量靠引进国外技术，这种引进发展方式由于产权的排他属性，造成了我国在安全保证、技术壁垒、利益分配等方面处于被动局面。在此情况下，企业必须发展有"自主知识产权"的产品。一个国家拥有的自主知识产权越多，从理论上讲就意味着其可控制的市场也越大，从而在经济交往上就能占据主动地位，保证经济上的安全。

三、我国企业品牌知识产权保护中存在的问题

问题 7： 我国企业品牌知识产权保护中存在哪些问题？

1. 知名品牌匮乏，品牌保护意识弱

当前，品牌已成为企业必争的无形资产，而我国企业存在的问题恰恰是缺乏与跨国公司相抗衡的知名品牌。品牌保护意识淡薄，是我国企业的国际性知名品牌匮乏的一个重要原因。在海外知识产权保护呈现严峻形势的情况下，我国许多知名企业的著名品牌在境外注册商标比率却相当低。有关资料显示，在调查的 5 个国家（地区）注册情况中，我国 50 个最著名的品牌商标未注册的比率高达 53.2%。更值得注意的问题：一是约有 10% 的品牌还是以非中国企业所有人的名义在这些国家（地区）进行注册的；二是外国企业抢注我国著名商标事件频频发生，据统计，我国有超过 80 个企业的商标在印度尼西亚被抢注，有近 100 个商标在日本被抢注，有近 200 个商标在澳大利亚被抢注。

2. 品牌的知识产权保护缺乏规划性、前瞻性

这方面的缺乏主要表现在：企业往往等到企业品牌受到侵权的困扰之后才开始查找对策，寻求对品牌的保护，因此大大增加了品牌管理的成本。这一点在我们调研的中国香港企业中特别明显，很多公司主要都是考虑中国香港本地的市场，虽然有的也想到内地市场，但很多公司都没有在中国内地注册，这就面临一个很大的问题：当企业发展壮大并打算走出本土的时候，才发现别人已经注册了你品牌的名字，这时候企业就处于相当被动的境地。比如中国香港修身堂公司现在广州地区就有被假冒侵权的现象，而且现阶段在内地商标注册方面也出现了一些问题，正在试图通过法律途径来补救。中国内地相当一部分企业也是如此，商标意识薄弱，在创业之初只从商品营销的角度来关注产品的名称，却没有从法律的角度为企业的牌子寻求法律保护，没有考虑到去工商行政部门为其商标注册登记、为其产品申请专利，等到企业做出品牌，产品被仿冒、商标被抢注之后才认识到保护品牌的重要性。

3. 品牌的国际化程度低，知识产权保护制度不完备，保护效果不明显

尽管随着改革开放的深入和对外交流的扩大，我国的境外投资遍及世界各地。但从总体上看，我国对外投资总量少、地区分布相对集中，而且附加值不高。中国现有部分企业虽然知道对品牌保护的必要性，但还是采取观望的态度，没有立刻开展有效的保护行动。很多企业觉得公司现在国际化发展计划处于初级阶段，还没进入实质市场，所以不需要在本土以外的地方采取保护措施。其实这也是品牌保护规划性不强的一种延伸性表现，它将会为企业进军国际市场带来很大的困扰。据调查，仅就最基本的注册商标专用权这一项，就有39.22%的受调查企业仍未向国外申请商标注册保护，更有37.25%的企业没有扩大自己的注册商标和注册防御商标。

四、品牌知识产权保护的方式

问题 8：品牌企业如何保护知识产权，增强核心竞争力？

企业要做好知识产权的经营和管理，提高自主创新能力，在市场竞争中把握主动，赢得领先优势权，应该着手从以下三个方面去考虑：

1. 积极开发具有自主知识产权的核心技术，不断开发适应市场和客户的新产品

通过设立技术中心和研发机构，加大技术开发投入力度，增强自主创新能力；企业要对研发资金有一定的保障和投入，才能确保对工艺设备和关键性技术的自主研发和引进、消化、吸收、再创新，努力形成自主的知识产权和核心技术。同时，企业还要以各种方式对研发机构进行制度上和运行机制等方面的改革，以提高自身自主创新的能力，适应国际性新产品技术创新的需要，如宁波海天集团 1998 年就成立了"海天塑料机械工程技术研究中心"，现已成为"国家级企业技术中心"，它们的产品之所以在国际和国内市场上畅销，就是因为有研发机构不断开发新产品，适应市场和客户的需求。

2. 着力提高品牌的技术附加值和质量水平，实施品牌战略，提升品牌的国际竞争力

我们不得不面对这样一个现实，那就是我国的标准化水平与发达国家相差30 年，高新技术等领域标准受制于人的局面尚未得到根本改变。作为衡量一个国家生产能力的重要指标，标准在规范质量水平、引导技术发展上举足轻重，没有好的标准就不可能有好的产品。何况，标准本身也是一种产品。俗话说"一流企业卖标准，二流企业卖品牌，三流企业卖产品"。标准已经成为市场营销的制高点，谁拥有标准谁就能拥有市场。可见，无论是从国民经济的发展角

度，还是从企业自身的发展角度看，提高标准的生产力已经刻不容缓。但值得庆幸的是，已经在国际市场占有一席之地的宁波民营企业在这方面已经有超前的意识，走在了前列，很多如浙江广博、宁波博威，还有奇迪电器，它还成为我国首家牵头承担强制性国家标准起草制订工作的企业；特别是宁波新海电气股份有限公司参与打火机国际标准的制定，使这些企业在市场上拥有话语权，更有竞争力。

3. 完善企业专利、商标管理制度建设，建立有效的人才激励机制

加强人才队伍建设，健全品牌建设的人才支撑体系。进一步完善人才政策，通过培养、引进和聘请品牌经营、技术创新等方面的高级人才；把品牌知识、品牌经营作为企业长远发展的战略目标，增强企业经营者的品牌意识，充分发挥专业人才在品牌创造、品牌经营、品牌提升方面的重要作用；通过与大专院校和有关机构组织合作，开展以品牌知识、品牌经营和相关法律法规等方面的培训，提高企业创牌能力和品牌运作水平。同时，企业要通过公司战略会议的形式将实施品牌战略作为公司的重要决议，在各个部门贯彻执行下去。通过建立专利、商标管理制度，开展自主创新、产品研发重构知识产权优势，全面巩固与保护自身的无形资产。

企业作为品牌保护的第一责任人，如何维护与加强品牌的知识产权和自身的核心竞争力，以下两点更是值得我们去深入实际开展下去的：

（1）增强知识产权保护意识，牢固树立知识产权保护意识。及时注册商标和申请专利，取得商标专用权和专利权。

（2）健全知识产权保护的预警机制和法律保护体系。积极办理海关知识产权备案，并参与商标、专利审查过程的异议或争议程序，充分利用法律提供的各种保护手段。

诚然，一个企业的成长绝不能只依赖一种优势，而应该在渠道优势的基础上，通过自主创新、产品研发、注重品牌建设等重构知识产权优势，增强企业的核心竞争力。

活动 2: 多人一组，讨论如何才能增强我国企业的知识产权保护意识，并组织适当的活动，向当地企业做宣传。

考试链接

1. 品牌知识产权的概念及重要意义。

2. 能够运用有效手段保护企业的知识产权不受侵害。

306

第三节 驰名商标的认定与保护

 **引导案例**

"金冠园"商标能否认定为中国驰名商标

原告福建金冠食品有限公司（以下简称"金冠公司"）是一家专业从事调味品生产和研发的现代化外商独资企业，创建于 2000 年，总投资 1.5 亿元，占地面积 9.6 万平方米，资产已累计达 9 亿元，是目前福建省最大的一家调味品生产和研发基地。其拥有的注册号为第 1318746 号、第 3015248 号"金冠园"商标，核准使用商品为第 30 类、第 29 类，注册时间分别为 2001 年 7 月 28 日、2002 年 11 月 28 日。该商标于 2002 年 10 月 28 日被泉州市知名商标认定委员会评为"泉州市知名商标"，2003 年 6 月 13 日被福建省著名商标认定委员会评为"福建省著名商标"。使用上述商标的商品主要为酱油、醋等调味品，原告在全国几十个省、直辖市、自治区建立了特许经销网络体系，并在全国省会城市、大部分地级市和县级城市甚至乡镇建立了"金冠园"系列产品的专卖网点，产品销往全国各地及东南亚、美国等地，"金冠园"系列产品的产销量近三年来连续超亿元。据中国食品工业协会出具的证明，原告金冠公司系我国食品行业重要的研发生产基地和一直保持稳定质量水平的生产企业，该公司生产的"金冠园"牌系列产品销售量在全国同行业内连续多年一直处于领先地位。原告"金冠园"系列产品近三年的市场占有率位居全国同行业前 5 名。

2002 年，在同行业中，原告金冠公司首批获得国家质量安全生产许可证。同年，原告通过了 ISO9001：2000 质量管理体系认证及产品质量认证。除此之外，原告金冠公司及"金冠园"品牌先后获得来自政府、行业协会及其他组织给予的多项荣誉和表彰。其中包括：2002 年 12 月获得"质量第一，诚信经营"企业称号和"卫生安全食品"称号；2003 年 4 月获得省级农产品加工企业"龙头企业"称号；2003 年 9 月获得"全国食品安全示范单位"；2003 年 10 月获得第 13 届中国厨师节"指定调味品"称号；2004 年 2 月获得工业产值新超亿元"明星企业"；2005 年 1 月成为泉州市食品行业协会会长单位；2005 年 6 月获得"守合同 重信用"单位；多次获得产品质量稳定证书。

为了实施品牌战略，全面提升核心竞争力，自 2003 年起，原告金冠公司通过聘请影视明星费翔担任产品的形象代言人，先后共投入 3294 万元分别在央视、福建卫视、云南卫视等媒体进行大量的、多种形式的广告宣传，直接或间接地推广"金冠园"品牌。随着"金冠园"品牌知名度提升，原告金冠公司日益受到各级政府部门领导的关注，其中部分中央、省、市领导及外国官员多次到原告公司参观、调研。随着"金冠园"品牌知名度的提升，"金冠园"商标被抢注及侵权现象不断涌现。为了加强对商标的保护，原告一方面制定严格的《商标管理暂行办法》强化自身对商标的管理，另一方面在不同商品类别上注册了相应的防御性商标。被告吴某系一名个体工商户，其于 2005 年 8 月 13 日在中国互联网信息中心登记注册了域名"金冠园系列商品.cn"。原告发现后即与被告交涉，并委托律师发《律师函》给被告，被告回函索要高额的转让费。

原告认为被告的行为构成对原告"金冠园"商标专用权的侵犯及涉嫌不正当竞争，遂向法院提起诉讼，请求法院认定原告第 1318746 号及第 3015248 号注册商标为驰名商标，并判令被告立即停止对"金冠园"商标专用权的侵犯及不正当竞争行为；被告在互联网上注册并使用的"金冠园系列商品.cn"域名由原告注册使用；被告赔偿原告经济损失计人民币 10000 元；被告承担原告调查侵权行为所支出的费用合计人民币 1000 元；被告承担本案的诉讼费用。被告吴某则认为"金冠园系列商品.cn"域名是通过合法程序向中国互联网信息中心注册，其是该域名的合法持有者，被告有权在互联网上使用该域名，原告无权干涉，被告行为并未侵犯原告"金冠园"商标专用权，更不可能造成原告的经济损失，请求法院依法驳回原告的诉讼请求。

资料来源：姜益民、雷智：《金冠园商标能否认定为中国驰名商标》，《抚州审判》，2007 年第 1 期。

思考题：

1. 请结合案例，思考法院能否对"金冠园"做出驰名商标认定。

2. 思考"金冠园"为何请求法院对其做驰名商标的认定，这对"金冠园系列商品.cn"域名侵权案判决有无促进作用。

一、驰名商标的概念与特征

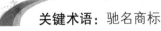

关键术语：驰名商标

驰名商标是指在特定区域内为相关公众广为知晓，并享有较高声誉的商标。驰名商标具有三个方面的含义：

（1）驰名商标首先应是已经获准注册的商标，这是构成驰名商标的前提。未注册商标在我国不能认定为驰名商标。显然，《巴黎公约》对驰名商标范围解释的更宽泛，《巴黎公约》第六条第二款规定，驰名商标包括注册商标和未注册商标。

（2）驰名商标应当在商业活动中享有较高声望和名誉，这是构成驰名商标的基础。驰名商标必须是处于商业使用中的商标，包括将商标用于商品、商品包装或容器以及商品交易书上，也包括将商标用于广告宣传、展览以及其他的业务活动中；驰名商标必须获得良好评价。驰名商标是否在市场上享有较高声誉，可以从下列因素考量：①使用该驰名商标的商品在国外的销售量及销售区域；②使用该驰名商标的商品在中国的销售量及销售区域；③该驰名商标最早使用及连续使用的时间；④该驰名商标的广告发布情况；⑤该驰名商标在中国及国外的注册情况；⑥同行业对该驰名商标的知晓程度；⑦该驰名商标的其他证明文件。

（3）驰名商标应当为相关公众广为知晓。相关公众并不是指全体社会成员，而是指与该商品有关的人员，即可能和使用该驰名商标的商品发生购买关系的消费者及同业的人士。广为知晓是指相关公众普遍知晓且认识较久，知晓的内容包括该商品的用途、性能、技术标准以及商品获奖等级等。

问题 9：应如何认识驰名商标？

作为商标高级形式的驰名商标，是从商标中脱颖而出的，是企业的精华和骄傲。目前，对驰名商标予以保护是世界性的潮流，许多国家的商标立法都对驰名商标的认定和保护作出了规定。驰名商标的认定是驰名商标保护的前提，驰名商标的保护是驰名商标认定的目的。

二、驰名商标所持有的法律特征

问题 10：驰名商标与一般商标相比，独具哪些法律特征？

驰名商标与一般商标相比，有它自己所特有的专属独立性特征，主要表现为以下三个方面：

1.超越申请在先原则的注册权

除美国等少数几个国家外，世界上大多数国家和地区的商标采用申请在先原则；外国人申请的，还享有 6 个月的优先权，即相同的商标注册申请，注册商标授予最先申请者。但就驰名商标而言，他人虽申请在先，也不准注册；即或他人已经获准注册，驰名商标所有人也有权在一定期限内请求撤销注册商标。这个期限，《保护工业产权巴黎公约》规定为 6 个月（自注册之日算起），成员国还可以自行规定请求禁止使用的期限，但只能多于 5 年，不能少于《巴黎公约》规定的最短期限。如果是属于以欺诈手段恶意取得或使用他人驰名商标的，则驰名商标所有人的撤销请求权，不受期限的限制。中国《驰名商标认定和管理暂行规定》规定：驰名商标所有人有权在 5 年内请求撤销与其相同或近似的已经注册的商标；同时也规定对恶意注册的不受时间限制。

2. 超越地域范围限制的垄断权

这是指驰名商标的独占权，不是一般法律意义上的商标专用权，而是超越本国范围、在世界各国（至少是《巴黎公约》成员国）都得保护的垄断权。也就是当某项商标在注册国或使用国的商标主管机关已认定为驰名商标时，如果另一商标构成对驰名商标的仿造且用于相同或类似的商品上，则应拒绝或撤销其注册，并禁止使用。这些规定，也适用于主要部分仿造、仿冒或模仿另一驰名商标易于造成混淆的商标，这可称为"相对保护主义"，现已为大陆法系各个国家所采用。而英美法系的国家采用的是"绝对保护主义"，即驰名商标所有人不仅有权禁止其他任何人在同类或类似商品上使用驰名商标，而且也有权在其他一切商品上禁止使用其驰名商标。

3. 受到严格限制的转让权和许可权

包括中国在内的世界上多数国家和地区的商标法都规定注册商标可以转让和许可他人使用。注册商标的转让，是商标专用权在个人之间的转移，转让人与被转让人应共同向商标局提出转让申请，经商标局核准公告才属有效。注册商标的使用许可，当使用许可合同签订后，由许可人报送商标局备案。《商标法》还规定，经许可使用他人的注册商标，必须在使用该注册商标的商品上注明被许可人的名称和商品产地，以示区分。就总体而言，典型意义的注册商标转让，比较少见，多见于使用许可，但对驰名商标，各国均加以严格限制，法律禁止转让驰名商标。对于使用许可，则采取严格的审批核准制度，除双方签订使用合同外，必须经商标局核准，并经登记公认才属有效，以确保驰名商标的声誉。

三、驰名商标的认定

问题 11：如何准确认定驰名商标？

按照《商标法实施细则》的有关规定，只有在商标注册、商标评审、商标使用过程中发生争议时，驰名商标所有人可以申请驰名商标认定机关认定其商标是否构成驰名商标。没有发生争议时，商标所有人不得主动申请认定，驰名商标认定机关也不得主动认定，更不允许批量公布。经认定机关认定为驰名商标的，商标局、商标评审委员会、人民法院可根据驰名商标所有人的请求，依照《商标法》第十三条的规定，驳回商标注册申请，或者撤销已注册的商标，或者禁止使用。

1. 驰名商标的申请认定

根据《驰名商标认定和保护规定》第四条和《认定驰名商标的通知》第二条的规定，企业商标权受到以下损害时，可以申请认定驰名商标：

（1）他人将与申请人申请认定的商标相同或者近似的标识在非类似商品或服务上注册或者使用，可能损害申请人权益的。

（2）他人将与申请人申请认定的商标相同或者近似的文字作为企业名称的一部分登记或者使用，可以引起公众误认的。

（3）申请人申请认定的商标在境外被他人恶意注册，可能对申请人在境外的企业发展造成损害的。

（4）申请人申请认定的商标的权益受到其他损害而难以解决的。

（5）当事人认为他人经商标局初步审定并公告的商标侵犯了其驰名商标权，违反了《商标法》第十三条的规定，就可以向商标局提出异议。

（6）当事人认为他人已经注册的商标属于侵犯其驰名商标权的，可以申请商标评审委员会撤销该商标。

2. 驰名商标认定的途径

我国对驰名商标的认定，符合国际通行做法，主要通过以下四种途径：

（1）在商标异议程序中一并向商标局申请认定驰名商标。当事人认为他人申请注册的商标属于对其驰名商标的注册申请，并且该注册申请已经商标局初步审定并公告。对此，当事人可以向商标局提出异议，并提交证明其商标驰名的有关证据材料。由商标局对其商标是否驰名作出认定。

（2）在商标争议程序中一并向国家工商行政管理局商标评审委员会申请认定驰名商标。当事人认为他人申请注册的商标属于对其驰名商标的注册申请，并且该商标已获准注册。对此，当事人可依法向商标评审委员会请求撤销该注册商标，当事人并应提交其商标驰名的有关证据材料。由商标评审委员会对其商标是否驰名作出认定。

（3）在商标侵权行政处理过程中，向工商行政管理机关申请认定驰名商标。当事人认为他人使用商标的行为属于擅自使用其驰名商标的行为，可以向案发地的市（地、州）以上工商行政管理部门提出禁止使用该驰名商标的书面申请，并提交其商标驰名的有关证据材料，经省（自治区、直辖市）工商行政管理部门转送商标局，由商标局对该商标是否驰名作出认定。

（4）在商标侵权民事诉讼程序中，申请人民法院依法认定驰名商标。人民法院在审理商标纠纷案件中，根据当事人的请求和案件的具体情况，可以对涉及的商标是否驰名作出认定。

对驰名商标的认定效力，只在个案中有效。经认定机关认定的驰名商标，其效力仅在发生争议的本次案件中有效，不能当然地适用到其他争议案件中。也就是说，当发生新的争议时，驰名商标所有人还必须再次提供其商标构成驰名商标的证据材料，由认定机关再次予以认定。这样规定，符合驰名商标动态保护的特点。

四、驰名商标的特殊性

问题 12： 我国法律对驰名商标赋予哪些特殊的法律保护？

驰名商标不仅意味着市场信誉、品质优良、商品价值、市场占有等经济领域的特殊意义，而且在法律上体现更强的保护。与普通商标相比，驰名商标的强保护原则体现在多个方面：

1. 国际市场的特殊保护

《巴黎公约》、《与贸易有关的知识产权协定》（TRIPS 协议）都对驰名商标规定了特殊保护，我国早在 20 世纪 80 年代成为公约成员国，负有对国际市场驰名商标给予特殊保护的义务。

2. 跨领域使用保护

将驰名商标相同或类似的商标在不相同或不相类似的商品上使用，可能导致驰名商标权人的合法权益受损的，对驰名商标予以特别保护。

3. 跨领域注册保护

《商标法》、《驰名商标认定和保护规定》将驰名商标相同或类似的商标在不相同、不相类似的商品上申请注册，可能导致驰名商标权人的合法权益受损的，不予注册，已经注册的可以请求商标评审委员会予以撤销。对相同或者相类似商品申请注册的商标是复制、模仿或者翻译他人已经在中国注册的驰名商标，误导公众，致使该驰名商标注册人的利益可能受到损害的，不予注册并禁止使用。

4. 多层面保护

驰名商标可以更好的对抗国际互联网域名注册、企业名称登记等多个层面。在驰名商标与域名注册和企业名称发生冲突时，更好地保护驰名商标专用权。《驰名商标认定和保护规定》规定，"当事人认为他人将其驰名商标作为企业名称登记，可能欺骗公众或者对公众造成误解的，可以向企业名称登记主管机关申请撤销该企业名称登记，企业名称登记主管机关应当依照《企业名称登记管理规定》处理"。

5. 更高注意义务保护

任何一个非法使用商标的行为，只要导致消费者认为该行为与驰名商标所有人的行为有关联，客观上可能损害驰名商标权利人的正当利益，就应当认定该行为侵害了驰名商标的专用权，而不需要考虑侵权人主观上的过错，也不需要考虑其行为是否造成驰名商标所有人的实际损害。

6. 对未在我国注册的驰名商标加以保护

《商标法》规定："就相同或类似商品申请注册的商标是复制、模仿或者翻译他人未在中国注册的驰名商标，容易导致混淆的，不予注册并禁止使用。"这一规定明确了我国对未注册驰名商标的保护，赋予了驰名商标在商标法中的地位，实现了我国商标法与国际公约的接轨，打破了传统理论关于商标具有严格地域性的观念，接受了驰名商标的国际性观念，突破了以往商标法关于商标权注册取得的原则，有利于形成良好的市场竞争秩序，保护消费者的合法权益，促进国际贸易的发展。

《最高人民法院关于审理涉及计算机网络域名民事纠纷案件适用法律问题的解释》、《最高人民法院关于审理商标民事纠纷案件适用法律若干问题的解释》均对未在中国注册的驰名商标做出了可在侵权案件中加以认定予以保护的规定，未在中国注册的驰名商标的司法保护在司法实践中得到了完善。

活动3：

多人一组，分别采访当地拥有驰名商标企业，考察该企业驰名商标的认定程序，回来与同学们交流。

考试链接

1. 明确驰名商标的概念与特征。

2. 驰名商标的认定过程。

3. 驰名商标在法律上受到哪些特殊的保护？

第四节　国际市场上的品牌法律保护

宝马、阿玛尼成功打赢域名抢注战

提到 ARMANI 和 BMW，人们自然会想到在全球享有盛誉的国际品牌乔治·阿玛尼和宝马汽车。而如果在互联网上看到域名为"bmw-bmw.com"的宝马车网，相信大多数消费者会误认为这就是宝马公司的网站了。而事实并非如此，这就是恶意抢注域名者的"杰作"。

近日，《法制日报》记者从国内知名的代理机构——集佳知识产权代理有限公司获悉，宝马、阿玛尼等知名公司成功赢得了域名纠纷的胜利，阻止了相关域名的恶意抢注。

另一世界巨头——美孚石油公司也因关联域名在中国遭到抢注而拿起维权的武器，并在法律诉讼中获胜。

314　　BMW 商标和 Armani、Giorgio Armani、Emporio Armani 等商标分别属于宝马股份公司和乔治·阿玛尼公司。这些商标在中国和世界都享有非常高的知名度，正是因为这样，这些商标也频频成为域名抢注的对象。

2009 年 3 月，集佳知识产权代理有限公司接受了宝马股份公司的委托，对被恶意注册的"bmw-bmw.com"、"bmw-bmw.cn"和"bmw-bmw.com.cn"等域名，分别向亚洲域名争议解决中心北京办事处、中国国际经济贸易仲裁委员会域名争议解决中心提交了投诉书。

经过专家组的受理和确认，域名争议解决中心相继于 2009 年 5 月、7 月在中国国际经济贸易仲裁委员会网站上公布了裁决书，裁定将争议域名转移到宝马公司名下。

同样遭遇域名抢注的，还有乔治·阿玛尼公司。自 2008 年以来，集佳知识产权代理有限公司先后代理乔治·阿玛尼公司赢得了"emporioarmaniwatches.com.cn"、"emporioarmaniwatches.cn"、"armaniexchange.net.cn"、"armaniexchange.org.cn"及"giorgioarmanibeauty.cn"等域名投诉，维护了"ARMANI"全球知名品牌的商誉。

美孚石油公司遭遇到的情况则更加复杂。早在 2005 年，美国美孚国际石油集团有限公司（并非我们所熟知的埃克森美孚集团成员）和西安焱青公司就注册了"美国美孚石油.cn"、"美国美孚石油.中国"的域名并进行一些产品上的仿冒。近日，经过上海一中院判决美孚石油公司胜诉，两被告停止侵权，并赔偿损失 50 万元人民币。

资料来源：孙继斌：《宝马、阿玛尼成功打赢域名抢注战》,《法制日报》, 2009 年 11 月 12 日。

➔ **思考题：**

1. 结合案例，思考域名抢注对品牌企业造成的危害。

2. 域名被抢注后，品牌应如何利用法律手段进行维权？

一、品牌法律保护的概念及注意事项

关键术语： 品牌法律保护

品牌法律保护是指利用法律手段对产品名称（标志）、企业网络域名、商品的包装和装潢等企业品牌要素的综合保护。它致力于使企业品牌的外部标识得到法律的确认和保护，巩固并提高品牌的市场影响与竞争力，使品牌资产不断增值。品牌保护最强有力的途径之一，就是品牌的法律保护。对企业而言，就是要善于通过法律手段，了解、掌握与品牌保护相关的法律、法规，运用法律保障自己的合法权利，为品牌的发展营造一个良好的宏观环境。

问题 13： 企业品牌法律保护中有哪些困扰？

企业品牌保护中的法律困扰主要有以下三方面：

1. 商标抢注

商标抢注是指行为人使用非法的手段，将他人已经使用并具有一定影响的商标，抢先在相同或类似的商品上向工商机关申请注册的行为。从主观动机而言，商标抢注是一种恶意抢注。从空间范围来区分，抢注可分为域内抢注与域外抢注两种：域内抢注是在本国范围内将他人未注册的商标或与商标相同、近似的文字、图形、标志抢先注册；域外抢注是指利用知识产权具有地域性保护的特征，在本国之外的地域将他人的注册商标进行注册。商标抢注行为的实质是利用法律对商标专用权的保护，抢先取得某品牌名称的商标专用权。一旦抢注成功，企业面临的只有两个选择：要么接受高价的专用权使用许可费，要么终止对品牌名称的使用。

2. 域名抢注

域名抢注是指抢先注册他人尚未注册的域名。从企业品牌资产管理的角度来看，一般会将域名与企业的商标或商号统一，将商标（商号）或商标（商号）的拼音、英译等直接注册为域名，这对企业网络品牌推广无疑是事半功倍的，既能充分利用本企业的已有商誉，又能防止他人"搭便车"，企业还可借助于商标的影响力来扩大网络品牌的推广。从实际案例来看，域名抢注主要集中在域名与知名品牌商标之间的空隙，基于知名品牌商标的知名度，抢注者往往是将与一些知名品牌商标相同或类似的文字、符号作为域名抢先注册。域名注册与商标注册分属不同的登记管理机构，登记程序中也无实质审查过程，因此类似的域名注册是可能成功的。一旦域名抢注成功，将会给企业网络品牌建设带来阻碍与不可估量的损失。

3. 其他不正当竞争行为

品牌保护的法律困扰还包括除商标、域名抢注以外的其他不正当竞争行为：

（1）在同一种或者类似商品上，将与他人注册商标相同或者近似的标志作为商品名称或者商品装潢使用，误导公众的。

（2）将与他人注册商标相同或者相近似的文字作为企业的字号在相同或者类似商品上突出使用，容易使相关公众产生误认的。

（3）复制、模仿、翻译他人注册的驰名商标或其主要部分在不相同或者不相类似商品上作为商标使用，误导公众，致使该驰名商标注册人的利益可能受到损害的。

（4）擅自使用知名商品特有的名称、包装、装潢、商标或者使用与知名商品近似的名称、包装、装潢，造成和他人的知名商品相混淆，使购买者误认为是该知名商品的。

二、品牌保护的法律途径

问题 14： 品牌保护的法律途径有哪些？

由于法律保护具有的权威性、强制性和外部性，法律保护成为品牌保护的最主要途径。

1. 品牌名称（标志）的法律保护

当品牌名称与商标名称一致时，品牌名称和品牌标志的保护是相对简单的，即通过《商标法》对商标名称的保护，就可以达到将品牌名称和商标名称一起加以保护的目的。但企业品牌名称常常与商标名称不一致，目前的大多数情况就是如此，此时《商标法》只对商标名称加以保护，而对品牌名称的保护只能通过其他途径来达到目的。

2. 商标的法律保护

我国已有了较为完备的《商标法》，企业只要按照《商标法》的要求，正确地使用和管理商标，就可以得到《商标法》有力的保护。从企业角度来说，加强对商标的保护，还需要注意以下问题：

（1）提高商标保护意识，及时进行商标注册并正确使用注册标记。按照《商标法》规定，企业商标受到法律保护的前提是进行注册，也就是说，《商标法》只对注册商标进行保护，而品牌名称无法受到《商标法》的保护。

（2）随时关注商标侵权行为，及时提出商标异议和争议。为了维护自己的商标专用权，企业应随时注意是否有在同一种商品或者类似商品上与自己注册商标相同或者近似的商标刊登在《商标公告》上。如有发现，应及时向商标局提出异议，请求予以撤销。

（3）严格遵守商标法律规范，防止发生侵权行为。法律对商标权的保护，是以商标注册人遵守商标法律规范，履行法定义务为条件的。如果商标权人不依法行使权利或者违反商标管理的有关规定，就会导致商标权的丧失。

（4）采取积极措施，防止其他形式的商标侵权现象的发生。这里所指的主要是怎样在国际互联网络上积极注册，以防企业品牌被其他不法企业抢注。

3. 品牌知识产权的法律保护

品牌的构成要素非常复杂，除了品牌名称、品牌标志和商标外，还有一些要素对于品牌形象的形成具有非常重要的意义。例如，品牌的定位主题句、品牌代言人甚至品牌的标准色等，它们已经成为品牌形象一个重要的组成部分，也是企业品牌资产的重要组成部分，企业应对其作出有效的保护。在法律意义上，上述这些都构成品牌的核心——知识产权。知识产权正在构成企业的生命线，没有自主创新、没有依法拥有的知识产权，企业将难逃厄运。这绝不是危言耸听。在知识产权保护方面，法律规定了许多灵活的例外措施与空间，中国政府与中国企业应好好利用这些规则，并且运用法律手段，防止发达国家滥用知识产权实施市场垄断。

4. 品牌域名的法律保护

随着互联网商业化进程的加快，原本只是在互联网上发挥"门牌号码"作用的域名，其唯一性和绝对排他性的特点，使它已经从一个单纯的技术名词转变成为一个蕴藏巨大商机的标识，被众多网络营销专家誉为企业的"网上商标"。如果将企业名称、商标和域名进行三位一体的有机结合，即将企业原有的商业标识体系，如商标、企业名称等网下企业无形资产，通过企业域名在网上顺延，将使企业的业务渠道在时间和空间上得到无限拓展。企业自身加强品牌保护意识是最根本的。最好的办法是提前加以预防，主动注册品牌相关域名，不要留可乘之机。中国市场潜力很大，但不管是国内企业还是跨国公司，首先都需要做好对相应品牌等知识产权和无形资产的保护。

三、驰名商标保护的发展趋势

问题 15：国际市场上，驰名商标保护有何发展趋势？

1. 对驰名商标予以特别保护已成为一种国际惯例，并且日益加强

自 1925 年修订的《巴黎公约》对驰名商标予以特别保护以来，对驰名商标保护的日益加强则体现在世界大多数国家在各自的商标立法中都有对本国或外国的驰名商标予以特别保护的法规或法条。

2. 对驰名商标的保护对象不仅包括商品商标，而且延及服务商标

在 1991 年，世界贸易组织（当时称为关贸总协定）的乌拉圭回合谈判中签订的 TRIP 协定第十六条第二款规定，《巴黎公约》1967 年文本第六条第二款原则上适应于服务商标。欧盟的《欧共体商标条例》及《欧共体商标法》也有类似的规定。

3. 对驰名商标的保护不以注册为先决条件，但对驰名商标的行政确权却应接受行政或司法机关的"司法审查"

对驰名商标的行政确权应接受行政或司法机关的"司法审查"却成为一种国际惯例。如《巴黎公约》第六条第二款之（一）规定其保护对象必须是注册国或使用国主管机关认定在该国驰名的商标（引文见前）。法、德在判例法的实践中，对驰名商标的认定则以法院的判定为准。而我国在当年，国家工商局商标局却专门行文，将当时已成为商品通用名称的"JEEP"商标"挽救回来"并予以注册，则充分说明了这一问题。

4. 对驰名商标的保护范围正在不断扩大，延及不相类似的商品或服务

《巴黎公约》（1967 年文本）第六条第二款之（一）（引文见前）对驰名商标的保护范围仅限于相同或类似的商品，没有涉及不同的商品或服务。但欧盟的《共同体商标法》中则规定：共同体商标法对在共同体内，并已取得共同体注册的驰名商标予以较大范围的保护，在满足一定条件时，驰名商标的权利人不仅对他人在同类的商品或服务上申请与注册驰名商标相同或类似的商标可以提出异议，请求驳回其注册；而且有权禁止他人在不同类的商品或服务上使用与驰名商标相同或类似的商标。

活动 4：请同学们分组对欧美各主要国家的品牌法律保护的途径进行调研，找出它们的相同和相异之处，并谈谈我国可资借鉴之处。

考试链接

1. 法律品牌保护应如何理解?
2. 国际上法律品牌保护的走向如何?
3. 掌握利用法律保护企业品牌的途径。

第五节　品牌保护的法律诉讼程序

引导案例

撤销"夏利豪及图"注册不当商标案

案情:瑞士夏利豪国际公司委托某商标代理组织向商标评审委员会提出撤销温州市商贸城东海服装店在服装上注册的第 1158303 号"夏利豪及图"注册商标。申请人认为其使用的图形及 PHILIPPE CHARRIOL 是国际上知名的商标,已于 1994 年在中国注册,指定使用在钟表、珠宝、皮具、服装商品上,并且"夏利豪"也是申请人的中文名称。被申请商标的申请日为 1997 年 1 月 9 日,其申请日期晚于申请人在中国使用与注册的日期,其图形的中心部分与申请人的图形商标完全相同。被申请人违反诚实信用原则,复制、模仿、翻译申请人的商标。被申请人答辩认为"夏利豪及图"商标的注册合法,并且与申请人的图形有本质区别,而且申请人与被申请人的商品与销售渠道不同。被申请商标是被申请人自己设计的,并且在市场上有一定知名度。

裁定:商标评审委员会经审理认为,"PHILIPPE CHARRIOL"、"夏利豪"及"图形"已由申请人在我国的多类商品上注册,其图形商标有一定独创性。而文字"夏利豪"又非汉字的固定搭配,并且也是申请人的中文名称的组成部分。被申请商标的显著部分与申请人的商标图形与文字均相同,无法用巧合来解释。因此,尽管被申请商标与申请人注册的商标使用的商品不类似,但被申请人将他人在先注册的具有独创性的文字与图形作为商标申请注册的行为,违反了诚实信用原则,第 1158303 号商标予以撤销。

启示:抄袭或模仿他人独创性商标(图形或文字),并作为自己的商标申请注册的行为,尽管与在先注册人注册的商标指定在非类似商品上,仍然可能由于违反诚实信用原则而被撤销。

资料来源：高光伟：《走近商标　走进商标法》，人民出版社，2004年。

⮕ **思考题：**

1. 细读案例，瑞士夏利豪国际公司是采取何种手段保护自己的权益的？

2. 结合案例，思考品牌保护的法律诉讼程序是怎样的。

一、企业对于自身品牌进行维权的法律手段

问题16： 当品牌被侵权时，企业应该采取怎样的法律手段进行维权？

当品牌即商标专用权或专利独占权被侵害时，应依法维权。

1. 因侵犯注册商标专用权引起的纠纷，当事人可以通过协商的方式进行解决；不愿协商或者协商不成的，则通过以下三种方式解决

（1）行政诉讼方式。商标专用权人可以在侵权行为地或者被告住所地的工商行政管理部门投诉。工商行政管理部门对侵犯注册商标专用权的行为进行处理时，如果认定侵权行为成立，可以责令立即停止侵权行为，没收、销毁侵权商品和专门用于制造侵权商品、伪造注册商标标识的工具，并可处以罚款。

（2）民事诉讼方式。商标注册人或者利害关系人在下列被侵权的情况下可以向人民法院提起诉讼：未经商标注册人的许可，在同一种商品或者类似商品上使用与其注册商标相同或者近似的商标的；销售侵犯注册商标专用权的商品的；伪造、擅自制造他人注册商标标识或者销售伪造、擅自制造的注册商标标识的；未经商标注册人同意，更换其注册商标并将该更换商标的商品又投入市场的；在同一种或者类似商品上，将与他人注册商标相同或者近似的标志作为商品名称或者商品装潢使用，误导公众的；故意为侵犯他人注册商标专用权行为提供仓储、运输、邮寄、隐匿等便利条件的；将与他人注册商标相同或者相近似的文字作为企业的字号在相同或者类似商品上突出使用，容易使相关公众产生误认的；复制、模仿、翻译他人注册的驰名商标或其主要部分在不相同或者不相类似商品上作为商标使用，误导公众，致使该驰名商标注册人的利益可能受到损害的；将与他人注册商标相同或者相近似的文字注册为域名，并且通过该域名进行相关商品交易的电子商务，容易使相关公众产生误认的（这是司法解释中将争议较多的互联网域名注册侵权首次列入侵犯商标专用权的违法行为范围）。

（3）刑事诉讼方式。未经商标注册人许可，在同一种商品使用与其注册商标相同的商标，构成犯罪的，除赔偿被侵权人的损失外，依法追究刑事责任。伪造、擅自制造他人注册商标标识或者销售伪造、擅自制造的注册商标标识、

构成犯罪的，除赔偿被侵权人的损失外，依法追究刑事责任。销售明知是假冒注册商标的商品，构成犯罪的，除赔偿被侵权人的损失外，依法追究刑事责任。

2. 未经专利权人许可，实施其专利，即侵犯其专利权，引起纠纷的，由当事人协商解决；不愿协商或者协商不成的，可以采取以下三种方式解决

（1）行政方式。假冒他人专利的，由管理专利工作的部门责令改正并予以公告，没收违法所得，可以并处违法所得三倍以下的罚款，没有违法所得的，可以处五万元以下的罚款。以非专利产品冒充专利产品，或者以非专利方法冒充专利方法的，由管理专利工作的部门责令改正并予以公告，可以处五万元以下的罚款。

（2）民事诉讼方式。侵犯专利权的赔偿数额，按照权利人因被侵权所受到的损失或者侵权人因侵权所获得的利益确定，被侵权人的损失或者侵权人获得的利益难以确定的参照该专利许可使用费的倍数合理确定。

（3）刑事诉讼方式。假冒他人专利的；以非专利产品冒充专利产品；或者以非专利方法冒充专利方法的；构成犯罪的，依法追究刑事责任。

二、品牌商标权被侵害时的行政诉讼

问题 17：品牌商标权被侵害时该怎样进行行政诉讼？

1. 商标行政诉讼的受理范围

一般来说，凡可以对具体行政行为申请行政复议的，也可以提起行政诉讼。直接向人民法院提起行政诉讼的，应当在知道作出具体行政行为之日起三个月内提出；不服复议决定提起行政诉讼的，应当在复议期满之日起十五日内提出。

对商标评审委员会作出的决定或裁定不服的，可以在收到通知之日起三十日内提起行政诉讼。

商标行政诉讼案件由最初作出具体行政行为的工商行政管理机关所在地人民法院管辖。经复议的案件，复议机关改变原具体行政行为的，也可以由复议机关所在地人民法院管辖。对国家工商行政管理局及商标局的具体行政行为提起诉讼的案件，由所在地中级人民法院管辖。

2. 商标行政诉讼的程序

人民法院接到当事人的起诉状，经审查，应当在七日内立案或作出裁定不予受理。对受理的案件，应当在立案之日起五日内，将起诉状副本发送被告。被告应当在收到起诉状副本之日起十日内向人民法院提交作出具体行政行为的

有关材料，并提出答辩状。被告不提出答辩状的，不影响人民法院依法审理。

三、品牌商标权被侵害时的民事诉讼

问题 18： 品牌商标权被侵害时该怎样进行民事诉讼？

若当事人选择先向工商行政管理部门请求处理，但对工商行政管理部门的处理决定又不服的，可以自收到处理通知之日起十五日内依照我国《行政诉讼法》向人民法院起诉；侵权人期满不起诉又不履行的，工商行政管理部门可以申请人民法院强制执行。

进行处理的工商行政管理部门根据当事人的请求，可以就侵犯商标专用权的赔偿数额进行调解；调解不成的，当事人也可以依照我国《民事诉讼法》向人民法院起诉。

商标注册人或者利害关系人在注册商标续展期或宽展期内提出续展申请，未获核准前，以他人侵犯其注册商标专用权提起诉讼的，人民法院也应当受理。

1. 起诉的主体

（1）商标注册人或利害关系人。利害关系人，包括注册商标使用许可合同的被许可人、注册商标财产权利的合法继承人等。

（2）在发生注册商标专用权被侵害时，独占使用许可合同的被许可人可以向人民法院提起诉讼；排他使用许可合同的被许可人可以和商标注册人共同起诉，也可以在商标注册人不起诉的情况下，自行提起诉讼；普通使用许可合同的被许可人经商标注册人明确授权，可以提起诉讼。

2. 诉讼管辖

因侵犯注册商标专用权行为提起的民事诉讼，由商标侵权行为的实施地、侵权商品的储藏地或者查封扣押地、被告住所地人民法院管辖。其中，侵权商品的储藏地，是指大量或者经常性储存、隐匿侵权商品所在地；查封扣押地，是指海关、工商等行政机关依法查封、扣押侵权商品所在地。

对涉及不同侵权行为实施地的多个被告提起的共同诉讼，原告可以选择其中一个被告的侵权行为实施地人民法院管辖；仅对其中某一被告提起的诉讼，该被告侵权行为实施地的人民法院有管辖权。

3. 诉讼时效

侵犯注册商标专用权的诉讼时效为两年，自商标注册人或者利害权利人知道或者应当知道侵权行为之日起计算。商标注册人或者利害关系人超过两年起诉的，如果侵权行为在起诉时仍在持续，在该注册商标专用权有效期限内，人民法院应当判决被告停止侵权行为，侵权损害赔偿数额应当自权利人向人民法院起诉之日起向前推算两年计算。

四、品牌商标权被侵害时的刑事诉讼

问题 19：品牌商标权被侵害时该怎样进行刑事诉讼？

相对于通过行政执法程序和民事诉讼程序而言，通过刑事诉讼程序保护商标权，是力度最大和效果最为明显的一种途径。

（一）侵犯商标权的几种犯罪

1. 假冒注册商标罪

《中华人民共和国刑法》第二百一十三条规定："未经注册商标所有人许可，在同一种商品上使用与其注册商标相同的商标，情节严重的，处三年以下有期徒刑或者拘役，并处或者单处罚金；情节特别严重的，处三年以上七年以下有期徒刑，并处罚金。"

2. 售假冒注册商标的商品罪

《中华人民共和国刑法》第二百一十四条规定："销售明知是假冒注册商标的商品，销售金额数额较大的，处三年以下有期徒刑或者拘役，并处或者单处罚金；销售金额数额巨大的，处三年以上七年以下有期徒刑，并处罚金。"

3. 非法制造、销售非法制造的注册商标标识罪

《中华人民共和国刑法》第二百一十五条规定："伪造、擅自制造他人注册商标标识或者销售伪造、擅自制造的注册商标标识，情节严重的，处三年以下有期徒刑、拘役或者管制，并处或者单处罚金；情节特别严重的，处三年以上七年以下有期徒刑，并处罚金。"

（二）侵犯商标权的共同犯罪问题

《中华人民共和国刑法》对共同犯罪做了规定。为了切实保护知识产权，严厉打击侵犯商标权、著作权等知识产权的犯罪行为，最高人民法院、最高人民检察院于 2004 年 12 月 21 日发布的《关于办理侵犯知识产权刑事案件具体应用法律若干问题的解释》第十六条规定，知道或者应当知道他人实施侵犯商标权犯罪，而为其提供贷款、资金、账号、发票、证明、许可证件，或者提供生产、经营场所或者运输、储存、代理进出口等便利条件或者帮助的，以侵犯商标权罪的共犯论处。

（三）刑事责任和民事责任互不排斥原则

对于侵犯商标权构成犯罪的，除了追究刑事责任外，还可以追究其民事责任，商标权人仍然可以要求其赔偿经济损失。同样，追究了民事责任，如果其构成了犯罪，司法机关同样应当追究其刑事责任。不能以民事代替刑事，或者

以刑事代替民事。

（四）品牌刑事诉讼阶段

主要包括五个阶段：立案、侦查、起诉、审判和执行。

（1）立案指公安机关、人民检察院、人民法院对报案、控告、举报和犯罪人的自首等方面的材料进行审查，判明是否有犯罪事实并需要追究刑事责任，依法决定是否作为刑事案件交付侦查或审判的诉讼活动。

（2）侦查指由特定的司法机关为搜集、查明、证实犯罪和缉获犯罪人而依法采取的专门调查工作和有关的强制性措施。

（3）起诉有两种，包括公诉和自诉。

（4）审判是指人民法院在控、辩双方及其他诉讼参与人参加下，依照法定的权限和程序，对于依法向其提出诉讼请求的刑事案件进行审理和裁判的诉讼活动。

（5）执行则指刑事执行机关为了实施已经发生法律效力的判决和裁定所确定的内容而进行的活动，在我国，刑事执行的主体主要是人民法院、公安机关和监狱等。

活动5：多人一组，分正反两方，正方扮演商标专用方，反方为商标侵权方，正反双方在教师的主持下，就侵权问题按法院程序展开辩论，各诉理由，最后请教师裁判。

考试链接

1. 通过哪些手段可以保护企业的品牌权益？

2. 品牌保护的法律诉讼程序。

阅读材料

2009 年，企业维权有道

北京市高级法院2009年发布了知识产权保护的一些著名案例，为我们展示了国内外知名企业在知识产权保护方面的成功经验，向全社会普及了企业应如何利用《商标法》等保护知识产权的法律、法规保护自身权益不受侵害。

北京雪莲羊绒股份有限公司系"雪莲 Snowlotus 及图"商标专用权人。而上海亚格威针织服饰有限公司从案外人雪莲集团（中国）有限公司获得"雪莲伊梦 XUELIANYIMENG"商标的使用许可，但未规范使用该商标，在其生产的羊毛衫产品上突出使用"雪莲"字样，淡化"伊梦"字样，还在产品外包装上单独以及突出标注"雪莲集团（中国）有限公司"字样。

　　经法院认定，被告上海亚格成公司在类似商品上使用近似商标的行为，侵犯了北京雪莲股份有限公司的商标专用权。而北京雪莲股份有限公司基于多年的生产和销售行为，积累了良好的社会信誉，使北京雪莲股份有限公司具备了一定的市场知名度。"雪莲"作为该企业名称中的字号，理应受到法律保护。据此判决被告停止侵权行为，赔偿北京雪莲股份有限公司经济损失及诉讼合理支出 21 万余元。

　　资料来源：文静：《2009 年知识产权诉讼十大案例》，知识产权律师网，2010 年 4 月。

案例分析

"三株菌+中草药" 商标纠纷案

　　江苏天宝药业有限公司成立于 1995 年 8 月 18 日，主要从事开发、生产、销售双歧天宝口服液、片剂、胶囊剂、颗粒剂及保健药品。该公司在其主要产品——双歧天宝口服液的外包装上，一直使用"三株菌+中草药"字样。经查，使用在商标注册用商品国际分类第 5 类药品、医用营养物品上"三株"及图形商标，是济南三株药业有限公司的注册商标，注册号为第 832040 号，刊登在第 540 期《商标公告》上，其商标专用权受法律保护。江苏天宝药业有限公司在药品外包装上使用"三株菌+中草药"文字的行为，涉嫌侵犯"三株"及图形商标专用权。对此，主要有两种不同的意见：第一种意见认为，"三株"及图形商标已核准注册，其不能在同类商品上将与注册商标相同的文字在商品装潢中使用，江苏天宝药业有限公司的行为已构成侵权；第二种意见认为，江苏天宝药业有限公司在介绍产品主要成分时出现"三株菌+中草药"文字，实质上是在细菌构成时加了数词和量词，故应视为善意使用，其行为不构成商标侵权。为了慎重起见，江苏省工商局遂于 1997 年 9 月 26 日就此问题向国家工商行政管理局商标局请示，他们倾向于第二种意见，同时认为今后在商品包装中叙述菌数时最好使用阿拉伯数字，以免造成误认。

　　1997 年 10 月 16 日，商标局根据江苏省工商局来函及提供的材料作出批复，认为江苏天宝药业有限公司在口服液商品包装上使用的"三株菌+中草药"文字，既不是商标，又不是商品名称，而是对该商品成分进行说明的文字，不构成侵犯"三株"及图形商标专用权的行为。

　　本案是一起具备商标侵权的表象但实质上不构成商标侵权的典型案例。

一、具备商标侵权的表象

　　（1）"三株"及图形商标是济南三株药业有限公司使用在药品上的注册商

标，且有一定的知名度。江苏天宝药业有限公司作为一家药品生产企业，理应知道"三株"及图形商标，却未经商标注册人的许可，在药品外包装上使用了"三株菌+中草药"文字，且其核心部分"三株菌"与"三株"及图形注册商标近似。通常来看，这具备了商标侵权的表象。

（2）假设就此表象进行分析，将此行为认定为商标侵权行为，该如何引用定性依据呢？一般来说，首先想到的是《商标法》第三十八条第（一）项，其次是《商标法实施细则》第四十一条第（二）项。如果引用前者，则有一个前提，即"三株菌+中草药"是作为一个商标来使用，但江苏天宝药业有限公司在药品上使用的商标是"梅春"及图形，且"三株菌+中草药"文字不具备商标应有的识别性，因而不宜将此作为商标对待。如果引用后者，则需判定"三株菌+中草药"是作为商品名称还是商品装潢使用。显然，该药品的名称是双歧天宝口服液，"三株菌+中草药"不属于商品名称的使用方式："三株菌+中草药"是由正常文字组成的，也不属于商品装潢之列。在引用上述法条尚不能对此定性的情况下，可以直接引用《商标法》第三十八条第（四）项，如果这种行为确已给商标注册人造成损害，且未包容在《商标法实施细则》第四十一条所述的三种情形之中。

二、不构成商标侵权行为

（1）是不是具备商标侵权的表象，就一定构成商标侵权行为呢？答案是否定的。商标专用权是一项民事权利，其权利的先例是相对的，即不能妨碍社会公共利益，不能排除他人的正常使用。也就是说，商标专用权的行使要受到一定的限制，与之相对抗的有社会公共利益及他人的正常使用，即使这种使用与同一种或类似商品上注册商标相同或近似，商标注册人也无权干涉。对此，尽管《商标法》未作明确规定，但相关法律、法规已予承认，多年来的商标执法实践也承认了这一状况，如商标管理机关出于管理需要使用注册商标、新闻媒介出于宣传需要使用注册商标等情形，均不视为商标侵权行为。但是，对商标专用权受限制的范围尤其是正常使用的表现，应当逐渐予以明确，建议在今后修订《商标法》时着重考虑这一问题。

（2）在本案中，江苏天宝药业有限公司的行为是有商标侵权表象，若要不视为商标侵权行为，唯一的抗辩理由"三株菌+中草药"文字属于正常使用。根据江苏省工商局提供的材料，在生物医学上，菌是一种通用名称，常用株来表示；因而使用了"三株菌+中草药"文字。由此可以看出，"三株菌+中草药"是对事实状态的一种说明，阐述的是产品成分，属于正常使用范围，即使"三株菌"与"三株"及图形注册商标近似，也不构成商标侵权。

（3）在处理商标侵权案件中，对正常使用方式要有一个准确的判断。还以本案而言，假设"三株"及图形注册商标中的"三株"两个字体独特，"三株菌+中草药"的"三株"两字与其相同或极其近似以致难以区别，则说明江苏天宝药业有限公司在主观上有过错，"三株菌+中草药"文字不属于正常使用，其行为可以认定为商标侵权。假设双歧天宝口服液中不含有三株菌或实际含有的数量与标示不符，也可以排除"三株菌+中草药"文字的正常使用。

资料来源：高光伟：《走近商标 走进商标法》，人民出版社，2004年。

→ **问题讨论：**

1. 结合所学知识，思考投诉书陈述违规问题的根据何在？

2. 该案例给我们什么启示？

本章小结

1. 有效打击商标侵权行为

（1）做严谨、周密的调查研究，全面搜集各类相关情报和证据材料。

（2）客观分析调查取得的情报和各类证据材料，选择切实可行的维权途径。

（3）向相应机关递交制作投诉书、起诉书并向相应机关递交，请求对侵权行为实施打击。

2. 我国企业品牌知识产权保护中存在的问题

（1）知名品牌匮乏，品牌保护意识弱。

（2）品牌的知识产权保护缺乏规划性、前瞻性。

（3）品牌的国际化程度低，知识产权保护制度不完备，保护效果不明显。

3. 驰名商标与一般商标相比独具的法律特征

（1）超越申请在先原则的注册权。

（2）超越地域范围限制的垄断权。

（3）受到严格限制的转让权和许可权。

4. 企业品牌法律保护中的困扰

（1）商标抢注。

（2）域名抢注。

（3）其他不正当竞争行为。

5. 企业应该采取的几种法律维权手段

（1）行政诉讼方式。

（2）民事诉讼方式。

（3）刑事诉讼方式。

深入学习与考试预备知识
★★★★

中国国际品牌知识产权保护联盟

中国国际品牌知识产权保护联盟是由中国轻工企业投资发展协会法律事务部、中国轻工企业投资发展协会调研部、中国国际品牌协会、《中国经济调查与维权》杂志、全国城乡经济公关与维权工作委员会等单位共同合作，联合一批拥有驰（著）名商标、知名商号和自主品牌的企业，在北京发起成立的组织，其目的在于发挥集体的力量，共同抵制商标侵权行为。

中国国际品牌知识产权保护联盟将秉承的价值理念，推动"知识产权保护中国品牌"，以保护企业商标品牌，培育更多的驰（著）名商标为己任，致力实现"中华品牌、屹立世界，自主创牌、产业报国"和"品牌，让中国更强更有力量"为奋斗愿景。中国国际品牌保护联盟的成立，有利于推进轻工行业和中小企业的知识产权健康有序发展和对国际品牌保护知识产权提供保障。

中国国际品牌知识产权保护联盟成立后，以"知识产权是第一生产力，商标战略是第一品牌力"作为自身的理念，开展了一系列品牌活动，以提高会员的品牌保护意识和创牌能力，推进轻工行业和中小企业的知识产权健康有序发展，并积极帮助促进联盟内企业提升核心竞争力，提高产品质量，提升市场认知度和认可度，全面推进会员实施知识产权战略、商标战略和名牌战略，在全社会共同营造良好的品牌发展环境。

知识扩展
★★★★

商标侵权投诉应提交的材料有哪些

（1）投诉书：应列明投诉人姓名或名称、地址、联系电话、商标权利情况（由商标代理机构代理的还应列明代理机构的名称、地址、电话）；被投诉人姓名或名称、地址、侵权事实及相关情况；投诉的法律依据和要求及投诉日期。

（2）营业执照及复印件。

（3）商标注册证及复印件。

（4）侵权证据：包括侵权的实物、商标标识、有关票据、照片等。

（5）代理委托书。国内商标注册人可以委托他人投诉，但应提交由委托人签署的授权委托书。委托商标代理组织投诉的，应出示能证明该组织具有代理资格的有效证件；国（境）外商标注册人要求保护其商标专用权的，应委托国家指定的商标代理组织代理投诉，并提交中文投诉文件及经认证或公证的代理委托书及相关的证明材料。

答案

第一节：

（1）"护士宝"产品作为被异议商标，与引证商标"护舒宝"构成近似商标且构成在相同或类似商品上的近似商标。而"护舒宝"产品在市场上已经有一定影响力的前提下，"护士宝"商标侵害了宝洁公司的商标权。

（2）企业为保障自身的商标权益不受侵害，首先应该对侵权行为及相关法律、法规有一定的了解。商标侵权行为是指未经商标注册人的许可，在同一种商品或者类似商品上使用与其注册商标相同或者近似的商标，侵犯他人注册商标专用权行为。当遇到侵权行为，首先应当做细致、周密的调查，搜集相关证据，并对其进行分析，选择切实可行的维权方式。确认证据无误后则可向相应机关递交投诉书、起诉书，请求对侵权行为实施打击。

第二节：

秀水街商户在无授权的情况下使用了原告的商标，对其商标所有权造成了侵犯，应承担一定的法律责任和经济赔偿。此事启示我们，在商业经营中应切实遵守国家法律、法规，不应存在侥幸心理，否则会给自身带来不必要的，甚至重大的损失。

第三节：

（1）域名抢注是指抢先注册他人尚未注册的域名。从企业品牌资产管理的角度来看，一般会将域名与企业的商标或商号统一。域名与商号的统一对企业网络品牌推广有着重要的意义，既可以利用现有商品的市场影响力进行网络产品的推广，又可防止竞争者从中渔利。一旦域名被他人抢注成功，将会给企业网络品牌建设带来阻碍与不可估量的损失。

（2）品牌的域名受到法律的保护，但根本上还是需要企业加强自身的保护意识，主动注册品牌的相关域名，做好对自身品牌知识产权和无形资产的保护。

第四节：

开放性试题，请学生结合本节所述内容具体分析。

案例分析:

根据材料我们可以知道,并不是所有商标侵权表象下都是真正的侵权行为,商家在进行商标注册时应切实根据相关法律、法规程序执行,任何的疏忽与漏洞都可能为企业带来经济损失和形象损失。

参考文献

专著：

1. 居延安：《公共关系学》，复旦大学出版社，2006。

2. 李道魁：《现代公共关系学》，中国商务出版社，2003。

3. 陈恢忠、郭小林：《公共关系学教程》，华中理工大学出版社，2004。

4. 赵宏中、孟丽莎、何萍：《公共关系学》（第三版），武汉理工大学，2005。

5. 付晓蓉：《公共关系学》，西南财经大学出版社，2004。

6. 赵国祥、赵俊峰：《公关心理学管理与运用》，河南大学出版社，2000。

7. 张云：《公关心理学（第三版)》，复旦大学出版社，2003。

8. 王培才：《公共关系理论与实务》（第2版），电子工业出版社，2009。

9. 张岩松：《公共关系案例精选精析》，经济管理出版社，2003。

10. 曾琳智：《新编公关案例教程》，复旦大学出版社，2006。

11. 熊超群：《公关策划实务》，广东经济出版社，2003。

12. 赵景卓：《现代礼仪》，中国物资出版社，1998。

13. 余明阳：《品牌学》，安徽人民出版社，2002。

14. 赵琛：《品牌学》，湖南美术出版社，2003。

15. 蒋焱兰：《企业品牌管理法律实务》，群众出版社，2005。

16. 后东升：《企业品牌管理法律实务》，人民法院出版社，2005。

17. 高光伟：《走近商标 走进商标法》，人民出版社，2004。

期刊：

1. 张亮：《李宁品牌的战略突围》，《中国市场》，2006年第15期。

2. 宁海燕：《只需改变一点点》，《人事天地》，2007年第4期。

3. 钱星博：《里根总统的公关术》，《公关世界》，2004年第10期。

4. 刘杰克：《康乐氏橄榄油产品传播策略》，《销售与市场》，1999 年第 10 期。

5. 王春艳：《中国魔水》，《科学咨询（决策管理)》，2010 年第 3 期。

6. 袁凤雷：《鸽子事件——媒介公共关系中的"制造新闻"》，《决策探索》，1992 年第 5 期。

7. 向阳：《惠普之道》，《中国高新区》，2008 年第 6 期。

8. 萧岸：《小处不可随便》，《家庭护士》，2003 年第 2 期。

9. 谢砚：《王老吉夏枯草事件》，《南方企业家》杂志，2009 年第 7 期。

10. 唐斌：《杭州之江有机硅化工有限公司建厂十周年暨荣膺中国名牌庆典》，《中国建筑金属结构》，2006 年第 12 期。

11. 冯道常：《公关广告的情感诉求》，《现代交际》，1998 年第 2 期。

12. 刘璐：《红双喜香烟的品牌设计》，《装饰》，2008 年第 2 期。

13. 朱希军、任爱民、周晓冰：《五大品牌联手诉秀水》，《法律与生活》，2006 年第 9 期。

14. 赵雷：《应该注意的法律问题》，《集佳知识产权周讯》，总第 156 期。

15. 刘卫国：《联合利华的国际化与品牌经营》，《中外企业家》，2009 年第 11 期。

16. 袁伟：《美国宝洁公司打赢"护士宝"商标侵权官司》，《生活用纸》，2009 年第 9 期。

17. 姜益民、雷智：《"金冠园"商标能否认定为中国驰名商标》，《抚州审判》，2007 年第 1 期。

报纸：

1. 祝师基：《化展位死角为神奇》，羊城晚报，2010 年 12 月 30 日。

2. 林景新：《公益赞助：中国企业如何不做无名英雄》，民营经济报，2005 年 11 月 7 日。

3. 节勇：《请留心你家的后窗》，番禺日报，2008 年 6 月 2 日。

4. 罗曙驰：《法院不支持"3G 门户"商标注册》，华西都市报，2009 年 8 月 10 日。

5. 朱鹰：《雪亮眼镜遭遇克隆危机》，北京青年报，2002 年 4 月 7 日。

6. 姚芃：《"康王"商标在"桥头堡"上厮杀》，法制日报，2007 年 10 月 10 日。

7. 孙继斌：《美孚石油公司的商标抢注》，法制日报，2009 年 11 月 12 日。

8. 马竞、曹天健：《"旭日升"商标转让之痛》，法制网，2010 年 4 月 22 日。

9. 胡军华、田野：《濒临绝境的飞跃鞋在国外商标被法国人抢注》，第一财经日报，2009 年 12 月 8 日。

10. 袁仁国：《大品牌承担大责任：重塑中华商业道德》，华夏酒报，2010 年 5 月 14 日。

门户网站：

1. 孙宇挺：《中国国家形象宣传片在美首播常引游人驻足观望》，中国新闻网，2011 年 1 月 9 日。

2. 吴艳燕：《沪港"观奇"引发商标纠纷》，中国法院网，2007 年 5 月 30 日。

3. 李丽：《企业命名"傍名牌"起纠纷》，太湖明珠网，2008 年 7 月 31 日。

4. 李凯洛：《浅析中国服装品牌特许经营之路》，新浪网，2007 年 1 月 19 日。